本书的研究和出版得到了国家社科基金项目《中国科层政治与项目制的组织选择、张力及复合机制研究》（编号：18CSH047）、国家社科基金项目《国家治理现代化视域下规模以下非公企业党建质量提升的模式与路径研究》（编号：20BDJ048）；杭州职业技术学院科研创新团队"文化育人科研创新团队"（编号：KC202119）、科研创新培育团队"乡村治理体系研究创新团队"（编号：YKC202122）的资助，在此表示衷心的感谢！

从"共治"到"共富"
新发展理念视域下地方治理
实践和思考

吴　帅　等著

浙江大学出版社
ZHEJIANG UNIVERSITY PRESS
·杭州·

序　言

亚里士多德说,城邦存在的目的是给人提供最好的共同生活。① 改革开放以来,中国发生了巨大的变化,从乡村到城市,从集体到个体……政府的治理方式和机制都发生了重大的变革。我们作为见证者,关注着时代的发展和社会的变迁。随着新发展理念的践行,地方治理越来越多地体现了新的元素,在内容和形式上都有了新的变化,但是服务型政府和多中心治理的核心目标没有变,就是政府依靠群众,发挥群众在社会治理中的重要作用,把问题解决在基层,把矛盾消弭在基层,从而建立起现代的"城邦",通过"共治"来促成"共富",实现两者的良性互动。"共治"和"共富"的关系是当前治理研究的重要课题。社会主义是我们的根本政治制度,本质就是坚持人民至上,一切为了人民;人民应当是治理的主体,发展的目的就是共建共治共享,最终实现全体人民的共同富裕。

从 2004 年以来,我一直关注服务型政府建设和多中心治理的研究。服务型政府建设既是我国改革开放以来政府转型的必然趋向,又是融入全球化进程的必然选择。改革要求政府一步步从计划经济下的全能政府向公共服务型政府转变,这既是我国经济社会继续发展的需要,也是我国社会主义市场经济体制健全的需要,更是我国政府自身发展的需要。开放意味着我们必须走向世界,与世界各国发生广泛的经济、政治、文化和社会联系,积极加入众多的国际性组织。这样,我们才能与世界形成紧密的各个方面的联系。在与世界各国的交往中,我国就不能不与世界的惯例与规则接轨,政府的功能、结构和行为也必须有相应的转变,这是我国建设服务型政府的外在驱动力。

多中心治理和服务型政府建设是相辅相成的,尤其是在浙江这些民营经济高度发达的地方,随着经济的发展出现了新的社会阶层,他们有参与公共事务的

① ［美］戴维斯.哲学的政治[M].北京:华夏出版社,2012:6.

1

利益基础和现实愿望。在市场化潮流中,不同的治理主体之间按照公共性规范建构着一种现代公共服务责任再生产机制。在这样的过程中,地方政府做了很多大胆的探索,积累了很多宝贵的经验,这些经验值得总结和提炼。长期以来,我们在实践和理论之间缺乏有效的连接,或就实践而成"工作总结",或就理论而成"学术报告"。而本书作者具有实践和理论的双重身份,一方面参与了杭州等地具体的社会治理工作,另一方面在实践的基础上做了理论上的探讨。全书并不从理论到理论,也并不空谈奢谈,而是从具体实践出发,由理论到案例与城市到县乡,致力于理论推理到实践推广。比如杭州"社会复合主体"实践与研究,经过十多年历程逐渐形成了一个由党政界、知识界、媒体界、行业企业界"四界联动"并具有复合架构和运行机制的复合型社会组织。在这里,实践和研究是紧密相连的,社会主体通过具体的实践活动对地方治理产生了实在的影响,同时也发展了很多新的治理理念。当然地方治理创新永无止境,数字治理、多元协调越来越融入治理研究中。杭州的互联网产业做到了世界领先,所以在数字治理方面相对其他地区做了先行探索,其他地方也对杭州有更高的期待,很多人来杭州学习"城市大脑"等城市治理的经验,杭州有条件、有责任在探索中国特色城市发展道路和模式上贡献自己的经验和样本。

城乡一体协调发展是"共同富裕"的应有之义。县域经济和块状经济是浙江的重要特点。在本书中我看到了对于县域服务型政府、乡镇公共服务创新、共同富裕的实践研究,这些研究观察细致、有理论、有对策,是对基层社会治理经验的总结提升。我们常说,"城市让生活更美好"。然而只有我们把市域、县域、乡镇放在一起,才更具有全景性的视野,才更能体会到"县乡中国"的当代意义。本书可以说是对这种全景性视野的一种尝试,必然引发一些思考,尽管这种尝试与思考还不那么深刻,有些地方只是点到为止,还需要继续跟踪研究。希望更多的青年学者可以参与到地方治理实践创新的研究中,为中国的经济社会发展建言献策,奉献青春与智慧。

是为序。

温州大学教授 吴玉宗
2022 年夏于书斋

前　言

　　共同富裕是全体人民通过辛勤劳动和相互帮助最终达到丰衣足食的生活水平，是消除两极分化和贫穷基础上的普遍富裕，也是中国特色社会主义理论的重要内容之一。习近平总书记在《求是》杂志上发表的重要文章《扎实推动共同富裕》指出"共同富裕是社会主义的本质要求，是中国式现代化的重要特征"①。2022年中央政府工作报告指出，要坚持以人民为中心的发展思想，依靠共同奋斗，扎实推进共同富裕，不断实现人民对美好生活的向往。我们已打赢脱贫攻坚战，全面建成了小康社会，为促进共同富裕创造了良好条件。在国家富强民族复兴的新征程上，促进全体人民共同富裕事关发展全局。2021年6月10日《中共中央 国务院关于支持浙江高质量发展建设共同富裕示范区的意见》正式发布。浙江作为高质量发展建设共同富裕示范区，将以缩小地区差距、城乡差距和收入差距为主攻方向，特别是在以收入分配制度改革为核心的社会改革方面、推动公共服务的优质共享方面、创新引领先富带后富的政策体系方面、打造共同富裕现代化基本单元方面开展先行先试。浙江省第十五次党代会提出在浙江推进中国特色社会主义共同富裕先行和省域现代化先行。共建共享以探索共同富裕有效路径激发社会新活力，重塑政府、社会、企业、个人关系，推动党员干部、企业家、广大劳动者能力整体提升，鼓励勤劳创新致富、先富带后富，形成共同奋斗，共创美好生活的新理念、新机制、新气象。② 浙江坚持以人民为中心，充分发挥第三次分配作用，建立科学的公共政策体系，完善公共服务体系，构建共建共治共享的社会治理新格局，通过"共同治理"进而实现"共同富裕"的伟大目标。

　　治理是通过一定权力的配置和运作对社会加以领导、管理和调节，从而达到

---

　　① 习近平.扎实推动共同富裕[J].求是，2021(20).

　　② 袁家军.忠实践行"八八战略"坚决做到"两个维护"在高质量发展中奋力推进中国特色社会主义共同富裕先行和省域现代化先行[N].浙江日报，2022-06-27(001).

资源协调、整合的所有行动。从中央部署要求、历史发展脉络和当前社会发展来看，推进国家治理与治理能力现代化已经成为应对新时代社会矛盾风险、构建现代国家治理体系的必然要求。社会治理是国家治理体系的重要组成部分，而且和普通民众的日常生活息息相关，对社会的发展有重要作用。当前对社会治理的研究较多从机制创新的角度展开，比如针对目前我国社会治理中面临的政府管制模式制约、社会力量微弱、治理能力低下等障碍，建议推进行政改革，发挥政府的主导性作用；或从拓展社会参与、提升基层民众社会治理能力的角度，提出建立社会治理创新的互动衔接运作机制等；还有的解析了社会治理创新与国家治理体系的内在逻辑，来探索社会治理模式在国家治理现代化中的功能定位等。

　　社会治理模式是通过一定权力的配置和运作对社会加以领导、管理和调节，从而达到一定目的的制度体系。党的十九大提出"提高社会治理社会化、法治化、智能化、专业化水平"，构建"共建共治共享"的社会治理模式。党的十九届四中全会确立共建共治共享为我国的根本社会治理制度，提出完善党委领导、政府负责、民主协商、社会协同、公众参与、法治保障、科技支撑的社会治理体系，建设人人有责、人人尽责、人人享有的社会治理共同体。社会治理共同体实现了从管制型政府向服务型政府建设的转型，其核心是要满足人民日益增长的物质与精神文化需求，建立开放决策机制，探索更高层次的参与式治理，从制度上解决共建共治共享的问题。社会治理共同体目标的提出对地方治理提出了更高要求。这个目标一方面体现了人民中心主义，即以人民为中心而不是以资本为中心。以人民为中心是中共中央自党的十八大以来始终坚持的价值导向。另一方面是治理中心主义。评价一个国家、一个共同体的优劣，不是单纯地看它的政体形式，而是看它能不能提供优良的治理效能。人民对于美好生活的追求就是我们的目标，这个目标体现在人民的获得感、幸福感、安全感，这些要素是我们评价美好生活的一个很重要的标准，也是衡量一个政府治理品质优劣高低的标准之一。

　　中国社会治理模式由"管制型"到"管理型"再到"治理型"的变迁，要求我们用创新的思维和手段加强治理机制的研究。近些年来，有关治理的研究一度成为学界关注的热点。有学者尝试提炼国家治理视域下社会治理体制的价值目标，诊断出目前我国社会治理中存在的误区：一是"维稳"诉求大于"维权"诉求，导致社会治理的价值理性迷失；二是党政包揽替代多元协同，导致社会治理新格局难以形成；三是风险控制重于社会建设，导致社会治理的路径依赖本末倒置；四是"即兴式"举措多于制度规范，导致社会治理体制的法治保障不足。如齐卫平等（2016）从一个国家的角度描述了中国社会治理模式变迁，从初步探索、基本形成、全面建立及全面深化等发展阶段来探讨社会治理成效。洪波（2018）从"个体—共同体"关系的变迁对传统的社会治理形成"消解结构"的角度出发，关注社会治理对基础、秩序、资源和结构、风险防控形势等方面的作用。尹峻等（2019）从农村社会治理模式中基层管理组织的行政化转变、基层党组织领导模式趋向集中以及一元化农村治理模式来看中国社会治理的变迁。

浙江作为中国革命红船起航地、改革开放先行地、习近平新时代中国特色社会主义思想重要萌发地，在地方治理探索和治理能力现代化方面具有丰富的实践经验，并积累了一些理论成果。一些学者持续关注杭州等地的发展，对其治理经验进行提炼和总结。如林尚立（2012）从复合民主的角度，探讨人民民主促进民生建设的杭州实践，认为杭州"民主促民生"的模式不仅扩大了民众的民主参与，而且促进了政府自身的完善与发展。余逊达（2012）从民众参与和公共民生问题解决的角度探索浙江的社会治理实践，认为民主方法在解决公共民生问题上具有比较高的绩效，浙江省在保障民众参与方面形成的体制、机制和政策安排对深化民主建设有积极作用。

这展现了中国与西方民主制度建设一个最重要的不同点：西方以自由民主为制度基础，而中国民主政治建设是把治理和民主结合起来。杭州等地的实践在这方面做了很好的平台化探索，实现了民意表达与治理水平提升的相互促进。治理能够帮助我们体现制度所体现的价值，规范制度要求规范行为，促进人们之间的合作，降低体制的运行成本和管理成本，稳定人们的预期，创造人民行为的动力，形塑文化，实现可持续发展。民生是最大的政治。当前中国的贫富差距依然较大，由于资源和人才的集聚不同，地区和地区的差异客观存在。共同富裕所要求的是城乡差距、区域差距、居民收入差距应当趋于收敛而不是发散，并将差距控制在合理水平。"在当代中国，共同富裕需要体现发展性、共享性和可持续性的统一，是指通过矫正和补偿制度性因素导致的不平等，让全体人民有机会、有能力均等地参与高质量经济社会发展，并共享经济社会发展的成果。"①浙江在高质量发展建设共同富裕示范区征程中，已经先行探索，总结先进经验，把好的经验上升到理论层次。比如杭州的"民主促民生"模式打造了全民参与的开放治理体系，是共建共治共享的一个方向或者是样板。在地方治理中实现共建共治共享，需要把治理与民主结合起来，建立参与政策制定的有效机制，实现政府与民众之间的良性互动。

讲好中国故事不光要形象，要生动，更需要具有故事的内核。我们要通过实务部门和学术机构一起去探索建构理论，讲好杭州的故事，讲好浙江的故事，讲好中国的故事。所以，我们通过实地调研，从国家治理体系与治理能力现代化出发，对浙江的治理经验进行总结和提炼，为推进地方治理现代化提供实践经验和

---

① 郁建兴,任杰.共同富裕的理论内涵与政策议程[J].政治学研究,2021(3):13-25.

多维思考。

本书尝试从"创新、协调、绿色、开放、共享"的新发展理念切入，从市、县、乡三级来观察地方治理的实践和演进，进而阐释地方治理实践对共同富裕产生的影响，探索地方治理推动共同富裕的可能路径。全书由吴帅负责策划、组织、统稿、出版等工作，黄斐凡、田媛元、胡仲仲、吴海艳、罗雄兴等参与部分章节的撰写和校订。全书主要分为五篇。第一篇为"新发展理念：发展观的革命"，该篇由吴帅撰写，主要论述新发展理念对共同富裕的启示，通过各地发展过程中的经验教训来论证共同富裕的重要导向作用。第二篇为"市域治理探索与社会治理"，主要从市级层面总结地方治理经验，探索优化社会治理的路径，通过以杭州为例的市域社会治理现代化研究，尤其是对"民主促民生"和"数智治理"的实践案例分析，尝试发掘共同富裕杭州样板的示范作用。其中第二、四、五、六章由黄斐凡撰写，第三章由田媛元撰写，第七章由吴帅撰写。第三篇为"县级服务型政府建设与县域社会治理"，主要论述县级服务型政府建设的现状和趋势，从服务型政府建设的角度来分析县域治理现代化的进程，从而考察当前我国服务型政府整体建设状况以及对共同富裕的影响。该篇由罗雄兴撰写。第四篇为"乡镇公共服务创新"，从最基层地方政府的角度，以基层公共服务提供为切口，分析基层公共服务创新的动力，从经济全球化、政治体制改革、经济发展、社会变迁和文化传统等角度对基层社会治理的结构进行阐述。该篇由吴海艳、吴帅撰写。第五篇为从"共治"到"共富"实践研究，包括城市社区治理趋势、撤村建居社会治理创新、破解农村空心化的思考、学前教育发展、垃圾分类处理等专题。该篇由吴帅、胡仲仲撰写。这些文字是作者在学习工作中通过实地调研积累的一手材料，这些专题都事关民生大计，不管是共同富裕还是地方治理，最后的落点都是要落在群众的满意度、百姓的幸福感上，这些实证研究也是"把论文写在大地上"的一种尝试。

本书在研究和撰写过程中，得到了杭州职业技术学院、杭州市咨询委员会办公室、杭州市改革研究与促进中心等单位和有关机构的大力支持，其对本书充实内容、收集材料、完善数据等工作提供了很大的帮助，在此一并表示感谢。

尽管本书是作者多年来在地方治理研究领域研究积累的成果，但是在新发展阶段地方治理面临更加复杂多变的环境，加上编撰时间紧，还有很多不成熟的地方。本书不足之处，敬请各位专家和读者批评指正。

作　者

2022 年夏于紫金港

目　录

第五篇　从"共治"到"共富"的实践研究

导　论

改革开放 40 多年以来,浙江以其在经济和政治上的巨大成就为世人瞩目。2021 年 6 月 10 日《中共中央 国务院关于支持浙江高质量发展建设共同富裕示范区的意见》正式发布后,浙江作为当前唯一一个高质量发展建设共同富裕示范区,正在大力探索共同富裕之路。浙江各级地方政府采取灵活有效的政策,沿着"八八战略"规划的蓝图奋力前行,为浙江的发展营造了良好和谐的制度环境和社会土壤。可以说,正是浙江省域治理的特殊生态之间的信息交流和相互影响,造就了浙江独具特色的经济社会发展形态。

从理论渊源看,现代政府治理源于公司治理。如同董事会要对股东负责,股东的利益表达应该有通畅的机制一样,政府要对民众负责,民众的意见表达要有通畅的机制。"治理"不是传统的"统治""控制""管理",更强调沟通合作、协同共治,是政府组织、民间组织、经济组织、公民个人之间积极沟通的过程。在中国传统政治理想中,所谓"政通人和"是很高的治理境界;在现代治理理论中,则有"好的治理"或称"善治"(good governance)的要求。当今社会,社会矛盾不断增加,有研究者甚至说发生了"治理危机",各级政府都在探索实现"善理"的办法。在不同的社会经济条件下,甚至在不同的城市或社区,实现"善理"的具体途径不同,但应该可以寻找出基本规律或基本路径。

浙江之所以能在改革开放中占得先机,是因为它在政府、市场、社会良性互动中逐渐形成了多中心治理结构。多中心治理模式是打破单中心的管制模式,构建政府、市场和社会三维框架下的治理模式。公共治理中的"多中心性"实质是公共事务的民主合作管理,是民主治理的一项策略。多中心治理理论作为公共治理领域中的显学,为公共事务提出了不同于官僚行政理论的治理逻辑。在全球化、分权化和市场化潮流中普遍展开和推进的多中心治理,代表了一种现代性政治的重建,即不同的治理主体之间按照公共性规范建构的一种公共服务责任再生产的制度机制。因而，多中心治理的主题在于不同主体间如何建构合作关系，形成不同于"中心—边缘"的治理结构。在浙江，民营企业的早熟成为催生社会发育的重要动因，经济的蓬勃发展促进了行业协会、商会的出现，这对于发展出一个趋向于多元化的社会圈具有明确的指向性，这种社会圈的逐渐成熟在客观上要求社会治理必须从政府一元化领导发展为多元的共同治理。行业协会和各种民间组织的良好表现既是浙江经济的一大特色也是多中心治理的突出成果。在深化改革的过程中，我国逐渐由计划型政府向市场型政府转变、行政指令型政府向服务型政府转变、单一权力中心的政府治理向多中心政府治理转变。不管是市场型政府还是服务型政府，其实质都是还权于社会，这是社会利益多元化和地方自主治理程度提高的必然结果，也是市场经济成熟的必然产物。

在改革发展的关键期，社会矛盾多发，这更凸显了"基层治理"的重要性。社会矛盾多发，可以从两个方面寻找原因。首先，社会变迁带来的经济社会快速发展，使得社会利益主体不断分化，利益表达的需求不断增长，表达方式日益复杂。由权利表达机制欠缺引发的冲突、利益要求不能实现引发的冲突、不同利益主体之间发生的冲突，均构成了形形色色的社会矛盾。其次，从传统体制中因袭而来的政府，习惯于奉行全能主义和家长主义，喜欢"统一思想""一声令下"。在所有制多元、经济社会组织多元、传统"单位制"瓦解的今天，人们的权利基础不同，思想也殊难同一，企图用行政强制方式来管理社会已不仅难以奏效，而且会制造出新的冲突。传统的政府行为方式遇到了挑战，社会变化呼唤治理之道的变革。政府本身由具有多种自身利益的个人和部门组成，对于政府的约束也是一个重要问题。现实表明，变革着的社会生活需要新的治理之道。政府不仅要用新的办法治理社会，也要用新的方法治理自己。

浙江发展模式是在中国经济体制改革和经济发展中，借需求诱致、超前的局部经济体制改革而形成的一种区域经济社会发展模式，其核心是充分尊重和发挥民众的首创精神，将经济体制改革和社会发展有机结合，使改革和发展在区域经济社会变革中成为一个互进的动态过程。浙江通过基层组织的人大恳谈会、民营企业发展、基层民主建设、社会组织培育，积累了行业协会和政府协同治理等社会治理的宝贵经验。在创新、协调、绿色、开放、共享的新发展理念与视野下，浙江正在探索由"共同治理"到"共同富裕"的发展之路。本书对浙江社会治理的实践经验进行了分析和解读，描述了社会系统和行政系统的良性互动过程，为更好地打造高质量发展建设共同富裕示范区提供了一个社会治理视角。

一、社会系统与行政系统的信息交流

"行政生态环境即社会圈,是一个非常复杂的综合体,包括人类世界和自然世界中的各种因素。……主要包括政治环境、经济环境和文化环境三个方面,这三个环境具有相互包容的关系,因此它们之间存在着某种相互作用。但它们作为整体,与行政系统发生物质循环和能量变换的关系。"①浙江的行政生态环境有其特殊性。浙江具有重商、重利的思想传统,鼓励人民追求财富。在浙江成功的经营者更是被人们奉为楷模。比如民营企业主在当地社会圈的影响比较大,在政治、经济、文化环境中无处不显示他们的存在。单个企业主作为社会圈里的一个个小细胞,构成了一个阶层,继而构成一个团体系统,它必然会向行政系统提出符合自身利益的社会诉求。据中国社会科学院《当代中国社会阶层研究报告》,1978年改革开放以来,经济体制的转轨和现代化进程的推进,促使中国社会的阶层结构发生了较大变化。新的社会阶层逐渐形成,各阶层之间的社会、经济、生活方式及利益认同的差异日益明晰,以职业为基础的新的社会阶层分化机制逐渐取代过去的以政治身份、户口身份和行政身份为依据的分化机制。以民营企业主为例,他们拥有较多的经济资源,收入较高,但职业定位和身份认同不稳定,具有一定的政治诉求。无论从经济实力、社会地位还是利益影响上看,民营企业主阶层对政策的制定较为敏感,也有能力在一定程度上影响行政系统的决策。特别是一些更具政治意识的企业家会在社会圈中起到组织领导作用,并代表其自身利益、企业利益和员工利益,在社会上有较大影响。

二、社会群体参与社会治理的途径

"行政管理在一定行政环境的影响下存在和发展,与行政环境发生一定的联系。……从历史发展过程看,行政管理与行政环境的联系有逐步加强和日益紧密的趋势。"②改革开放以来,我国一直在推进行政体制改革,"服务型政府"成为官方的施政口号。服务型政府的实质就是要改变过去由上而下单向的行政路线,在行政决策和执行中更多地反映社会和群众的要求。加强行政系统和人民群众之间的联系,关键在于如何建设政府和社会之间良好沟通的渠道,需要先厘清社会圈是如何有效地与行政系统进行能量和信息的交换。任何行政系统只有

---

①　王沪宁.行政生态分析[M].上海:复旦大学出版社,1989:37.
②　夏书章.行政管理学[M].广州:中山大学出版社,1998:3.

与社会圈保持有机的动态联系才能够适应社会的发展和变革。要实现社会治理的开放性，通过多元主体的参与以扩大与社会圈的能量交换，就必须形成有效的循环系统。这里主要有下行信息沟通和上行信息沟通两种主要方式。"如通告、传达等下行信息沟通的首要目标就是要保证社会了解行政系统采取的措施，减少执行这些措施的障碍，它也可以使社会更了解行政系统。"①一个开放式的行政系统在制定和实施政策之前就必须让社会清楚地了解这些政策会给社会群体带来的影响。但是社会的参与依然是被动的，同时本地区实力强大的团体必然会有发表自身利益主张的要求，这时上行的信息沟通就很有必要。地方政府推行社会公示、听证和专家咨询等制度，以及政府常设的信访部门与企业家进行的座谈会等方式，可以让社会圈的利益有确定的表达途径。社会群体代表除了在一些政府组织的座谈会中表达自己的利益要求之外，往往还在当地人大或政协参政议政，对区域治理产生一定影响。

（一）社会群体与行政系统交流的机制

以民营企业主为例，作为社会群体的重要组成，他们（或该群体）所代表的需求是社会圈的重要部分。民营企业主有特殊的利益认同，表现在争取政府对民营企业的支持、个人财产的永久保护、垄断性行业的准入资格和政治身份认同等方面。社会需求一旦产生出来就必须经过有效的途径传递到行政管理层。在改进行政系统与促进社会圈之间平衡的四项机制（咨询、协商、编入、行政委托）基础上，结合中国的社会现实和制度环境，我们可以总结出社会群体与行政系统间各类交流机制。

1. 咨询。作为一种有组织的信息沟通活动，民营企业主通过一定的程序或机构影响和参与决策，例如政府组织召开咨询会，行政官员听取各企业负责人对政府的要求和对各种政策的看法。在中国自改革开放以来更加重视民营企业的营商环境的前提下，各地政府都有类似的举措，但是制度化的咨询活动比较少，往往取决于政府领导者的态度，随机性较大。民营企业主在企业管理和技术方面是专家，对政府营商政策的实际效果和可操作性有最切身的感受，在咨询活动中会根据自身需求向政府提出意见和建议。比如一些地方政府为鼓励企业技术创新设置了一些奖励，对企业在技术创新方面投入的费用按 50% 到 100% 从企业所得税中扣除。但是企业技术创新的认证却很困难，技术监督局和专利局都对该项目负责，一些企业的技术或者软技术无法按照政府要求的复杂材料由工作人员进行申报，需要成立一个企业专家第三方鉴定小组对企业创新成果进行

---

① 王沪宁. 行政生态分析[M]. 上海：复旦大学出版社，1989：56.

评估。当地的企业和行业协会在政府的咨询会中提出了自己的动议,要求对政府的鉴定方案进行改革。民营企业主在这样的咨询活动中发挥了在社会圈中协商推动的作用,促进了自己的利益实现,也使政府的政策得到改进。

2. 协商。当社会圈中有某个力量足够强大的时候,协商才可能不再是行政系统单方面的创议协商的结果,才有可能集合社会圈中不同的利益。其中较为强势的力量会在协商过程中提出更多的利益要求。在市场经济条件下,实力和利益呈现正相关性。比如在浙江省乐清市,民营企业主在当地的社会圈与行政系统的协商中占重要地位,在当地的人大会议上,人大代表有权在会场对政府工作报告提出异议。在协商中,代表行政系统的政府和代表社会权力的人大把协商的结果落实为最终的政策,制定的政策体现了不同利益的表达和平衡。

3. 编入。主要指"行政系统采取编入的方法,设立一些小型的专门系统与社会圈之间的相互渗透,从而使行政对象参与和他们直接相关的决策活动"①。这样的"编入"等于把社会代表和利益团体整合到行政系统中,给予社会有影响的人士和团体一定地位,可以使行政活动有良好的社会基础,更好地反映社会需求。比如全国各地的工商联在团结、引导私营企业主参加新中国经济建设,接受社会主义改造,以及在新时期团结广大成员为社会主义物质文明、政治文明、精神文明和生态文明建设服务中作出积极的贡献。随着工商联工作对象的转变和工作职能的调整,工商联已逐步成为党领导的具有统一战线性质的人民团体和民间商会、党和政府联系非公有制经济人士的桥梁和纽带、政府管理非公有制经济的助手。工商联已经从一种民间商会组织发展成为被编入的准行政系统。

4. 行政委托。与编入不同,行政委托可以被认为是行政权力某种程度的下放或者是社会权力的回归。"行政系统减少自己活动权限,缩小活动范围,与社会圈有关方面联合起来共同行政,把行政系统的任务委托给社会圈中的有关主体,加强行政系统与社会圈的联系。"②行政系统对其行政权力的转移,在发达的商会和行业协会上表现得尤为突出。这些社会组织可以专业、及时地把相关群体的利益要求直接以团体的形式与行政系统交流,而且也在相当程度上承担了各行业的自主管理职能,是浙江民营企业活力的有效来源。浙江得以形成规模化的产业集群与这种"小政府、大社会"模式是分不开的。

(二)社会性需求输入系统的建构

"行政系统的基本功能就是怎样通过自己的活动来满足这些需求,从而获得

---

① 王沪宁.行政生态分析[M].上海:复旦大学出版社,1989:57.
② 王沪宁.行政生态分析[M].上海:复旦大学出版社,1989:58.

与社会圈的动态平衡。"①雅克·什伐利埃和达尼埃尔·洛萨克提出的改进行政系统与促进社会圈之间平衡的四项机制,是双方能量和信息交流的主要方式。在实际情况中,社会需求输入途径一般分为机构性需求输入系统和非机构性需求输入系统两类。

1. 机构性需求输入系统。行政系统本身有采集社会需求的能力和义务。机构性需求输入系统是由正式的政治机构或政府机构通过综合采集向行政系统输入需求期望。② 现阶段我国社会需求的输入更多还是来源于机构性需求输入系统。政府以整个社会的需求为基础,将这些需求整合并转化为机构性需求,进而成为行政政策。机构性需求输入系统位于政府内部,主要由有组织的正式机构向行政系统输入需求,如执行机构、立法机构和司法机构。社会群体代表在参政议政过程中带有群体利益的需求,而在各级人大和政协这些正式机构的参与中,因其法律地位和需求输入的有限性,使这种资源较为稀缺,包括民营企业主在内的社会群体更为认同这种参与具有荣誉和利益的双重价值。这当然不排除有政治觉悟高的企业主,但是确实有很大一部分企业主是看中了执政党在社会各领域的领导作用,可以成为他们形成自身行政需求的重要源泉。如果政府没有一个好的入口,社会需求就无法转化为正式需求,政府和社会的信息能量交换会日益减少,形成恶性循环。

2. 非机构性需求输入系统。相比机构性需求输入,非机构性需求输入的来源更广泛,其输入行政系统的渠道更具多样性,输入主体和方式包括公民个体、公民团体、民主党派、大众传播、民意测验和选举等。非机构性需求要进入行政系统则必须经过行政系统正式机构的入口,无论入口处在哪个层次上。但是由于我国特殊的社会环境,非机构性需求输入在制度建设方面还不够完善。非机构性需求输入相比于机构性需求输入,更为复杂且更具有随意性,其中有些输入手段甚至不合法。社会群体为了实现自身的利益,广泛地通过非正式接触来影响行政系统的决策。私下的交往被认为是影响行政决策的最有效方式之一。但民营企业主为了保持与政府行政官员尤其是领导之间的良好私人关系,有时甚至会采用行贿等非法手段。如何在制度层面保证非机构性需求输入的表达和实现是目前社会治理中应该重视的问题。

---

① 王沪宁.行政生态分析[M].上海:复旦大学出版社,1989:64.
② 王沪宁.行政生态分析[M].上海:复旦大学出版社,1989:210.

三、社会需求的表达对社会治理的影响

　　社会圈和行政系统之间信息和能量的交换无疑是非常重要的,因为这会极大地影响行政系统对社会需求信息的采集方式,如果这一循环过程无法得到实现,政府的行政就无法适应社会的快速变化和发展,行政系统反而会成为社会的阻碍。当社会群体完成了一定的资本和技术积累,产业达到一定规模的,行政系统就需要加强对经济圈和社会圈的控制,使经济活动有利于社会的良性发展。"比较各国的发展,可以看到,凡是行政系统能够有效地分配和合理地分配社会性资源的地方,经济发展均较快,反之较慢。"①要实现社会资源的合理有效配置,就必须重视地方特殊的行政生态环境和社会治理环境,建设政府圈与社会圈实现信息能量有效交换的途径,在保障机构性需求输入的同时,实现非机构性需求输入的制度化。

---

① 王沪宁.行政生态分析[M].上海:复旦大学出版社,1989:220.

第一篇
新发展理念:发展观的革命

党的十九届五中全会的召开标志着我国进入了新发展阶段。新发展阶段必然是高质量发展。高质量发展要求高水平社会治理相匹配。当前,创新、协调、绿色、开放、共享的新发展理念正在神州大地广泛传播,逐渐深入人心。"新发展理念是发展理论的一场革命。"①正如毛泽东同志所说:"我们不但善于破坏一个旧世界,我们还将善于建设一个新世界。"②在"百年未有之大变局"中,新发展理念引领下的新发展格局正在形成。随着我国经济、政治、文化、社会、生态"五位一体"的全面发展,创新、协调、绿色、开放、共享的新发展理念正成为我国的治国方略。要使新发展由理念变为现实,就必须充分分析当前的新发展阶段的特点,吸取其他国家发展过程中的经验和教训。西方国家在现代化过程中,出现了社会、生态、科技等一系列问题,而中国在学习西方现代化经验的过程中同样会面临这些问题,在时空交集中西方社会发展过程暴露的问题可以作为我们在发展道路上的前车之鉴。

---

① 邱海平.全面认识和贯彻新发理念[A/OL].(2021-12-06). https://m. gmw. cn/baijia/2021-12/06/35361010.html.

② 毛泽东:在中国共产党七届二中全会上的报告(1949 年 3 月 13 日).载:毛泽东选集(第 4 卷)[M].北京:人民出版社,1991:1439.

第一章　科学发展：世界性课题

18世纪从西方开始的工业化，开启了世界发展的新历程，也塑造了和农业文明完全不同的工业文明模式。以工业化为标志的现代化，随着西方主导的全球化在世界蔓延，不论是主动的还是被动的，这种追求资本积聚、财富增长的文明模式成为整个世界疯狂学习的对象。从财富、资源、环境到每个人的生活方式，整个世界发生了前所未有的变化。资本主义在创造人们富足生活的同时也在吞噬人们原本的朴实生活，以不为人的意志所转移的方式损耗着整个地球的资源、生态和气候。

资源的枯竭、生态的破坏、全球变暖、臭氧空洞、冰川融化、极端天气等警告人类，要继续生存就必须改变原有的资本主义发展模式，建立适合当下以及未来人类的合理发展模式。科学发展的思想是一种全球化的思想，只有在全球化的背景下，科学发展才真正具有意义。在全球化的今天，任何一个国家想要关起门来发展都是不可能的，因此科学发展的思想必然是一种全球相互影响形成的发展思想，而不是独创的、排他的理论。

一、经典发展理论的探讨

(一)马克思主义发展理论

马克思强调："自然界，就它自身不是人的身体而言，是人的无机的身体。人靠自然界生活。这就是说，自然界是人为了不致死亡而必须与处于持续不断地交互作用过程的、人的身体。所谓人的肉体生活和精神生活同自然界相联系，不外是说自然界同自身相联系，因为人是自然界的一部分。"①马克思主义发展理

---

① 马克思恩格斯选集(第1卷)[M].北京：人民出版社，1995：45.

论分别为自然发展和社会发展理论。自然发展是作为自生自发的形式而存在，社会发展则是人类有意识的社会实践活动的结果。其中人的全面解放是马克思主义的目标，也是其理论的出发点和落脚点。发展是人类社会永恒的主题，无论是马克思本人还是马克思主义的继承者都有比较系统而丰富的发展理论。马克思本人就提出发展的终极目的——人的全面发展理论，实现发展的途径——生产力的发展和社会的变革，发展的方式——科学技术和社会变革，以及人与自然和谐发展的理论等。马克思主义发展理论也以人的发展作为发展的根本目标，而且从异化的角度，对劳动产品和劳动者之间的分离以及资本主义社会本质进行了批判。但马克思肯定了资本主义生产方式曾经给人类带来的巨大成就。资本主义在某种程度上解放和发展了生产力，资本主义的发展是马克思主义现代发展理论的第一阶段。列宁关于社会主义国家政权建立后如何尽快实现现代发展的论述及其推行的新经济政策试验是马克思主义现代发展理论的第二阶段。中国特色社会主义的现代化之路是马克思主义现代发展理论的第三阶段。马克思认为人类社会发展的价值指向是共产主义，只有在共产主义社会才能实现人的全面解放，实现人与自然以及人与人之间的和谐。马克思主义发展观随着时代的变化而变化，其在中国的当代形态——新发展理念在于把发展问题放到当下中国的现实条件下，在中国发展的平台上，顺应世界发展潮流，追求全面、协调、可持续的发展之路。

（二）零增长理论

《增长的极限：罗马俱乐部关于人类困境的报告》从 1972 年出版到现在已有半个世纪。20 世纪 70 年代正是西方资本主义社会的黄金发展时期，经济总量的持续快速增长，让几乎所有人都沉醉在资本主义社会的发展之中。但是这个由知名科学家、经济学家和社会学家组成的学术团体——罗马俱乐部，却提出了著名的"零增长"理论。随着资源、环境、人口等社会、经济和政治问题日益尖锐和全球化，市场经济的盲目性、滞后性和被动性使人类与自然的关系处于一种紧张和对立的状态，在许多人类领域其生产能力已经达到或者接近极限，"人类发展困境"的问题越来越突出，这个"困境"问题的实质就是发展问题。于是，他们得出结论：地球是有限的，人类必须自觉地抑制增长，否则必将面临崩溃。

虽然该理论具有一定的片面性，但这对于我们这个人口数量最多，经济增长快速的发展中大国却具有警示作用。改革开放 40 多年来，中国经历了经济飞速发展的时期，整个社会处在转型期。由于人口多、底子薄、发展不平衡，中国在发展过程中仍面临一些突出矛盾和问题，主要是：经济结构不合理和粗放型经济增长方式还没有根本改变，城乡、区域、经济社会发展不够协调，人口资源环境压力加大,就业、社会保障、教育、医疗等民生问题比较突出。为更好地解决这些突出矛盾和问题,我们提出要全面贯彻落实创新、协调、绿色、开放、共享的新发展理念,转变发展观念,创新发展模式,提高发展质量,坚持用发展和改革的办法解决前进中的问题,让发展成果惠及全体人民。如果不能处理好这些矛盾,及时转变发展方式,我们的发展必将陷入困境。

二、西方马克思主义的发展思想

西方马克思主义主要从异化的角度来阐述发展问题,对现有资本主义发展方式多有诟病,认为人的异化是对科技理性的盲目崇拜所带来的。在对资本主义社会批判的基础上,西方马克思主义著名理论家马尔库塞在《单向度的人》中把现代社会描述为一个单面性的社会。在这样的社会中,人被技术所束缚,技术制约人类自身的发展,人成为异化的人并带来异化的消费。并非人真实的需要推动着资本主义社会的资本扩张和再生产,随之带来的是自然的灾害和生态的失衡,这最终将破坏人本身的发展。对于资本主义工业化生产所带来的社会危机和生态问题,西方马克思主义明确指出资本主义的体制无法解决这些根本问题,只有在新的社会体制下,才能实现有益于人类的发展。

西方马克思主义是一个丰富庞杂的理论体系,其中有很多关于发展思想的阐释,比如对资本主义社会的批判、人的全面发展理论和人与自然关系等,这些发展思想对当下的中国有理论借鉴性和现实洞察性。

(一)现代性批判理论

"西方马克思主义理论家对资本主义社会的批判,实际上是对这一社会在现代化过程中种种弊端的揭露和批判,如消费主义批判、大众文化批判、工具理性批判、科技社会功能批判、劳动异化批判、日常生活批判、生态危机批判、爱欲压抑批判等,这是一种总体性批判。"①同时西方马克思主义把对资本主义社会的研究归结为对资本主义社会的批判,强调批判是理论的主要功能。西方马克思主义的理论家继承马克思主义理论的价值性、批判性,但是却逐步曲解甚至否定了马克思主义的科学性。

"从20世纪30年代初到50年代中期这二十多年时间里,马尔库塞和法兰克福学派的其他成员一起,为创建和发展'社会批判理论'而努力。'社会批判理论'在法兰克福学派那里就是马克思主义学派的代名词,所以,在马尔库塞看来,

---

① 陈学明.西方马克思主义前沿问题二十讲[M].上海:复旦大学出版社,2008:9.

为'社会批判理论'努力也就是为马克思主义而努力。"①这里所说的"社会批判理论"也就是"现代性批判理论"。西方马克思主义深刻揭露了资本主义社会的种种弊端，致力于建立一个和资本主义社会结构完全不同的社会形式，从根本上解决人的全面发展问题。西方马克思主义理论家的左翼对资本主义社会持否定的立场，他们提出了一种否定的辩证法理论为这种否定一切、打倒一切的政治主张提供理论根据。

现代性批判理论对于我国社会主义现代化建设有非常重要的借鉴意义。我国作为一个后发国家，应该正视现代化过程中出现的问题，并积极加以解决，而不能以所谓"代价不可避免论"来看待现代化。"通过研究这一理论（现代性批判理论），可以不断地提醒我们，西方的现代化建设出现了问题，中国的现代化建设尽管历时不长，但同样已付出了重大代价。……西方马克思主义理论家之所以如此尖锐地揭露和批判现代化过程中所出现的种种，根本目的是要人们自觉地趋利避害：一方面充分享受现代文明的成果，另一方面把代价降到最低限度。"②我们需要对于现代性的批判进行积极的引导，对现代化过程中带来的问题进行辩证的分析，结合我国实际情况，探索出中国特色社会主义的现代化道路。

(二)人学思想

用存在主义补充马克思主义的"人学空场"是西方马克思主义的主要观点之一。萨特认为，马克思主义是我们这个时代不可超越的哲学。在高度评价马克思主义的同时，他认为马克思主义在现代变得停滞了。"马克思主义的这种'停滞'主要表现在它中间出现了'人学的空场'。……'现代马克思主义''忘记'了人而造成自身的'停滞'和'僵化'。"③人本主义是西方政治思想史的一个丰碑，西方马克思主义也不例外。人本主义强调人的主体价值，突出人在社会发展中的本体作用，和"以人为本"有相通之处。西方马克思主义建立在对西方社会发展长期研究的基础上，有很多好的见解，对西方社会的发展从某种程度上起到了鞭笞的效果。可以说，如果没有西方马克思主义对资本主义社会的批判，就没有现在西方社会的发展。正因为西方马克思主义蕴含着丰富的理论，包括人本主义思想、社会发展理论和生态思想，有很多关于对人类社会发展问题的反思，并

① 俞吾金，陈学明.国外马克思主义哲学流派新编·西方马克思主义卷[M].上海：复旦大学出版社，2002：435.

② 俞吾金，陈学明.国外马克思主义哲学流派新编·西方马克思主义卷[M].上海：复旦大学出版社，2002：435.

③ 俞吾金，陈学明.国外马克思主义哲学流派新编·西方马克思主义卷[M].上海：复旦大学出版社，2002：435.

对存在的问题提出理论上的批判和建议,该理论对西方社会发展的轨迹有很大影响。长期以来,中国的现代化历程又恰恰是以西方的工业化作为学习对象,中国必然将在特定的历史阶段面对类似的问题。对西方马克思主义中的精华理论进行梳理,有利于我们在发展的道路上有前车可鉴。

西方马克思主义对于人的关注在人本主义中表现得特别突出,贯穿始终。这种抽象的人性概念,和西方鼓吹人自由的人学传统有关。西方马克思主义批判苏联模式的一个重点就是"见物不见人"。西方马克思主义强调马克思主义是一种解释社会的哲学,并且奉《1844年哲学经济学手稿》为经典,断定马克思主义是一种哲学或者"人学"。他们倾向于对马克思主义进行纯学术的研究,把马克思主义早期那种带有思辨特征的哲学作为研究对象。他们只承认历史唯物主义,但是否认或者贬低辩证唯物主义和自然辩证法,把历史唯物主义和自然辩证法分割开来。而且根据卢卡奇的观点,历史唯物主义只是一种研究主体和客体之间联系的方法,是一种全面认识社会现实的方法。他们提出马克思主义的主导思想就是"人类中心论",认为马克思主义是一种人道主义,把人作为存在的本源和出发点,并认为异化是马克思主义的中心概念,其主旨是从人与自然的关系上来看待自然和生态的变化。他们认为历史条件的变化会对马克思主义理论的正确性不断提出挑战,对于马克思主义教条式的理解让马克思主义的一些基本原理变得"过时"。所以他们提出,马克思主义处于危机之中。

西方马克思主义理论家指出:"'现代马克思主义者'只讲普遍性,抹杀个别性,用普遍代替个别。……萨特强调人的性质除了阶级性之外还有许多具体的属性,人与人的关系除了阶级性之外还有许多具体的属性,人与人的关系除了生产关系之外还有多种多样的关系,而'现代马克思主义者'只是'偷懒地'指出某人属于什么阶级就万事大吉了。……实在的人就这样变成了抽象的符号,失去了人之所以成为人的意义。"①西方马克思主义对于人的关注和基本的人学立场有利于防止"见物不见人"的弊端,有利于以人为本的全面发展。

(三)异化理论

西方资本主义社会的异化现象是和人的发展紧密联系在一起的。"资本主义社会大量的丧失自我或者迷失自我的异化现象完全扭曲了人的个性,使人们变成了俯首帖耳的人,他们不能有任何批判意识,不能有任何激情和思想。"②而

---

① 俞吾金,陈学明.国外马克思主义哲学流派新编·西方马克思主义卷[M].上海:复旦大学出版社,2002:435.

② 任暟.批判与反思——法兰克福学派"当代资本主义理论"探析[M].合肥:安徽大学出版社,1998:114.

且这种异化还存在于人们的消费活动中，物欲横流，脱离了人真正的需要。个人的消费观被资本裹挟，变得越来越单一化，消费的主力青年被简单贴上了"暴富""搞钱"的标签。"如果我们都用物质来满足这些需求，那就会形成永无止境的欲望，这等于给真正的问题错误答案，由此导致的心理空虚，反倒成为助长物质欲望的主要动力。"①人在这样的环境下失去了很多原有的幸福感，这样的发展同样背离了马克思关于"人的解放"的初衷，社会发展的目的偏离了"以人为本"的主旨。马尔库塞指出，在二战后，由于新的科学技术革命，劳动生产的机械化、自动化程度提高了，技术分工越来越细，工人的劳动被分割为一个个碎片，劳动者只是复杂系统的一个微小零件，造成在资本主义生产过程中劳动者与其劳动活动相异化的状况，这种破碎化的劳动必然导致人的主体性的失落和人在机械体系中的抽象和数字化。从这个意义上说，在西方资本主义社会中，人至今享有的自由都还是病态的、不健全的。

西方马克思主义对于科学技术、资本主义的危机以及未来社会的发展进行了深入的研究。他们认为，科学技术革命让科学技术崛起成为一种新的力量，世界性的科技革命潮流产生了一种具有强大"兼容力"的社会政治后果。他们认为，科学技术不只是一种单纯的生产力，有可能异化成为一种非中性的统治力量。在现代社会，技术成为维护现存秩序、操纵大众意识、通往集权社会的一个工具。通过技术创造的文化传播媒介，对人们的意识形态进行控制，造成人的新的异化。"弗洛姆把人的异化看作是当代资本主义的最主要的弊病，强调只有把人与人之间、人与社会之间的关系重新建立在'爱'的基础上，才能把人从多重异化中解放出来。"②对于人的异化，我们一方面要批判资本主义社会体制对于人性的扭曲，另一方面要努力寻求改善人与人之间关系的途径，实现人与人之间关系的和谐。这不仅是实践新发展理念的需要，也是构建和谐社会的必要条件。

（四）"总体性"理论

"对于总体性原则的推崇，是西方马克思主义的重要理论取向之一，许多西方马克思主义理论家都论述了总体性问题，可以说，强调总体性是贯穿于整个西方马克思主义的一根主线。"③总体性理论是西方马克思主义重要的指导思想，也是其方法论核心。西方马克思主义著名理论家在谈及马克思主义的研究方法

① ［德］魏伯乐.翻转极限 生态文明的觉醒之路［M］.上海：同济大学出版社，2018：131.

② 任暟.批判与反思——法兰克福学派"当代资本主义理论"探析［M］.合肥：安徽大学出版社，1998：163.

③ 陈学明.西方马克思主义前沿问题二十讲［M］.上海：复旦大学出版社，2008：103.

时强调:"正统马克思主义并不意味着无批判地接受马克思研究的结果。它不是对这个或那个论点的'信仰',也不是对某本'圣书'的注解。恰恰相反,马克思主义问题中的正统仅仅是指方法。"①他说的方法正是以西方马克思主义的总体性理论为核心的,可见总体性理论在西方马克思主义中的地位,而且理论家们也以此作为他们沿着马克思主义继续前进的重要证明。国内西方马克思主义研究专家陈学明先生认为,马克思包括《资本论》《1857—1858 年经济学手稿》等著名著作中的基本思路都贯穿着总体性视角。"尽管在很多地方马克思没有用'总体性'概念,但许多论述实际上是围绕着这一范畴展开的。毫无疑问,总体性原则确实是从青年马克思到晚年马克思思想发展的一条不变的线索。"②

总体性理论就是无产阶级总体地、全面地把握问题的能力,其反面是无产阶级阶级意识"原子化""割裂化",是一种主客体相互统一的辩证方法。"西方马克思主义的总体性理论,主要有三方面的内容:一是他们如何把总体性理论视为马克思主义方法论的核心;二是他们如何将总体性意识视为无产阶级的阶级意识;三是他们如何将物化意识视为总体性意识的对立面。"③总体性原则是无产阶级阶级意识的核心内容,但是却长期被人们所忽视。作为一种重要的方法论,它对于我们的社会主义实践有非常重要的指导作用。总体性原则要求把当下任务与长远目标紧密结合,把当前工作放到历史的总体中加以理解。把人的一切活动放在具体的历史条件下,把人置于历史的总体中,才能真正理解当下的活动。这对我们当前的中国特色社会主义建设有启示作用,就是要把当前工作与长远目标结合在一起,运用协调的理念去看待问题并进行学习实践。我们虽然还处在社会主义初级阶段,但是我们不能把最低纲领和最高纲领相分离,必须有明确的最终趋向性,这个趋向性就是人的全面解放。

我国当前正处于社会主义建设的新发展阶段,发展依然是我们当前的主要任务。卢卡奇、柯尔施的总体性理论在社会分析的基础上要求对社会现实进行总体性的改造,对我们确定发展什么以及如何发展具有一定启示性。新发展理念是一种总体的发展观,它要求我们在发展中注意总体协调,即要在推进今天的发展的同时,顾及今后的发展。

---

① 乔治·卢卡奇.历史和阶级意识——马克思主义辩证法研究[M].张西平,译.重庆:重庆出版社,1989:2.

② 陈学明.西方马克思主义前沿问题二十讲[M].上海:复旦大学出版社,2008:108,107.

③ 陈学明.西方马克思主义前沿问题二十讲[M].上海:复旦大学出版社,2008:108,107.

(五)西方马克思主义的生态思想

生态危机伴随着资本主义社会的发展，像一个工业社会的幽灵如影随形。马克思、恩格斯认为，资本主义制度是导致自然异化的根本性原因。因此，要想从根源上解决生态危机，就必须彻底变革资本主义制度。从马克思对生态问题的关注到法兰克福学派的生态危机理论①，在不同的历史阶段，人类与自然的关系问题长期是理论关注的热点。但是生态危机理论不能止于批判或沦为一种哲学的悲观主义，更需要在实践生活中进行生态文明建设。正如马克思所强调的："人是自然界的一部分。"②

工业革命以来，世界文明的历史就是工业逐渐取代传统农业的过程，各国社会先后由传统农业社会向工业社会过渡，以工业文明为标志的现代化统治了世界几百年。"这种传统经济以地球资源无穷无尽因而可以大量开采为前提，它立足于一味追求经济利润因而需要大量生产，它把物质享受视为社会进步的判定依据，因而鼓励大量消费；同时又把地球看作容量无限的天然垃圾箱和阴沟洞而导致大量废弃。"③这种以科学理性及技术至上为思想核心的文明形态在给世界带来繁荣和财富的同时，也给大自然带来了难以挽回的损失，而且也使人本身的发展在这种文明机制下受到阻碍，人的自在状态被异化。"一种历史唯物主义的对资本主义的社会经济分析表明，应该责备的不仅仅是个性'贪婪'的垄断者或消费者，而且是这种生产方式本身，是处在生产力金字塔之上的构成资本主义的生产方式。"④

和工业化相随的是自由主义。自由主义被认为是工业化国家的意识形态，是封建主义走向衰亡、市场经济逐步发展的产物，反映了当时正在上升的工业化中产阶级的愿望，与资本主义有密切的联系。自由主义长期以来作为资本主义社会的主流意识形态，"在 19 世纪以前，自由放任的资本主义得到赞美"⑤。其中个人主义作为自由主义的核心原则，"它坚信社会生活中最具重要意义的是人类个体，而不是社会群体或集体组织。……它认为，人要得到自由的发展，不仅

---

① 对资本主义社会的生态危机进行生态批判，使人们重新反思消费主义的生存方式和价值观，将生态运动引向阶级变革，建立生态社会主义的西方思潮。

② 马克思恩格斯选集(第 1 卷)[M].北京:人民出版社,1995:45.

③ 王华梅,程淑兰.自然资本与自然价值——从霍肯和罗尔斯顿的学说说起[M].太原:山西经济出版社,2017.

④ [英]戴维·佩珀.环境政治学译丛·生态社会主义:从深生态学到社会正义[M].济南:山东大学出版社,2012:133.

⑤ 燕继荣.政治学十五讲[M].北京:北京大学出版社,2004:97.

要排除人类活动的一切自然障碍，而且还要尽可能地排斥人为的干涉"①。所以在这样的社会机制下，它主张人的自由无限扩张，个人及社会权利也较多地优先关注私权，而社会的发展权或者社会权则长期被忽视。即使在19世纪以后，出现了赞成福利改革和经济干涉的社会自由主义，加强了福利改革和经济干预，其背景依然是在工业文明下的权利结构，对社会环境的诉求始终没有提到相关的高度。

法兰克福学派的生态危机理论应运而生。其代表人物马尔库塞尖锐地指出："大气污染和水污染、噪声、工业和商业强占了迄今公众还能涉足的自然区，这一切较之于奴役和监禁好不了多少。这方面的斗争是一种斗争，对自然的损害在很大程度上直接与资本主义经济有关，这是十分明显的。"②他指出："生态危机是一种制度危机。在当代资本主义社会，随着资本的积累，经济增长以一种无计划的，自然而然的方式进行。这种既有的增长机制，会迫使世界范围内的人口和生产都不断地增长，从而带来一系列问题。一是可居住和可耕种的土地、淡水和食物以及非再生性原料等有限资源的供应显得不足；二是一旦遭到破坏便无法弥补的某些生态系统吸收污染物的能力减弱。也就是说，人口的急剧增长，终有一天会达到生态环境的极限。"③前述"零增长"理论也展示了类似的生态危机，并提出"零增长"的战略指导思想。与罗马俱乐部对人类困境的分析所采用的超历史、超阶级和超社会制度的"全人类观点"相比，法兰克福学派从资本主义制度的内在运作出发，对资本主义社会的科技、生态与社会各要素之间共融与互渗，以及生态危机的根源、性质和内容进行了更加深入的分析。

在生态危机加深的情况下，相应的生态文明其实并没有真正建立起来，而仅仅是工业文明背景下的一种生态理念。所谓生态文明是一种有别于工业文明现代化的文明发展理念和模式，其根本应该是建立一种全新的社会运转模式。"生态文化机制就是在尊重自然、遵循客观规律的前提下，从维护社会、经济自然系统的整体利益出发，以科学发展观为基本原则，以不破坏生态环境或减少对生态环境的影响为主线，通过政府、企业和社会组织、公众等共同参与，通过制定和实施法律制度及措施来保证生态不受破坏和修复自然环境，最终达到生态良好、环境优化、协调持续和人与自然和谐相处的管理过程。"④

---

① 燕继荣.政治学十五讲[M].北京：北京大学出版社，2004：97.

② Marcuse H. Counter-Revolution and Revolt[M]. Allen Lane,1972：61.

③ Marcuse H. Counter-Revolution and Revolt[M]. Allen Lane,1972：61.

④ 潘家华，沈满洪.中国梦与浙江实践·生态卷[M].北京：社会科学文献出版社，2015：143.

一种什么样的社会运转机制才可以逆转生态危机？以法兰克福学派为代表的西方马克思主义同样没有找到答案。要解决生态危机问题只能先寄希望于发展一种新的需要观以及在这种新的生态理念下的社会和个人发展权,同时对行政制度和经济运行机制进行相应的改变,才有可能探索出更好的解决方案。一种观点认为,只要改变了资本主义的社会形态,资本主义社会生产所形成的自然问题和生态问题就能迎刃而解。但这种观点却忽视了在混合经济盛行的世界,资本主义已经不是唯一的生产关系,在全球化的趋势下,中国同为世界体系的一员。

实际上,资本主义社会和社会主义社会都面临相似的生态困境。比如瑞典通过国有资本的形式安排相当的社会生产,对涉及环境问题的生产进行严格的监控,同时对企业的利益进行适当限制。而中国在生态文明建设上逐渐摸索出适合中国国情的治理之路,在环境敏感项目上加大了环境保护及督查的力度,而不只是在批判的维度进行生态环保的倡导。在党的十八大之后,中国共产党提出"经济、政治、文化、社会、生态"五位一体的总体布局。"随着我国经济社会发展不断深入,生态文明建设地位和作用日益凸显。党的十八大把生态文明建设纳入中国特色社会主义事业总体布局,使生态文明建设的战略地位更加明确,有利于把生态文明建设融入经济建设、政治建设、文化建设、社会建设各方面和全过程。"①中国进而提出绿色 GDP 的概念,把生态文明建设作为整个社会发展进步与否的重要标志和社会主义文明体系的重要部分。

随着生态危机的深化,人们对于生态权益产生了更多关注。生态环境享有权、恶化生态拒绝权和生态文明参与权,这些本属于公民的合法权利在 1995 年修改的《挪威宪法》中第一款和第二款有相应的规定："每个人有权获得一种有益于健康的和有益于自然条件的生产力和多样性得到保护的环境"和"公民享有被告知自然环境状况和任何已经计划或着手对自然的侵蚀所产生的后果的权利"②。挪威作为全球最具幸福感的北欧国家之一,其对生态环境的保护以及对生态文明权的维护都为世人瞩目,最重要的在于宪法中规定的权利能够在其社会运行中得到有效维护。《挪威宪法》中所显示的环境权利是一种在环境遭受严重破坏进而危及人类社会发展时的利益诉求,但这依然属于工业化中后期末端治理模式,"先污染后治理的被动做法,不可能从根本上避免污染,其在经济方向

① 习近平.紧紧围绕坚持和发展中国特色社会主义学习宣传贯彻党的十八大精神[M].北京:人民出版社,2012:5.

② 薛晓源.生态文明研究前沿报告[M].上海:华东师范大学出版社,2006:36.

上趋于加强而不是减弱已有的技术体系,从而牺牲了真正的技术革命……"①。当然,西方马克思主义的生态危机理论对于我们在今天严肃对待生态问题依然有一定借鉴意义。

(六)西方马克思主义发展思想的启示和局限性

西方马克思主义发展思想针对包括经济危机、合理性危机、合法化危机和动因危机在内的资本主义社会危机的频发状况进行了严厉的批判。他们认为资本主义社会的行政系统和资本主义经济之间存在不可调和的矛盾、国家行政系统无法驾驭经济系统的运转、行政规则无法和自由经济投资相融合、有计划的资本主义在生产资料私有制的前提下无法实现,这些矛盾在资本主义框架内无法解决。而"晚期资本主义"的合法性基础开始动摇,西方资本主义国家实行国家干预,促使原来非政治化的公共领域重新政治化,这就对国家的统治提出了更高的要求。政府在更多的领域深入到社会的方方面面,但是人民群众的利益又无法满足,这势必导致资本主义社会合法性危机。这种批判是对所谓"不可选择"观点,即认为只有资本主义方式的全球化和发展方式是正确的并否定社会主义可能性的观点的否定,同时也为人类的未来发展开辟了新的路径。

但是,西方马克思主义仍然是具有地域性的理论流派,活跃的主要是西方社会的理论家,研究的对象也主要是西方社会。而且它与传统马克思主义有明显区别,这些区别是我们在研究中必须要注意的问题。在对资本主义的批判上,西方马克思主义对于资本主义社会发展的动因、资本主义社会文化的没落和腐朽、资本主义社会的精神颓废和价值观的瓦解、人在资本主义社会片面扭曲发展而又必须面对资本主义社会强大的资本武器和国家机器等问题束手无策,西方马克思主义学者只能从学理上对资本主义社会进行批判,从人道主义角度呼吁,但是没有实践的手段可以解除人的束缚。在人的异化问题上,西方马克思主义学者单纯地把科学技术作为异化人类的独立力量,而没有认识到科学技术在具体生产方式中起到的作用。虽然西方马克思主义学者一针见血地指出,生态环境的恶化是资本主义的生产方式对于资本利润的不断追逐导致的,是资本奴役了自然,而最后被奴役的是人本身。所以人类在发展的道路上以牺牲自我、自然为代价,这种发展模式不仅不科学,而且必然把整个人类带入深渊。但是西方思想家却没有找到一条可以替代当前发展路径的更好的道路,而且无法从根本上改变资本主义社会的体制弊端。西方马克思主义点滴的科学发展思想,更多地在

① 王华梅,程淑兰.自然资本与自然价值——从霍肯和罗尔斯顿的学说说起[M].太原:山西经济出版社,2017:39.

于对社会的批判，无法解决人类发展的根本问题。

西方马克思主义的发展思想对于我们也是一个警钟。"中国必须实现现代化，必须要富强，这是无疑的；但问题在于，我们是否一定要等到实现了现代化，再去解决西方马克思主义所揭示的那些弊端？有没有这样一种可能性，既发展经济，实现现代化；又不失时机地促进人的全面发展，实现社会的全面进步，即做到'鱼与熊掌兼得'。"①这对实践新发展理念、追求现代性的中国人是一个警醒和启示。我们应该运用社会主义机制去限制现代性的负面效应，坚持走共同富裕之路，否则全民尚未享受到现代化带来的好处，这些负面效应就可能把我们的成果吞没掉。对西方资本主义现代性的批判，在当代中国被转换为一种构建中国特色社会主义现代化的意识形态。作为一种新的发展理念，中国式现代化要避免西方资本主义现代性的种种弊端，在批判现代性中重建中国的现代性。

在对待人类新的需要观的问题上，马尔库塞已经明确地指出了自然生态问题是由资本主义社会的生产关系所造成的。统治阶级为了延缓资本主义生产关系固有的的生产社会化与资本主义私人占有之间的不可调和矛盾，把本不属于人本质需要范围的虚假需求通过价值观的宣扬使人们感觉那就是真正需要，继而向自然不断索取，征服自然就成为少数利益集团的权利。同时形成了异化的消费观，人类也成为物的奴隶。这样人在生存得到满足之后，人真正的自由全面发展反而被扭曲。何为适当的需求，何为正当的个人权利，在生态文明理念下有重新确认的必要。个人权利从"生存权"向"发展权"转变，但是每个个体又有自身发展的需要以及消费的需求和欲望。比如当今国人从"生存"向"生活"的状态转变，对生活环境的要求也日渐提高。但是生活环境包含两个方面，一方面是个人的生活环境。人们对物质上的追求日益高涨，以促进汽车消费为例，"家家有汽车"被宣传为中国国民的汽车梦，在城市消费逐渐饱和之后有继续推广到农村的趋势。但如果家家户户都去买车或者轿车的保有量过多，显然对整个生态环境会产生巨大的压力，"是像美国那样，让小轿车普遍进入寻常百姓家，交通87％靠小轿车、3％靠公共汽车，这不仅关系到汽车工业的发展方向问题，而且关系到城市规划问题"②。另一方面，从人类命运共同体的角度，因为环境的整体性，个人的义务很难衡量，这就出现了个人权利与社会利益的矛盾，必然要求实现权利的社会化，所以有必要通过相应的公共政策对个人权利和社会利益进行协调。如果还是把汽车消费作为工业化的支柱和发动机，无疑会对生态环境产

---

① 陈学明.西方马克思主义前沿问题二十讲[M].上海：复旦大学出版社，2008：13，10.

② Paul Hawken.自然资本论——关于下一次工业革命[M].上海：上海科学普及出版社，2000：4.

生巨大的压力,从生态治理的角度有必要大力发展公共交通,对私家车进行更多的限制,通过税收进行正确的宣传引导。

还要指出的一点是,在阶层化日益显化的今天,环境作为一个公共品还存在分配的不合理性,贫富差距加大使这种不合理更为明显。比如奢侈消费对整个环境造成伤害,而不得不由整个国家全民来承担责任。消费者开大排量的车,给环境带来更多的废气,但是却没有在社会中承担更多的治理责任,并给社会带来错误的消费观,那么可以认为是在环境方面实质权利的不平等。就像中国在和西方发达国家对全球变暖问题谈判中,强调的是中国作为发展中国家的责任,这并非推卸责任,而是环境的"普适性"与责任承担的"普适性不宜"。在具体到个人层面,我们也应该有一个权利与责任的协商平台。

所以在新发展理念视野下,建立有效的协商机制非常重要,这是协调个人与社会权利的制度保障。关于个人和群体生态方面的协调政策和权责划分需要为社会普遍接受,并成为全民共同的行为准则。在欧洲兴起的绿色运动以及基于对生态理念的认同成立的各国绿党,他们在把欧洲社会建立成一个生态社会的过程中起了重要的作用。因为代表生态取向的力量可以在制度框架中根据现实生态问题的变化及时地提出有效应对并形成某种环境政策,取得一定的支持,与传统的势力进行协商,实现整个社会最大的利益。比如在中国,绿色社会组织还很弱小分散,那么谁来代表自然的声音?现在只能由行政部门比如环境部来代表,但是环境部门相对其他经济强势部门显弱势,而且同为行政部门并不能很好地起到监督作用,这就会在施行中出现和立法初衷不一的问题。所以在社会治理上同样需要社会组织的发育和民主机制的建设,才可能从制度上保障治理政策的连续性。同时在实际情况中必须考虑到中国当前的经济社会状况和政府运行机制,并对个人和社会的权利、社会决策的民主化以及经济增长方式进行改革,以期解决环境保护等重要而紧迫的社会问题。

以法兰克福学派为代表的西方发展思想过多强调向内求索的生态批判,这种对未来生态略显消极的理论忽视了人的能动性;而在东方基于中国实际的经济社会状况和政府运行机制,新发展理念更多地强调在中国共产党的领导下发挥人民的创造力和能动性。我们国家对个人和社会的权利认识愈发清晰,逐步推进环境决策的民主化以及经济增长方式的转变,在产业布局和经济结构上提前做好设计,相信生态难题终会得到相当程度的缓解。

三、新发展理念的理论内涵

2020 年新冠肺炎病毒全球流行、2022 年俄乌冲突让世界陷入空前危机,人们对经济社会发展问题的担忧和关注与日俱增。整个世界包括在中国，碳高排放所引发的气候异常和极端天气让人们不得不反思过去的发展方式，同时思考未来的发展道路。绿色经济将成为未来发展的方向，一系列气候大会的召开是此种思考逐渐成熟的一个重要标志。全世界不同时代、不同国度的人们都在探索适合人类可持续发展的道路，马克思主义、罗马俱乐部、西方马克思主义都从不同角度启示后人——新发展理念才是人类的发展方向。

全世界都在积极借鉴相关先进理论和经验，探索发展新路，在西方马克思主义等西方思想流派对资本主义社会进行深入批判的时候，如果我们还在掩耳盗铃地拾西方国家的老路，就只能重蹈覆辙。改革开放 40 多年来，持续快速的发展给我国带来经济总量的增长和人均收入水平的提高，但我国也同样在发展中遇到诸多问题。我国生产力水平和科技教育水平还相对落后而且不均，城乡二元差距仍然非常明显，地区间差距扩大的趋势尚难扭转，相对贫困人口数量巨大，老龄化社会和人口红利的消耗，生态环境和经济社会发展的矛盾日益突出……这些问题都不容忽视。因此党和政府在马克思主义发展理论的基础上提出新的发展理念，并借鉴国内外先进理论，指导我国未来的社会经济发展。

在党的十八大之后，中国共产党提出"经济、政治、文化、社会、生态"五位一体的总体布局，反映了执政党对于社会主义建设认识的不断深入和实践的持续探索。"新发展理念是和'五位一体'相辅相成的理论体系，回答了关于发展的目的、动力、方式、路径等一系列理论和实践问题，阐明了我们党关于发展的政治立场、价值导向、发展模式、发展道路等重大政治问题。"①新发展理念是马克思主义发展理论的创新，是科学发展观的深化和提升，是当代中国的政治经济学。站在历史和时代的高度，适应建设社会主义现代化强国而提出的重要指导思想。"发展观是世界观的重要组成部分之一，即对发展的本质、目的、内涵和要求的总体看法和根本观点，在什么样发展观的指导下，就会有什么样的发展道路、发展模式和发展战略，并对实践产生重大影响。随着世界各国对发展实践的不断丰富，人们对发展问题的认识进一步提升和转换。"②新发展理念是建立在马克思主义科学的世界观和方法论的指导下，在马克思主义发展观的基础上提出来的。在党的十八届五中全会上，习近平总书记提出了创新、协调、绿色、开放、共享的新发展理念，强调创新发展注重的是解决发展动力问题，协调发展注重的是解决

---

① 习近平.在省部级主要领导干部学习贯彻党的十九届五中全会精神专题研讨班上的讲话[A/OL].（2021-1-11）.新华社. https://www.ccps.gov.cn/xtt/202101/t20210111_147076.shtml.

② 王茵.科学发展观的哲学思考[D].武汉：华中师范大学,2006:2.

发展不平衡问题,绿色发展注重的是解决人与自然和谐问题,开放发展注重的是解决发展内外联动问题,共享发展注重的是解决社会公平正义问题;并强调坚持新发展理念是关系我国发展全局的一场深刻变革。① 新发展理念的提出丰富了马克思主义发展观的内涵,开拓了发展观的新视野,具有丰富的科学内涵,主要体现在以下方面:

(一)"以人民为中心"

"以人民为中心"是新发展理念的本质核心,也是经济和社会发展的核心。人的问题是马克思主义发展观的中心问题,也是建设中国特色社会主义现代化最为关键的问题。以人民为中心,是对物本主义的检讨和发展核心的转变,从过去对工业大生产对物质的崇拜重新回到人的真正需要上来。发展的根本宗旨应当是以人为本位,这有两层含义:人在发展过程中应当具有主体的意义;发展的根本目的在于实现人人共享、普遍共享。"新发展理念突出了人在社会经济活动中的核心地位,紧紧围绕发展的根本目的、基本动力、价值尺度,从唯物史观的高度进一步回答了当代中国究竟'为谁发展''靠谁发展'的问题。"②新发展理念强调人的主体性,认为经济只是实现人的全面发展的手段,否定绝对的经济决定论;以人民为中心的新发展理念意味着需要将改革发展成果共享,让改革惠及全体人民,避免贫富差距的继续扩大。

(二)创新、协调、绿色、开放、共享

"发展是社会各个层面、各个环节的协调并进,发展是整体有机的推进。社会机体中任何一个层面、任何一个环节的滞后都会影响到整个社会的发展。"③我国经济社会发展中结构性的失衡,经济与社会对比出现的差异,社会公益事业的相对缺乏,就是经济社会片面发展的后果。我国社会发展中的政治、经济、文化、社会、生态五大领域互相依存、互相促进、互为一体,创新、协调、绿色、开放、共享缺一不可,这也是新发展理念的基本内容。在处理快速增长和环境保护,协调经济建设和环境保护关系的问题上,时任浙江省委书记习近平同志较早地提出"绿水青山就是金山银山"的科学论断,将"绿色浙江"作为其"八八战略"的重要内容之一,在当地进行"生态省"建设,取得了丰富的实践经验,在党的十八大

①　习近平.在省部级主要领导干部学习贯彻党的十九届五中全会精神专题研讨班上的讲话[A/OL].(2021-1-11).新华社.https://www.ccps.gov.cn/xtt/202101/t20210111_147076.shtml.

②　田学斌.新发展理念:当代中国的政治经济学[N].光明日报,2017-02-21.

③　鲍忠豪,张华.科学发展观论纲[M].上海:华东师范大学出版社,2004:98.

之后又对该理论进行了系统深化并逐渐向全国推广,这在生态文明建设上具有重大理论和实践价值。从理论上来说,该理论系统阐释了生态保护与经济发展之间的关系,从认识论上分析了"绿水青山"与"金山银山"之间浑然一体、和谐统一的关系。这不单纯是对环境问题本身的批判认识,更是将中国传统"天人合一"的理念融入了现实的环境治理中;从实践上来说,"习近平同志亲自擘画生态省建设,希冀以 20 年左右的努力,保护和改善生态环境,优化生态优势为经济优势,建成一个经济繁荣、山川秀美、社会文明的'绿色浙江'"①,这个中国梦的样板正在"一届接着一届干"中慢慢变成现实,以"'美丽中国'为目标的生态文明建设作为'中国梦'的重要组成部分,率先在浙江省开始圆梦"②。

如果顾此失彼,只重视某一方面的发展,社会发展就会走弯路。因此只有在发展中保证经济和社会的协同共进,保证各个方面的平衡发展,才符合新发展理念的精神。创新发展理念要求以科学技术为第一生产力,以科技驱动发展。协调发展理念就是在面对环境和发展的问题上,努力协调人的发展、人的需求和资源环境的关系,找到协同共进的道路。这种协调不是静止的,而是动态的协调。绿色发展理念就是要促进人与自然的和谐,实现经济发展和人口、资源、环境相协调,坚持走生产发展、生活富裕、生态良好的文明发展道路。开放发展理念反映了经济全球化的时代潮流和内在要求,体现了改革开放的坚定性和构建人类命运共同体的理想追求。共享发展理念反映了实现全体人民共同富裕的社会主义本质要求,体现了以人民为中心的发展本质。"一个优于既有任何分配方案的共享性概念,既要在理论上兼顾自我所有权、起点过程结果公平、可行能力等问题,还要在体制机制和政策体系设计上考虑我国复杂的历史、代际和阶层问题,以及城乡、区域、群体差异和'不患寡而患不均'的文化传统。"③这是和传统发展观完全不同的发展理念,从经济决定向社会经济的综合影响转化。新发展理念的提出,解决了要实现什么样的发展,怎样发展等重大问题,对于我国的经济社会发展具有重要的现实意义。

---

① 傅歆等.迈向生态文明、建设美丽浙江[M].北京:社会科学文献出版社,2020:8.

② 潘家华,沈满洪.中国梦与浙江实践·生态卷[M].北京:社会科学文献出版社,2015:8.

③ 郁建兴,任杰.共同富裕的理论内涵与政策议程[J].政治学研究,2021(3):13-25.

第二篇
"共治共享"与市域治理探索

新发展理念要求我们更加关注个体与社会之间的联系,同时关注个人自由与社会共同体的协同发展。伴随着发展理念的变革,在中国经济社会变迁和政府运作机制改革的过程中,治理理念也发生了深刻的转变。一方面,政府的社会治理模式由单一中心向多中心转变,这一"共同治理"模式也为社会问题的解决带来了新的可能。另一方面,信息技术的革新,又为政府治理引入"数智"模式创造了新的条件,实现治理成果的社会共享。从"共治共享"的视角考察杭州市域治理探索,为我们提供更多由多元主体共同参与社会治理的启示与思考。

第二章　社会治理现代化的市域探索

一、中国社会治理的现代化历程

(一)社会治理理念的现代化

"社会治理"虽然是近年来兴起的词汇,但我们党对社会治理的探索已持续多年。2004 年 9 月召开的党的十六届四中全会,首次提出要"建立健全党委领导、政府负责、社会协同、公众参与的社会管理格局"。2007 年党的十七大报告提出:"要健全党委领导、政府负责、社会协同、公众参与的社会管理格局,健全基层社会管理体制。"2010 年,为加强和创新社会管理,全国确定 35 个市(地)、县(市、区)作为社会管理创新综合试点,制定《全国社会管理创新综合试点指导意见》。2011 年 7 月,中共中央和国务院颁布《关于加强和创新社会管理的意见》,就加强和创新社会管理的指导思想、基本原则和目标任务,加强和完善社会管理格局、制度建设等提出了指导性意见。2012 年 11 月,党的十八大报告把改善民生和创新社会管理作为社会建设的两大根本任务,并提出加快形成社会管理体制、基本公共服务体系、现代社会组织体制和社会管理机制,已经体现出多元主体协同治理的趋势,为"社会治理"理念形成作了重要铺垫。

2013 年 11 月召开的党的十八届三中全会,确定全面深化改革的总目标是"完善和发展中国特色社会主义制度,推进国家治理体系和治理能力现代化",提出"加快形成科学有效的社会治理体制"的任务,并把社会治理体制创新概括为改进社会治理方式、激发社会组织活力、创新有效预防和化解社会矛盾体制、健全公共安全体系四个方面。"社会治理"与"社会管理"虽只有一字之差,但这差别意味着我们党执政理念的重大转变。首先,不管是在"社会管理"还是"社会治理"中,政府都要发挥主导作用,但社会管理中政府作用的形成是基于国家或政府对社会发展的要求，而社会治理中的政府作用来自社会的需求，且政府推动形成多方参与的治理格局；其次，"管理"侧重于控制，而"治理"则侧重于协调，"治理"要求政府、公民、社会组织之间通过沟通、协商来解决问题，建立多元互动模式；最后，"社会管理"的目的是建立稳定有序的社会，而"社会治理"的目的则是通过完善利益表达机制、培育社会力量、增强社会自我调节能力，使社会"既充满活力又和谐有序"。

2014年10月，党的十八届四中全会通过的《中共中央关于全面推进依法治国若干重大问题的决定》中，提出要"坚持系统治理、依法治理、综合治理、源头治理，提高社会治理的法治化水平"，在全面推进依法治国的背景下进一步完善了社会治理的顶层设计。该《决定》明确指出"国家和社会治理需要法律和道德共同发挥作用"，即提高社会治理的水平必须一手抓法治、一手抓德治。该《决定》也提出要"加快保障和改善民生、推进社会治理体制创新法律制度建设"，完善社会治理领域的法律制度，提高社会治理的法治化水平。

2015年11月召开的党的十八届五中全会提出"加强和创新社会治理，推进社会治理精细化，构建全民共建共享的社会治理格局"。2016年3月，《中华人民共和国国民经济和社会发展第十三个五年规划纲要》，提出了今后加强和创新社会治理的总体目标是"加强社会治理基础制度建设，构建全民共建共享的社会治理格局，提高社会治理能力和水平，实现社会充满活力、安定和谐"，并指出要完善社会治理体系、完善社会信用体系、健全公共安全体系和建立国家安全体系。该"十三五"《规划纲要》中也对提升政府治理能力和水平、增强社区服务功能、发挥社会组织作用、增强社会自我调节功能、完善公共参与机制、健全权益保障和矛盾化解机制等领域进行了重点安排，表明我们党对社会治理的认识又上升了一个台阶。

加强和创新社会治理，首先要坚持党的领导。在2016年10月召开的十八届六中全会上，中央对加强和规范党内政治生活、加强党内监督进行了顶层设计，为我们党带领全国人民进行社会治理创新提供了制度保障。全会审议通过《关于新形势下党内政治生活的若干准则》和《中国共产党党内监督条例》，对新形势下党内政治生活和加强党内监督作出了具体、系统的规定。办好中国的事情，关键在党，党的执政水平和领导水平的提升，是开创社会治理新局面的重要保证。

2017年10月，党的十九大提出，中国特色社会主义进入了新时代，中国特色社会主义社会治理之路也进入了新阶段。报告中将"现代社会治理格局基本形成"作为基本实现社会主义现代化的一项重要任务。报告明确提出，要"打造共建共治共享的社会治理格局，加强社会治理制度建设，完善党委领导、政府负责、社会协同、公众参与、法治保障的社会治理体制，提高社会治理社会化、法治化、智能化、专业化水平"。报告还对预防和化解社会矛盾体系建设、公共安全体系建设、社会治安防控体系建设、社会心理服务体系建设和社区治理体系建设等方面作出重点安排,又一次丰富了社会治理的内容。

2019 年 10 月,党的十九届四中全会《决定》提出坚持和完善共建共治共享的社会治理制度,强调完善党委领导、政府负责、民主协商、社会协同、公众参与、法治保障、科技支撑的社会治理体系,建设人人有责、人人尽责、人人享有的社会治理共同体。为加强和创新基层社会治理提供了科学指引和基本遵循。

从党的十八大到十九大,中国特色社会主义社会治理体系在理论创新和实践探索中不断得到深化和发展。党中央加强与创新社会治理的思想与实践,丰富和发展了科学社会主义社会治理理论,推动传统社会管理向现代社会治理转变,为促进人类社会共同发展、解决人类问题贡献了中国智慧和中国方案。

(二)中国社会治理实践的现代化

社会治理的概念有狭义和广义之分。狭义的社会治理指对与政治、经济、文化领域并列的社会系统的治理,尤其强调对基层社区公共事务的治理。2017 年 6 月,中共中央国务院印发和实施《关于加强和完善城乡社区治理的意见》,其中明确提出"坚持以基层党组织建设为关键、政府治理为主导、居民需求为导向、改革创新为动力,健全体系、整合资源、增强能力,完善城乡社区治理体制",正是狭义社会治理的体现。而广义的社会治理,是指治理主体对政治、经济、文化、社会各个方面进行全面、系统的治理。①

当前中国社会治理介于狭义社会治理和广义社会治理之间,社会治理的重点可以归纳为制度建设、平台建设和平安建设。社会治理的制度建设,就是完善党委领导、政府负责、社会协同、公众参与、法治保障、科技支撑的社会治理体制;社会治理的平台建设,致力于为多元主体参与社会治理提供机会、协调资源、促进交流;社会治理的平安建设,主要涵盖社会矛盾预防与化解、社会治安、公共安全等领域。中国特色社会主义的社会治理,应该包含发展社会事业、培育社会组织、规范社会行为和养成社会责任等更丰富的内容。要实现更高层次的社会治理,就要坚持共同治理,推动政府公共部门、私营部门、社会组织和公民等多元主体之间进行广泛沟通与交流,通过共同参与、协同解决、共担责任,实现社会治理的社会化、科学化、现代化。

中国特色社会主义社会治理实践,正在从狭义社会治理走向广义社会治理。"治理"本身就意味着国家与社会的合作、政府与非政府的合作、公共部门与私人

---

① 王越飞.社会治理与治理模式[J].经济与管理,2014(5):42—45.

机构的合作。随着社会治理制度的不断完善、社会治理方式的不断创新、社会治理机制的不断优化，未来的社会治理将从"治理社会"向"依靠社会来治理"转变。

（三）社会治理能力的现代化

提升社会治理能力，是加强与创新社会治理的重要环节。2016 年 10 月习近平总书记就加强和创新社会治理作出重要指示，指出"要更加注重联动融合、开放共治，更加注重民主法治、科技创新，提高社会治理社会化、法治化、智能化、专业化水平，提高预测预警预防各类风险能力"[1]。党的十九大报告中对社会治理提出了"社会化、法治化、智能化、专业化"的能力要求，为今后社会治理的发展提供了方向与目标。提升社会治理能力，具体要做好以下四个方面。

一是激发社会能动性，推进社会治理社会化。2015 年，时任中央政法委员会书记孟建柱指出："要在发挥好党委领导、政府主导作用的同时，引导社会成员增强主人翁精神，激发社会自治、自主、能动力量，让大众的问题由大众来解决。"[2]2017 年 6 月，中共中央、国务院印发《关于加强和完善城乡社区治理的意见》，将"以人为本、服务居民"作为基本原则，坚持依靠居民、依法有序组织居民群众参与社区治理，实现人人参与、人人尽力、人人共享。该《意见》指出，要注重发挥基层群众性自治组织基础作用，同时统筹发挥社会力量协同作用。

二是善用法治方式，推进社会治理法治化。完善的制度体系是创新社会治理的基本保障，要善于运用法治思维，构建社会行为有预期、管理过程公开、责任界定明晰的社会治理制度体系。如 2017 年 8 月，国务院通过《志愿服务条例》，对于志愿者和志愿服务组织、志愿服务活动、促进措施等进行了详细规定，为志愿者和志愿组织参与社会治理提供了法治保障；2017 年 12 月 4 日，中共中央、国务院印发《关于建立健全村务监督委员会的指导意见》，对加强村级民主管理、提升乡村治理水平提出多项要求。除了加强顶层设计，也要充分发挥法治方式在社会治理中的作用，加强普法宣传和法律教育，为基层群众提供法律咨询和矛盾调处服务等。

三是运用大数据与人工智能，推进社会治理智能化。社会治理智能化，就是在网络化和网络空间基础上，通过大数据、云计算、物联网等信息技术，重构社会生产与社会组织彼此关联的形态，使社会治理层次和水平得到提升，使治理过程更加优化、更加科学、更加智慧。2015 年 8 月，国务院印发《促进大数据发展行动纲要》，指出要将大数据作为提升政府治理能力的重要手段，通过高效采集、有

---

① 习近平.就加强和创新社会治理作出的指示[N].人民日报,2016-10-13.
② 孟建柱.加强和创新社会治理[J].长安,2015(12):4-8.

效整合、深化应用政府数据和社会数据,提升政府决策和风险防范水平,提高社会治理的精准性和有效性,增强乡村社会治理能力;助力简政放权,支持从事前审批向事中事后监管转变,推动商事制度改革;促进政府监管和社会监督有机结合,有效调动社会力量参与社会治理的积极性。2017年7月,国务院印发《新一代人工智能发展规划》,提出"社会治理智能化水平大幅提升,社会运行更加安全高效"的目标,围绕行政管理、司法管理、城市管理、环境保护、公共安全、社会信用等社会治理的热点难点问题,促进人工智能技术应用,推动社会治理现代化。

四是采用科学合理的治理方式,推进社会治理专业化。社会治理的专业化,首先是人才队伍的专业化,要培养一支能在社会救助、慈善事业、社区服务、就业援助、贫困帮扶、纠纷调解等领域直接提供社会服务的社会工作专业人才队伍。2011年11月,我国出台首个培养社会工作专业人才的政策性文件《关于加强社会工作专业人才队伍建设的意见》,提出要大规模开展专业培训,大幅度提升现有从事社会服务人员的专业素质和职业能力,逐步扩大社会工作专业人才队伍规模;深化社会工作专业教育改革,完善社会工作专业培训体系,初步形成适合中国国情的社会工作专业人才培养模式。其次是治理方式的精细化。近年来,作为加强基层社会综合治理能力的重要手段,网格化管理工作体系日渐完善,各地借助现代信息技术手段,对管辖地域范围内的人、地、事、物、组织等要素归入单元网格进行系统化管理,以此推动行政力量下沉,提升基层社会矛盾与社会问题的排查与处置效率。2015年《关于加强社会治安防控体系建设的意见》《关于深入推进城市执法体制改革、改进城市管理工作的指导意见》和2017年《关于加强和完善城乡社区治理的意见》中,都对基层网格化管理提出了具体要求。最后是治理机制的科学化,建立完善的信息反馈、自我完善和纠错机制,建立良好的社会治理效果测评体系,精准掌握社会治理政策成效,推动社会治理体系的自我完善。

(四)共建共治共享的现代社会治理格局

党的十九大报告提出,加强和创新社会治理的关键之一就是形成共建共治共享的现代社会治理格局。社会治理体系与治理能力现代化的核心在于广泛凝聚社会共识、保障多主体有效参与、有效消解多元利益冲突,促进形成价值共识、制度共建、利益共享的良好治理关系和社会秩序。打造共建共治共享的现代社会治理格局,是一个整体性的战略布局,具体应包含以下十个方面:(1)加强社会治理制度建设,完善党委领导、政府负责、社会协同、公众参与、法治保障、科技支撑的社会治理体制;(2)加强社会治理能力建设,提高社会治理社会化、法治化、智能化、专业化水平;(3)加强预防和化解社会矛盾机制建设,正确处理人民内部矛盾;(4)树立安全发展理念,弘扬生命至上、安全第一的思想,健全公共安全体系,完善安全生产责任制,坚决遏制重特大安全事故,提升防灾减灾救灾能力;(5)加快社会治安防控体系建设,依法打击和惩治黄赌毒黑拐骗等违法犯罪活动,保护人民人身权、财产权、人格权;(6)加强社会心理服务体系建设,培育自尊自信、理性平和、积极向上的社会心态;(7)加强社区治理体系建设,推动社会治理重心向基层下移;(8)加强社会组织建设,发挥社会组织作用,实现政府治理和社会调节、居民自治良性互动;(9)加强基层党组织建设,以提升领导力和组织力为重点,在社会层面确保党的基层组织对党的路线方针政策和决策部署进行贯彻落实;(10)推进清廉社会建设,持之以恒正风肃纪,强化党的自我监督与群众监督,增强党的自我净化能力,同时在全社会培育清正廉洁的价值理念,使清风正气得到弘扬。

二、市域社会治理现代化的杭州实践

改革开放以来,我国的经济蓬勃发展,社会活力迸发。在取得伟大成就和宝贵经验的同时,我国社会治理体系不断完善,社会治理能力持续提升。杭州市一直以来是中国改革开放的排头兵,在城市社会治理体系和治理能力现代化方面积累了众多优秀案例,值得学者深入研究。本节通过分析杭州市社会治理政策发展脉络,梳理了杭州市社会治理实践案例,同时在分析社会治理案例的基础上为杭州社会治理机制改革和能力提升做了一些探索。

杭州市很早便意识到社会力量在共建共治共享生活品质之城的过程中能够发挥巨大作用。从20世纪90年代开始,杭州市就开始探索以社会共治方式来解决城市发展进程中出现的问题。党的十八届三中全会提出"加快形成科学有效的社会治理体制"以来,杭州市在社会治理领域取得了丰硕的成果,先后获得全国和谐社区建设示范城市、国家食品安全城市试点、全国平安综治优秀市、最具安全感城市、全国文明城市等称号。粗略统计,从2012年到2017年,仅政府公报发布的文件中涉及社会治理的文件就多达216条,内容涵盖了社会治理制度建设、能力提升、矛盾化解、公共安全、社会治安、社会心理、社区治理、社会组织、基层党建、清廉社会等十大领域,社会治理相关文件占文件总数的比例从17.39%上升到61.05%(如图3-1)。

2021年3月发布的《杭州市国民经济和社会发展第十四个五年规划纲要》将"构建法治公平的现代治理体系"作为单独一篇,提出"围绕法治政府建设,全面贯彻落实依法治国各项任务,转变社会治理理念,创新社会治理模式,增强公共安全保障,建立既充满活力又包容和谐的社会发展新格局"。

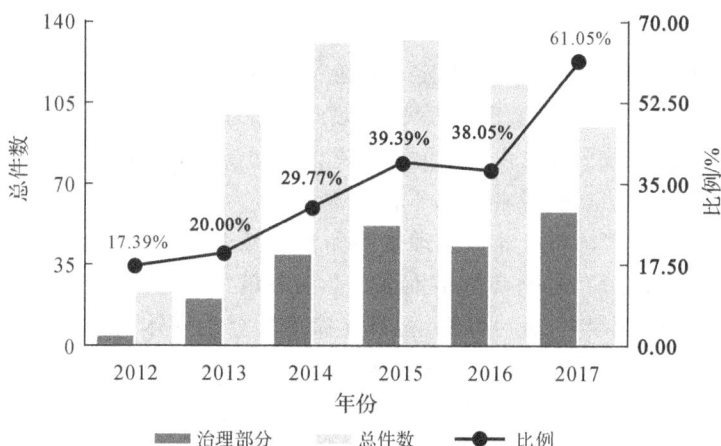

图 3-1　杭州市社会治理相关政策文件统计

　　杭州市对于城市社会治理体系和治理能力现代化的探索过程,可分为社会治理思想形成时期和认识深化时期。杭州市在 2014 年《政府工作报告》中首次将"合力加强社会治理"作为政府工作重点任务。2016 年,为进一步加快政府职能转变、深化社会治理改革、鼓励社会力量参与社会治理,杭州市人民政府办公厅颁布《关于推进政府职能转移的实施意见》。在同年通过的《中共杭州市委关于全面提升杭州城市国际化水平的若干意见》中,杭州市提出要加快形成现代城市治理体系,充分发挥杭州政务公开透明、信用基础较好、智慧应用领先等优势,重点补齐现代城市治理相对滞后、国际公共服务设施不足等短板,制定了优化政务法治环境、提升公共服务国际化水平、加强城市智慧治理等目标。

　　G20 杭州峰会的成功举办,为杭州市城市社会治理体系与治理能力现代化奠定了新起点,设定了新目标,杭州对城市社会治理的认识和理解进一步深化。杭州要率先高水平全面建成小康社会,努力成为具有较高全球知名度的国际城市,就需要具体做到"五个显著提升",其中一项便是"治理现代化水平显著提升"。当前,杭州已逐步形成广泛、可持续的基本公共服务体系,以社区为平台、以社会组织为载体、以社会组织为支撑的"三社联动"基层社会治理体系以及民意表达和矛盾化解体系。杭州未来在社会治理领域的发展目标就是全面推进"法治杭州""平安杭州""智慧杭州""信用杭州"建设,完善党委领导、政府主导、社会协同、公众参与、法治保障、科技支撑的社会治理体制,基本形成共治共管、共建共享的城市治理格局,力争成为城市治理体系和治理能力现代化先行区。经过长期的探索实践,杭州市紧紧围绕党中央的战略部署,形成了结构完备、科学有效的社会治理新格局。

(一)社会治理制度建设

在"十四五"规划中，杭州市制定了完善治理体系的目标，具体内容为重点领域和关键环节的改革举措实现重大突破，政府绩效管理体系持续完善，市场配置资源能力显著增强，平安杭州和法治杭州建设取得新成效，治理法治化、制度化、规范化、程序化、信息化、专业化水平稳步提升，努力形成高品质、高绩效的公共治理和政府服务的"杭州标准"，治理体系和治理能力现代化迈上新台阶。在创新社会治理模式方面，杭州市提出推进社会治理精细化，完善党委领导、政府主导、社会协同、公众参与、法治保障、科技支撑的社会治理体系。以城市社区、城乡接合部和"撤村建居"型社区、农村流动人口比较集中地区为重点，分类探索社会治理新模式，推进网格化管理。夯实社会治理基层组织，制定推进基层参与民主协商的指导性意见，建立基层协商民主长效化机制。深入推进"我们圆桌会""'湖滨晴雨'工作室""街道民主协商议事会"等基层协商民主形式，继续推行社区民情恳谈会、民主听证会、民情沟通日等机制。坚持和发展"枫桥经验"，加快修订和制定村规民约、社区公约，健全乡镇(街道)、村(社区)、企事业单位公共事务协商治理服务体系。

杭州市政府早在 2013 年印发的《"美丽杭州"建设实施纲要(2013—2020年)》中就明确提出要弘扬精致和谐、大气开放的城市人文精神，加强人文关怀，促进城市居民与农村居民、新杭州人与本地居民的互动交流，营造开放包容的社会氛围。该文件提出，要完善社会服务管理网络，巩固创新"网格化管理、组团式服务、片组户联系"、"五链式"社会矛盾化解、"三全十服务"工作模式，构建和谐劳动关系等有效机制和特色做法，畅通群众利益诉求表达渠道，完善利益平衡与协调机制，维护社会公平正义，激发社会正能量。同时还要加强社会治安综合治理，深入推进平安杭州、法治杭州建设，营造安定和谐的社会环境。

(二)社会治理能力建设

杭州市在《杭州市"十二五"信息化发展规划》中就提出建设"智慧城市"，充分发挥信息化的带动引领作用，提升杭州市城市管理与服务水平，促进产业升级，提高市民生活品质。2017 年 6 月，杭州市在《"数字杭州"("新型智慧杭州"一期)发展规划》中提出，将在"数字中国""数字浙江 2.0"及新型智慧城市建设总体框架指导下，进一步巩固信息化建设成效，利用新兴信息技术，为杭州市打造"创新活力之城、生活品质之城"提供重要支撑。"数字杭州"将重点推进"两网一平台"(政务服务网、政务物联网和大数据平台)和"两棵树"("人口生命树"和"法人生命树")建设。

在推进政府职能转变方面，杭州市政府先后于 2015 年和 2016 年发布《关于深化权力清单责任清单工作的实施意见》和《关于推进政府职能转移的实施意见》，通过大力简政放权，改革政府大包大揽的传统管理方式，逐步把社会能自主解决、行业组织能自律管理的职能转移给社会力量，进一步厘清政府和社会的关系，推动政府职能转变，推进政事、政社分开；充分发挥社会组织和其他社会力量在社会管理和公共服务中的作用，促进社会组织和其他社会力量的产生和发展，基本形成政府向社会力量转移职能的长效机制。

在打造社会信用体系方面，杭州市不断加强"信用杭州"建设，推进杭州城市治理体系和治理能力现代化。2015 年杭州市出台《关于进一步加快我市社会信用体系建设的实施意见》，2016 年杭州市审计局发布《关于建立失信认定和协同惩戒机制暂行办法》，同年市政府发布《杭州市社会信用体系"十三五"规划》，2017 年杭州市政府印发《杭州市加强政务诚信建设实施方案》，进一步加强服务型政府、创新型政府、廉洁政府和法治政府建设，不断提升政府公信力。

（三）预防和化解社会矛盾机制建设

杭州市坚持和发展新时代"枫桥经验"，发挥人民主体作用，完善正确处理人民内部矛盾工作机制，畅通和规范公众诉求表达、利益协调、权益保障通道，构建源头防控、排查梳理、纠纷化解、应急处置的社会矛盾综合治理机制，坚持以非诉讼矛盾纠纷解决机制为先，将矛盾纠纷化解在基层和源头。

以司法救助为例，许多案件往往由于赔偿补偿不到位而变成了信访积案。从 2008 年开始，杭州市各级党委政府全部建立起社会稳定风险评估机制，不经过评估的项目坚决不准上马。2014 年杭州市政法委、市财政局、市法院、市检察院、市公安局、市司法局六部门联合印发了《杭州市司法救助实施办法》，切实做好司法过程中对困难群众的救助工作，有效维护当事人合法权益，保障社会公平正义，促进社会和谐稳定。2017 年杭州市司法局公开发布《杭州市司法行政系统司法救助实施细则（征求意见稿）》，内容涉及救助条件与管辖、救助程序、救助标准、联动救助、救助管理和监督等方面。通过司法救助，大部分涉法涉诉信访案件得以息诉撤访。

而在矛盾纠纷化解方面，杭州市人民政府第 87 次常务会议于 2021 年 12 月 14 日审议通过了《杭州市社会矛盾纠纷多元化解办法》（以下简称《办法》），旨在完善社会矛盾纠纷多元化解机制，及时、便捷、有效地化解矛盾纠纷，推进城市治理体系与治理能力现代化，维护社会公平正义，建设和谐社会。《办法》指出，社会矛盾纠纷多元化解是指通过和解、调解、行政裁决、行政复议、仲裁、诉讼等途径，构建有机衔接、协调联动、高效便捷的多元化解机制，化解社会矛盾纠纷，推进社会和谐的活动。《办法》还提出按照智慧城市建设要求，鼓励在社会矛盾纠纷化解工作中运用现代信息技术,通过互联网在线办理案件受理、调解、审理等活动,推进社会矛盾纠纷化解工作便利化、智慧化。

近年来,杭州市培育了一大批矛盾纠纷调解新力量。强化行业性专业性调解组织培育,在矛盾纠纷较突出的医疗、物业、交通、征地拆迁、版权、电子商务等15个领域,建立了112个行业性专业性人民调解组织。挂牌成立全省首个知识产权纠纷人民调解委员会——杭州市知识产权纠纷人民调解委员会。协调推进银行业保险业人民调解委员会入驻县级矛调中心,通过机制协同化、制度规范化和解一站化,就地化解金融纠纷。强化专职人民调解队伍建设,精心打造人民调解特色品牌,上城区人民调解委员会"金牌和事佬"等四家调解工作室被评为省级金牌人民调解工作室,余杭区成立全市首支村级青年公益调解队伍,拱墅区成立全市首家商业综合体矛盾调解中心。这些专业矛盾调解组织充实了基层调解力量,有效化解了社会发展过程中产生的新矛盾、新问题,推动了人民调解规范化、法治化、专业化、社会化、品牌化。

(四)树立安全发展理念

在"平安杭州"建设方面,杭州市于2014年通过《杭州市创建全国安全发展示范城市工作规划(2014—2016年)》,该《规划》提出坚持以人为本的安全发展理念,大力实施安全发展战略,全面落实"安全第一、预防为主、综合治理"的安全生产方针,建立健全党委领导、政府监管、行业管理、企业负责、社会监督的安全生产工作格局,初步形成健全的城市安全生产责任体系和制度保障体系、安全生产科技支撑体系,较为有效的城市安全生产与职业危害防控体系、城市公共生产安全基础防控体系,较为可靠的城市应急处置与事故救援体系,较为完善的安全生产与职业卫生监管监察体系,基本符合安全发展需要的经济结构和产业布局,以及较为科学的安全发展城市标准和目标考核体系,具备安全保障型社会的雏形,促进杭州安全生产状况根本好转,为杭州率先全面建成小康社会、努力打造"平安杭州"奠定基础。

在食品安全方面,2014年,杭州市农业局颁布《杭州市农产品质量安全"黑名单"管理办法》,根据农产品生产经营(含屠宰加工)单位在农产品生产经营过程中的不良行为记录,将其列入"黑名单",从而加强农产品质量安全监管,防止和减少农产品质量安全事故,保障人民群众身体健康和生命安全。同年,杭州市发布《杭州市食品安全基层责任网络建设实施办法》,按照"健全机构、加强力量、明确职责、块抓条保、严格考核、强化保障"的总体要求,全面加强食品安全基层责任网络建设,构建横向到边、纵向到底的责任体系,建立健全各级政府负总责、职能监管部门履职尽责、相关部门和乡镇政府(街道办事处)联防联控、全社会广泛参与的基层食品安全工作机制。2015 年,杭州市政府出台《杭州市餐桌安全治理行动三年计划(2015—2017 年)》,计划通过 3 年左右时间,进一步完善从田头到餐桌的食品安全全程管控体系,有效遏制食品安全违法犯罪行为,有效解决食品安全重点风险隐患和突出问题,食品安全工作体制机制更加完善,食品生产经营企业诚信体系更加健全,公众食品安全意识明显增强,食品安全社会共治格局初步形成,餐桌安全得到有效保障,公众满意度明显提高,食品安全总体水平和治理能力现代化水平走在全国前列。

在安全生产方面,杭州市于 2016 年出台《关于推进安全生产社会化服务工作实施意见》,深入贯彻落实党的十八大,十八届三中、四中、五中全会精神和省市关于加强安全生产促进安全发展意见的要求,有效落实安全生产责任,引导社会各方力量共同参与安全治理,有效弥补政府监管力量的不足,着力破解企业安全生产"无人管、不会管、管不好"的难题,推动形成全社会安全生产工作合力,提升企业安全生产总体水平,促进全市安全生产持续稳定好转。2017 年,杭州市根据中央关于安全生产"党政同责、一岗双责、齐抓共管"和"管行业必须管安全、管业务必须管安全、管生产经营必须管安全"的要求,设置杭州市安全生产委员会,以研究部署、指导协调全市安全生产工作,研究提出全市安全生产工作重大政策措施,研究解决安全生产工作中的重大问题。早在 2011 年,杭州市政府就出台《杭州市地铁建设工程安全生产管理暂行办法》,以保障人民群众生命财产安全,确保地铁工程建设顺利进行。2014 年,杭州市出台《关于加强电梯安全工作的实施意见》,以落实电梯安全责任为核心,坚持"安全第一、预防为主、综合治理"的方针,着力构建政府统一领导、部门依法监督、乡镇(街道)属地管理、企业(业主)全面负责、社会监督支持的电梯安全多元共管格局,形成监管机制完善、安全措施到位、应急救援及时、矛盾纠纷有效化解的电梯安全保障体系。2016 年杭州市印发《杭州市电梯安全管理办法》,对电梯安全管理工作进行了更全面细致的规范。

在防灾减灾方面,杭州市每年都会印发《地质灾害防治方案》,2013 年通过《杭州市重大(突发)气象灾害预警信息全网发布实施细则》及《杭州市气象灾害应急预案》,2014 年编制完成《杭州市城市防洪减灾规划》,并在每年汛期前印发《杭州市城区防汛防台应急预案》,2014 年印发了《杭州市应急避灾疏散场所建设管理实施方案》和《杭州市地震应急预案》,并在 2016 年《杭州市城市总体规划实施任务分解方案》中对城市综合防灾减灾做了细致部署。消防安全是公共安全体系中的重要环节,2012 年杭州印发《关于加强和改进消防工作的实施意见》,全面构建"政府统一领导、部门依法监管、单位全面负责、公民积极参与"的消防工作格局,落实消防工作责任,夯实消防工作基础,创新消防管理机制,增强全民消防意识,提升火灾防控和灭火应急救援能力,建立杭州消防安全新秩序,为打造东方品质之城、建设幸福和谐杭州创造良好的消防安全环境。2013年,杭州市印发《关于进一步加强多种形式消防队伍建设的实施意见》,鼓励农村、社区依靠社会力量组建"村级"志愿消防队。每年春节前,杭州市都会印发《春节期间市区销售燃放烟花爆竹安全管理工作方案》,确保广大市民度过一个喜庆祥和安全的春节。

案例:西湖区全省首创社会治理服务管理中心助力平安建设

西湖区加强和推进社会治理创新,在全省首创并建成社会治理服务管理中心,实现"敏感时期重大活动维稳安保指挥、社会治理信息研判、信访接待分流处置、公共法律服务、视频会议"五大功能,在党的十九大、第四届世界互联网大会维稳安保和"平安西湖"建设中发挥显著作用。

一、注重多方资源整合,打造社会治理大脑。一是整合部门资源。为解决区委政法委(平安办、综治办、维稳办、防范办、国安办)、区信访局、司法局等部门分散办公、各自为战等问题,区委、区政府利用公安分局原办公楼,整合3个部门及7个中心(区综治中心、区综合信息指挥中心、区人民来访接待中心、区矛盾多元化解中心、区法律援助中心、区公共法律服务中心、区社区矫正中心)力量,形成"一中心多平台"格局。二是整合管理系统。"中心"建设贯彻系统集成、信息共享原则,以基层治理综合信息平台为骨干,接入14个相关职能部门工作系统(基层治理综合信息平台、平安建设信息系统、市维稳工作平台、消防安全网格化管理平台、安全生产事故统计分析系统、互联网信息监测系统、社区矫正系统、在线矛盾纠纷多元化解平台、数字城管系统、阳光信访系统、雪亮工程视频监控系统、110社会应急联动系统、志愿中国系统、视频会议系统),实时掌握该区基层治理总体情况。三是加强互联互通。"中心"坚持资源整合、信息联通、功能集成原则,整合3个部门、7个平台、14套系统,对上承接省、市协同平台,对下连接镇街"四个平台",实现纵向和横向互联互通。形成以区社会治理服务管理中心为统领、村社网格化管理为基础、镇街"四个平台"为纽带、相关职能部门平台为支撑、基层治理综合信息平台为网络的集服务、管理、指挥"三位一体"基层社会治理体系。

二、注重"中心"科学应用,创新基层社会治理。一是健全工作机制。"中心"建立联席会议、流转交办、督查督办、分析研判、定期通报、考核考评等机制,收集社会面涉稳信息情报,流转处置不稳定因素,对处理情况进行汇总审核,促进综治、维稳、信访、公安、网信、安监等部门工作融合。二是加强分析研判。"中心"通过数据采集、数据交换、数据分析、数据应用等,坚持每天编报以社会治安、消防安全、安全生产、劳资纠纷、网络舆情、信访维稳等为主要内容的《西湖区基层治理每日要情》,开展社会治理形势研判,为区委、区政府决策提供科学依据。三是科学指挥调度。"中心"在敏感时期、重大活动时启动实战化运作,通过建立专班、值班备勤、暗访督查、每日专报、视频会商及社会面等级响应,确保"中心"在预测预警、重点对象管控、应急事件处置、重大舆情应对、安全隐患消除等方面担当起区委、区政府前沿指挥部职责。在党的十九大和第四届世界互联网大会维稳安保工作中,"中心"发挥指挥调度作用,每一项任务都从这里下达,每一条信息都在这里汇聚,每一个指令都从这里发出,保证维稳安保工作决战决胜。四是创新治理模式。"中心"通过互联网技术和大数据运用,推动"互联网＋社会治理"在该区创新实践,促进社会治理视角从"封闭"向"开放"转变、治理方式从"粗放"向"精细"转变、治理手段从"人工"向"科技"转变、治理机制从"分割"向"统筹"转变。

三、注重线上线下联动,提升为民服务水平。一是加强线下服务。该区社会治理服务管理中心是继区行政服务中心之后,第二个"一站式"便民服务平台。"中心"以人民信访、司法行政、公共法律服务为主业,以"优质服务、马上就办、认真负责"为服务宗旨,按照功能集成要求,在一楼办事大厅设有5个办事窗口和律师接待室、警务室、候访室,提供信访接待、法律咨询、公证受理、法律援助等服务,实现"一窗式受理,一条龙服务"。二是创新线上服务。秉持"让数据多跑路,让群众少跑腿"理念,部分服务事项实现网上办理。比如,该区紧抓中央综治办和省委政法委赋权的开展"在线矛盾纠纷多元化解网络平台"全国创新试点机会,通过对境外22个国家、地区和国际组织在线纠纷解决机制及28家境外在线纠纷解决平台调查研究,经过专家论证和资源整合,构建一个集咨询、评估、调解、仲裁、诉讼于一体的"在线矛盾纠纷多元化解网络平台"。三是及时化解矛盾。"中心"通过"线上线下"联动实现信访接待、法律服务和矛盾调解,方便群众,提高办事效率。

(五)社会治安防控体系建设

2015年,杭州市提出"互联网＋"公共安全的概念,加大监控建设力度,提高监控建设质量,扩大视频监控覆盖面,健全公共安全跨部门、跨地区视频图像信息采集共享体系,构建全天候、全方位的防范网络。为保障G20峰会的召开,杭州市在2016年出台《杭州市突发公共事件应急预案启动实施办法》《关于加强留宿场所安全管理的决定》《关于加强危险物品安全管理的决定》《关于对烟花爆竹安全管理采取临时性行政措施的决定》等文件,并采用最高级别安保措施,为G20构筑一道严密的安全防线。"后G20"时代对杭州城市社会治安防控体系提出了更高要求。在《杭州市社会发展(基本公共服务均等化)"十三五"规划》中,完善社会治安防控体系、提高公共安全水平是构建和谐有序的社会治理格局的重要保障。该《规划》指出,要加快基层社会治理"一张网"建设,构建以信息化为支撑的立体化治安防控体系,实现重点公共区域视频监控全覆盖,健全群防群治长效工作机制,增强防范打击各类犯罪的能力;推行社区矫正执法规范化管理,加强城乡社区警务、群防群治等基层基础建设,深化区域警务合作;加强"智慧安防"建设,完善"电子围墙"信息监管服务系统,建立网上网下维稳联动机制;做好安保维稳工作,深化治安、交通、消防、网络、环境等领域隐患排查和专项治理,依法严打严管严治,有效化解不稳定因素,确保社会安定;加强杭州市反恐(应急联动)指挥中心建设,依法严密防范和严厉打击敌对势力渗透颠覆破坏活动、暴力恐怖活动、民族分裂活动、宗教极端活动;加强国家安全、保密、禁毒等工作,做好市民安全宣传教育与培训。

此外,杭州市先后发布《杭州东站枢纽地区突发公共事件总体应急预案(试行)》《杭州市突发公共事件预警信息发布实施办法(试行)》《杭州市城区公共汽车客运突发事件应急预案》等文件,以应对突发公共事件可能造成的社会危害,维护公共安全和社会稳定。

(六)社会心理服务体系建设

社会心态与特定的社会运行状况或重大的社会变迁过程相联系,是一定时期内各类社会群体的情绪、情感、社会认知、行为意向和价值取向的总和,它属于社会心理的动态构成部分。[1] 社会心态是经济社会发展的晴雨表,对政治发展和社会稳定发挥着潜移默化的影响。因此,必须从多角度构建引导社会心态健康发展的立体网络,为社会发展提供良好心态支撑。[2] 杭州市在社会心理服务体系建设方面起步较晚,2016年出台了《关于进一步加强精神卫生综合管理工作的实施意见》,同年印发《关于进一步加强全市中小学心理健康教育的通知》;2017年启动"心理助力·成功银龄"系列公益行动,加强对老年群体的心理健康服务。

自2019年6月成为社会心理服务体系建设国家试点城市以来,杭州市在原

---

① 马广海.论社会心态:概念辨析及其操作化[J].社会科学,2008(10):66-73.

② 陈朋.社会心态是经济社会发展的晴雨表[J].经济研究信息,2017(3):33-35.

有的精神卫生工作"杭州模式"的基础上,大力推进社会面心理健康服务,在社会心理服务体系平台建设、内涵建设及数字化建设等方面持续发力。截至2021年12月底,全市各区、县(市)三级社会心理服务平台已经搭建完毕,其中乡镇(街道)覆盖率已达到100%,村(社区)覆盖率已达97%。公安、民政、司法、信访、残联、教育等重点行业心理健康服务已建立长效机制,针对老年人、青少年、孕产妇、伤残人士、职业群体等不同人群的各类精准服务不断丰富完善。"心理杭站""心理AI机器人""严重精神障碍患者阳光关爱平台"等数字化创新应用走在了全国前列,为市民提供了一个全天候、零距离的线上心理援助服务。通过试点,具有杭州特色的社会心理服务体系已基本建立,为引导广大群众树立积极健康心态,推动社会和谐稳定发展提供了重要助力。特别是在疫情防控期间,社会心理服务体系在预防、减缓疫情对人群的心理负面影响上发挥了积极作用,体现出强大的社会效益。

(七)社区治理体系建设

杭州作为新中国第一个居民委员会——"上羊市街居民委员会"诞生地和中国社区建设展示中心落成地,奋力推进城乡社区治理的生动实践,走出了一条具有杭州特色的和谐社区建设之路。2011年,杭州市被民政部确定为第一批"全国社区治理和服务创新实验区";2014年,在新一轮"全国和谐社区建设示范单位"创建活动中,杭州示范单位数量位居全国省会城市和副省级城市首位。2015年,全国第一批、首个副省级城市实验区完成结项验收并圆满完成民政部"全国首届社区工作大讲堂""中韩论坛"等大型活动承办工作。在加强城乡社区治理的资金保障方面,杭州市先后印发《杭州市社区服务业发展专项资金使用管理办法》和《杭州市农村社区建设专项资金使用管理暂行办法》,规范和保障城乡社区建设工作。在提高社区工作人员待遇方面,杭州市根据《关于进一步推进和谐社区建设的若干意见》,逐步提高社区工作人员工资福利待遇,保障社区工作人员的基本权益,从而激发社区工作人员的积极性和创造性,提升社区建设水平。2020年,《杭州社区智治在线规划纲要》出台,旨在通过整合多平台数据,建立与杭州城市大脑、"基层治理四平台"等数字化平台之间信息的快速流转。数据打通后,社区可实时查询辖区实有房屋、实有人口等基础信息,分析困难群众、残疾人、老年人等重点服务对象基本情况,调阅商务楼宇、公共设施等基础信息,通过短信、语音、视频电话等方式,与上级部门、街道"数字驾驶舱"、社区工作力量等开展协同处置。

案例:上城区创新社会治理打造"亲民尚和图"

近年来,上城区坚持"枫桥经验"本土化实践,通过"亲近群众、民本至上、尚法崇德、多元融和"创新社会治理,打造"亲民尚和图"。该区连续多年获评省级平安区称号,成功捧回全省首批平安金鼎;打造华东地区首个独立建制"金融法庭"并全国首创"金融纠纷一站式化解平台"。

一、亲近群众,织密"群防群治"防护网

一是邻里防范,一呼百应。健全"综合指挥+四个平台+全科网格"基层治理结构,在全区 268 个网格中配备网格长和志愿网格员。依托"邻里值班室",组建"鹰眼联盟""红巷卫士""岳王骑"等公益组织,织密群防群治防护网。二是邻里共治,一唱一和。打造协商自治平台,涌现"湖滨晴雨""清波话坊""红巷议事厅"等一批善议善治社区协商组织,解决楼道管理、加装电梯、规范停车等居民自治难题 200 余起,构建多方主体共同参与社区治理生动局面。2017 年,清波街道新民村通过加装电梯自管会促使杭州老旧小区首部加装电梯问世。三是邻里服务,一应俱全。结合"最多跑一次"改革,将失业登记、低保申请、养老服务补贴给付、临时救助对象认定等 52 项便民服务纳入社区便民服务平台,设置"百通岗"一站式办理窗口和"全科社工 AB 岗",实现个人办事"网上办、简化办、就近办"服务承诺。同时,引入"律师来了""公羊会"等公益组织为居民提供法律援助、应急救助等服务。

二、民本至上,构筑"四联三防"安全体

一是牢固防线,构筑专业化联盟。成立"反恐联盟",全省试点人员密集场所反恐怖"四联三防"工作样本,受到国家反恐办肯定。成立"反诈联盟",累计阻止通信网络诈骗案件 242 起,挽回经济损失 3500 余万元,被评为杭州市打击治理电信网络新型违法犯罪"先锋团队"。二是圈守阵地,构筑行业化联盟。组建"特业联盟",落实宾馆、网吧、寄递业等特种行业门前"三包",依据行业规定开展自查自纠。组建"医院联盟",建立"互助联动快速支援"机制,开展多场景应急演练。成立以来,医患纠纷、医院发案同比下降 60.3% 和 79.1%。组成"校园联盟",以警营开放等多种形式将"防火、防盗、防诈骗、远离毒品、反恐反邪教"安全防范宣传引入校园。三是扎紧篱笆,构筑地域化联盟。融合上城景区、社区、商业区、历史文化区"四区"特点,成立个性化、地域化联盟组织。在清河坊历史文化街区成立全国首支带有区域特色民间自治队伍——"御街联盟"。发动街区 460 户商户,以"N 户一保"为单位,划分 12 个联保大网格,做到家家有防范、户户有联动。街区刑事案件从 2015 年 99 起下降至 2017 年 17 起，实现重大警情、重大案件事件、重大矛盾纠纷"三个零发生"。

三、尚法崇德，打造"德法同行"新模式

一是全省首创公民警校。公民警校开办近两年来，先后研制 15 门专业课本教案，设置 20 门专业课程，以全民普法教育、筑牢"心防"工程为教学的主基调，开展各类培训 850 多场，培训 8 万人次，考试合格率达 100%。近期，与新闻媒体合作，推出公民警校安全课堂短视频栏目《亲民尚和图》，对各类安防典型案例进行宣传。二是全市首创尚法工作室。首推"五位一体"基层司法行政工作模式，将人民调解、法律援助、法治宣传、社区矫正、律师服务等五项工作触角延伸到社区，建立"五位一体"尚法工作室。目前，全区近 82% 社区建立由社区能人领衔的尚法工作室，接待受理 1007 人次，共调解纠纷 533 件，调解成功 517 件，调解成功数占社区总调解件 80%。三是持续深耕"最美"品牌。依托社区文化家园、道德大讲堂、"我们的节日"主题活动等载体，弘扬"最美"文化。制订全国首个地方标准《道德模范培育宣传管理工作规范》，形成"最美"建设长效机制。连续六年举办道德模范（最美邻里）评选，培育"最美人物"2000 余名，涌现全国"最美家庭"鲁立清一家、"最美社工"陈浩等一大批先进典型。上城快递员勇救坠楼男童事迹被央视《新闻联播》《人民日报》等主流媒体广泛宣传。

四、多元融和，搭建"共建共治"大平台

一是打响志愿服务"金名片"。上城志愿者组织蓬勃发展，"向阳大妈""守望者"等志愿者组织参与社会治理现象成为常态，在创新社会治理形式、释放社会能量方面积累不少经验。时任中央政治局委员、国家副主席李源潮在上城调研群团工作时给予肯定。二是升级"三社联动"2.0 版本。以新中国第一居委会——上羊市街社区为试点，按照"社区牵头主导、专业社会工作支撑、社会组织全面参与"思路打造"三社联动"2.0 版本，推广"坊治理"模式。该模式由社区发展协会设立"邻里坊"，"坊代表"参与日常运作，通过领办社区民生实事"微项目"，解决管理难点热点问题，央视专题片《将改革进行到底》曾专题报道。三是深化"四个平台"建设。推动区综合执法、市场监管、司法、安监、环保等 10 个部门 261 名条线力量下沉，推进全科网格建设，加密网格 268 个，打造党建引领"1＋2＋3＋N"网格队伍模式，实现"四个平台"与省协同平台、区"平安 365"、民情 E 点通等平台功能整合升级，实现基层治理流程再造。

(八)社会组织建设

2014年,杭州市印发《关于政府向社会力量购买服务的指导意见》,推进各级政府向社会组织及企业、机构购买服务,创新公共服务供给模式,推动政府职能转变。2015年,杭州市出台《关于进一步激发社会组织活力,推进我市社会治理创新的若干意见》,在创新社会组织社会服务、创新社会组织规范运行体系、创新社会组织扶持培育、创新社会组织监督管理、加强组织领导等方面做了系统安排和全面部署,有力地促进社会组织明确权责、依法自治、发挥作用。2016年,杭州市印发《关于推进政府职能转移的实施意见》,其中明确了培育社会组织以提升承接政府转移职能的能力,更好发挥社会力量参与社会治理的作用。

2016年中央出台《关于改革社会组织管理制度促进社会组织健康有序发展的意见》,提出要鼓励社会组织在社会治理、社会矛盾化解中发挥积极作用。此后,杭州市继续为社会组织的发展提供制度保障,如出台《杭州市社会发展(基本公共服务均等化)"十三五"规划》《杭州市社会组织评估工作规程》《关于进一步加强和改进社会组织党的建设工作的实施意见》《关于推进社会组织登记改革工作的通知》等。杭州市还特别出台了《杭州市公益创投管理办法》(杭民发〔2018〕50号),通过公益创投活动积极扶持培育社会组织,增加居民就业创业机会,充分发挥社会组织在参与基层社会治理中的积极作用,助推基层社区有效运转,积极助力"六稳""六保"工作。近年来,杭州市大力推进"五社联动",率先开展社区发展基金会培育试点工作,注册成立27个社区发展基金会,注册资金4685万元,有效发挥社区慈善力量在支持、赋能社区社会组织提供党群服务、公益慈善、邻里互助、平安建设、文体娱乐和农村生产技术等服务基层中的积极作用。

(九)基层党组织建设

2017年1月,中国共产党杭州市第十一届委员会第十三次全体会议审议通过《中共杭州市委关于从严加强干部队伍建设打造勇立潮头铁军排头兵的决定》,其中明确指出要深化"党建＋"基层服务型党组织建设。具体而言,运用"党建＋"系统思维,把党建同经济发展、基层治理等有机统一起来,坚持整乡推进、整县提升,统筹各领域党建,促进基层党建全面过硬全面进步。加强"网格＋网络"基层服务型党组织建设,抓实"开放式网格党建、区域化统筹服务",着力构建基层党员干部联系服务群众网络体系。发挥基层党支部主体作用,增强支部自转力,推动基层党组织成为政治引领强、服务功能强的战斗堡垒。深化在职党员干部进社区服务,优化志愿网络服务平台建设,逐步实现全市志愿服务资源互联互通。加强"智慧党建"支撑,优化党建资源配置、力量整合,逐步建立集业务流、工作流、数据流于一体的智慧运行模式,完善党员干部先锋指数、服务指数考评管理等,提升党员干部联系服务群众的绩效。

2017 年,杭州出台《关于推进城市基层党建工作"双领联动、双网融合"的实施意见》,着力完善以街道党工委为核心、社区党组织为基础、辖区单位党组织和党员共同参与的区域化党建新机制,强化区域统筹力、部门支撑力和街社承载力。创新开展党建工作和经济社会发展"双百分制"考核,分层分类开发 196 张党建责任清单,每年设定"跳一跳能够到"的目标,把党建考核纳入单位综合考评结果,作为领导干部选拔任用、岗位调整、责任追究的重要依据,层层传导压力,层层压实任务。2021 年,杭州市还出台了《关于深化全市域党建联盟助力争当高质量发展建设共同富裕城市范例的指导意见》,明确市域党建联盟要以推动共同富裕为目标,计划培育 100 个左右牵引型党建联盟,集中打造十佳党建联盟示范点,每个区、县(市)建成 2 至 3 条党建联盟示范带,聚合形成示范带动效应。建立党建联盟,目的是以组织融合牵引推动平台共建、人才共育、资源共享、产业共兴、治理共抓、品牌共塑,切实把党的组织优势转化为治理优势、发展优势、服务优势。

(十)清廉社会建设

2009 年,杭州市纪委出台《深化基层党风廉政建设实施意见》,通过创建"农村基层党风廉政建设示范村"、建立健全村务监督委员会、加强乡镇(街道)干部作风建设、深化社区廉政文化建设等活动,全面落实基层党风廉政建设。2011 年,市委、市政府出台《关于规范村务监督委员会职责和工作流程的实施意见》,规定了村务监督委员会的工作职责、监督内容、工作流程和工作要求,发挥村务监督委员会在加强农村基层党风廉政建设中的作用。2012 年,杭州市出台《关于在大力保持党的纯洁性中进一步深化作风建设的实施意见》,提出推进基层便民服务中心建设、村务监督委员会建设、基层站所(服务窗口)规范化建设和基层岗位廉政教育和廉政风险防控工作,严格改进基层干部作风,以巩固党的基层基础,始终保持党的纯洁性。近年来,杭州市探索的综合巡、专项巡、点穴巡、延伸巡、交叉巡和开门察、留痕察、印证察、深度察、重点察的"五巡五察"方式,形成了巡察监督的"杭州模式",促进了基层管党治党不严问题的逐步解决。2017 年,杭州市委出台《关于各级党组织用好监督执纪"第一种形态",从严教育管理和监督党员干部的意见(试行)》《关于深入整治不担当不作为不落实问题推动杭州高起点上新发展的意见》,开展"廉洁好家风"主题教育,谱写了清廉浙江的杭州篇章。2018 年,杭州在全省率先出台《关于推进清廉文化建设的实施意见》,明确提出"到 2022 年,培育一批清廉文化建设示范点、建设一批清廉文化传播阵地"的目标任务,对清廉文化阵地建设的具体内容、工作标准、实现路径、机制保障等进行系统部署和科学规划。2021年,市纪委、市委宣传部又联合出台《关于纵深推进清廉文化建设的实施方案》,进一步细化了到"十四五"末以及2032年的杭州清廉文化阵地建设目标任务,明确要调动全市资源、凝聚建设合力,把全市各级廉政教育基地、警示教育基地、美德档案馆、家风家训馆、清廉书房以及各级公共图书馆、文化馆、博物馆等场所,纳入清廉文化阵地建设范畴。

三、从共治到共享的杭州经验

从新时期到新时代,杭州市在社会治理领域积累了一系列领先经验:一是加强党的领导,更加充分发挥基层党组织在社会治理中的核心作用。二是牢固树立以人民为中心的价值理念,进一步加强基层民主建设,在推进多元主体共建共治共享方面取得更大进展。三是进一步加强和完善与社会治理相适应的法治建设,提高社会治理规范化、制度化、法治化水平。四是促进专业分工,提高社会治理专业化、精细化、定制化水平。五是推动清廉社会建设,努力把杭州建成全国最清廉的城市。六是进一步营造崇德向善的公共文化氛围,如进一步加强最美宣传教育、弘扬邻里文化、加强家风家训宣传,彰显更多人文关怀。七是建设更完善的社会矛盾调解和社会心理建设机制,切实维护社会稳定,提高人民的幸福感。八是在社会治理中更加广泛运用先进科学技术,增进治理效能。而当前,面对打造新时代全面展示中国特色社会主义制度优越性的创新之窗、人文之窗、美丽之窗、开放之窗、善治之窗、幸福之窗的新要求、新任务,杭州要进一步总结经验,在社会治理方面再创新的优势。杭州要通过打造城市社会治理体系和治理能力现代化先行区,建立和完善社会治理评估体系,进一步擦亮历史文化名城、创新活力之城、生态文明之都三张"金名片",努力使杭州在更多领域内处于全国领先的水平。

2016年12月,在北京市召开的"第十一届中国全面小康论坛"上,杭州被授予"2016中国全面小康特别贡献城市"称号,以表彰杭州市对全面建成小康社会的样本和示范作用。实际上,早在2007年,杭州市全面小康水平就已达到93%,基本实现全面小康;按照评价购买力计算,杭州市也早已迈入中等发达国家水平。据统计,杭州市2016年全市生产总值达到11050.49亿元,同比增长9.5%,增幅居全国副省级城市第一,成为第十个迈入"万亿"方阵的城市。同年,杭州市常住人口人均生产总值达到121394元,折合18182美元。换言之,杭州市在"决胜全面小康"的道路上已探索了十余年,对主要矛盾的历史性转变感受也更为深刻——经济生产力不平衡、公共服务供给不充分。在追求经济持续发展、生产力平衡发展以外，着力打造现代化的共建共治共享社会治理格局，已经并将继续成为杭州市率先高水平全面建成小康社会、率先基本实现现代化的重要推手和必然要求。同样杭州也将持续为全国实现社会治理能力与治理体系现代化提供杭州样本。

第三章　杭州社会治理的独特经验：
"民主促民生"

一、"民主民生"发展脉络

(一)"民主民生"

2009 年,杭州市开始探索建立党政、市民、媒体"三位一体"的"以民主促民生"工作机制,围绕民生问题推进民主建设。在推进"民主民生"战略的进程中,杭州市始终以民主政治建设为重要切入点,着力落实群众知情权、参与权、表达权和监督权。

(二)"四问四权"

"四问四权"是杭州在社会治理过程中处理管理者与居民之间关系的准则。问情于民,对于任何一个涉及民生的项目而言,管理者都要问情于民,落实民众的知情权,"干不干"让百姓定;问需于民,落实公众的参与权,"干什么"让百姓选;问计于民,落实群众的选择权,"怎么干"让百姓提;问绩于民,落实公民的监督权,"干得怎么样"由百姓来评。

(三)"四届联动"

"四界联动"是指在解决任何一个复杂的社会问题的时候,都要建立"党政界、知识界、企业界、媒体界"的合作机制。"四界"代表能够进行社会共治的主要力量,但是"四界"只是一个最低标准,在实际的运用中,可能需要来自更多领域社会主体的加入。杭州作为一个社会共同体或者说是生命共同体,在"精致和谐、大气开放"的城市精神中逐渐形成的自我认同,正在孕育一个健康的和谐社会。让相对独立的社会力量发挥积极作用,政府扮演协调的角色而不是控制的角色,杭州在这方面的探索具有首创精神。"四界联动"衍生出的社会复合主体的本质是一种参与式民主。传统的知识界、党政界、企业界、媒体界是分隔开来的,它们各自有着独特的职能职责,各自持有对行业不同的观点,各自展现出分离的事实,在分隔的情况下,很难将这些独立的事实连接起来以形成一个关于行业的整体认识。在传统精英民主的理念下,往往把行业本身与社会大众割裂开来,但现在倾向于让社会各界共同参与到行业提升发展中。通过打造社会复合主体,杭州市有效整合知识界、党政界、企业界、媒体界,增强了公共治理的参与性、合作性和有效性。

(四)"三社联动"

所谓"三社联动",就是推动社区、社会组织、社会工作优势互补、协同发展。近年来,杭州加大政策支持力度,加强"三社"资源共享,推进"三社"融合发展,加大体制改革和治理创新力度,努力开启社区治理新模式,加强政策引导,拓宽"三社"发展空间。

案例:上城区"三社联动"引领基层社会治理创新

上城区是"新中国第一个居民委员会"诞生地,多年来,该区将改革创新与完善基层社会治理体系紧密结合起来,先后创设"333+X"社区大服务体系、"三社一校"社会工作人才培养模式、"四评一结合"和谐社区评价体系、"3+X"社区为民惠民综合体等符合区域特色的社区治理新模式,荣获全国和谐社区建设示范区、全国社会组织建设创新示范区、首批全国社会工作服务示范区、第七届中国地方政府创新奖、第三届中国社会创新奖"优胜奖"、2014年度中国社区治理十大创新成果、2014年度社区发展奖、2017年老年友好城区等多项国家级和省级荣誉。

一、完善社区治理结构,夯实"三社"发展基础。一是强化街道终端管理功能。针对街道职能错位,"机关化"作风严重的问题,取消传统科室,构建"扁平化管理"新模式,将原有17项条线工作整合为8项主线工作,原有公共服务从居委会中剥离出来,由街道承担,推动街道职能从行政主体向社会管理、公共服务主体转变。二是强化社区自治功能。针对居委会职能缺失、社区行政化倾向严重的问题,制定社区组织职责清单,落实社区事项准入制度,使得居委会职能本源回归,将涉及居民公共事务相应经费与资源下放,交由居民依照协商程序予以处置。三是强化部门服务功能。针对部门将"手"延伸到社区、社区缺少自主性的问题,将公共管理与服务等职能重心下移、力量下沉、权力下放,逐步实现职能部门公共服务与街道和社区居民自治有效衔接。按照"权随责走、费随事转、事费配套"原则,将服务与管理职能下沉到街道,立足街道与社区提供各类服务。

二、坚持多方参与,促进"三社"发展壮大。一是推进基层社区人才队伍建设。优化选人机制,把关选聘质量,规范社区"两委"换届选举工作和专职社区工作者招聘工作。优化社区工作者岗位设置,推行社区"两委"交叉任职、专兼结合用人方式,制定级差绩效薪酬制度,激发社区工作者积极性。注重社区工作者培养,率先推出"社区社会工作领军人才培养计划",实施社区工作者专业化、职业化培训计划,打造一支"全能型"社工人才队伍。二是推进社会组织管理制度规范化建设。成立上城区社会组织综合党委,明确管理、指导、孵化、兜底四方面职能,实现该区社会组织党建工作全面过硬、全面进步。设立社会组织孵化载体,每年拨付500万元专项发展资金,确立30家重点打造社会组织,以居民需求为导向,定向培育社会组织人才。三是推动社会工作本土化"嵌入式"发展。试点专业社工发展方式,鼓励社区工作者持证上岗,设立职称补贴专项经费。截至目前,该区社区工作者持有(助理)社会工作师证书比率达53.97%。设立社会工作发展基金,鼓励持证专职社工成立社区社会工作室,支持专职社工发挥专业知识,以社工专业化提升社区服务专业化水平。

三、完善社区服务体系,推动"三社"融合发展。一是搭建便民利民平台。推出"3+X"社区为民惠民综合体,打造"城市社区15分钟服务圈""迎客厅""议事坊""百通岗",设置居家养老照料中心、儿童乐园、老年食堂、仁爱家园等多项为民服务空间。特别是百通岗服务模式,通过设置"AB岗""全能社工",再造基层社区服务流程,落实"最多跑一次"要求。二是完善政府购买社区服务机制。在经费来源上,建立以政府财政投入为主体、社会组织发展基金会资助为延伸、辖区单位和居民自筹为补充的多元化资金投入机制,实现跨界合作和供需对接。近3年累计投入5000多万元,用于推动"三社"联动平台、服务购买和各类组织培育扶持工作。三是推进智慧社区建设。采用"互联网+"智慧手段,通过公共服务综合信息平台、民情一点通APP互动平台、365社会服务联动平台联网运作,实现社区基础数据、便民服务、社工走访、社区事务、行政审批等信息采集、受理和流转,建立数据共享基层信息化格局。打造智能化服务社区模式,设置智能查询终端、触摸屏电视机等电子设备,方便居民快速了解相关信息,提升办事体验度,实现社区治理智慧化。

四、健全基层协商体系,巩固"三社"发展成果。一是培育基层社区自治组织。筹建街道层面社区发展联合会和社区层面社区发展协会,引导街道、区职能部门、社区居委会、社会组织、驻地单位等共同参与,为开展社区协商自治,解决社区治理热点难点问题提供平台保障。二是丰富基层群众自治活动内容和载体。以社区党组织为核心,增强基层群众性自治组织开展社区协商、服务社区居民能力。连续三年开展社区治理"金点子"案例评选,推动居民自治落地生根。发挥居民公约积极作用,弘扬公序良俗,促进法治、德治、自治有机融合。在换届选举中,注重提高本土居委会成员比例,目前社区居委会成员中本土居民比例达 51.06%,提高本土居民参与社区协商治理积极性。三是健全双向互动机制。连续三年实施"四评一结合"和谐社区评价办法,实施政府与"三社"双向评价机制,将政府治理绩效与居民满意度、社会组织服务和社会工作发展挂钩,实现"三社"互联互通。

(五)"我们"价值观

"我们"一词提取于"让我们生活得更好",后者是杭州在城市发展特色研究中提出的理念,它将杭州城市发展的主体定位为"我们",发展的运行方式落脚于"生活",发展的目标指向了"更好"。因而,从更深层次的角度来说,杭州市的城市社会治理本质上是以"我们的价值观"实践活动为载体,构建以"我们"为核心的价值共同体。杭州市多年来致力于打造"我们"理念,"我们"中主体平等、没有主次,共同协商、共同治理,人人参与,人人尽职,人人享有。杭州市每年举行"我们的价值观"主题词活动,围绕"民生、文明、诚信、感恩、敬业、友善、信仰、责任、崇学、爱国、务实、和谐"12 个月份主题活动词,通过丰富多样的活动,使社会主义核心价值体系时代化、大众化、通俗化,号召引导普通市民追求和践行更高层次的道德标准,让价值观扎根于人民群众生活中。

二、"民主民生"实践大事记

(一)1993 年"保护西湖绿色行动":志愿服务工作的起点

杭州市志愿服务工作起始于 1993 年 12 月的"保护西湖绿色行动"。1995年元旦,市青年志愿者服务总队正式成立;同年 6 月 30 日,经民政部门社团登记批准的市青年志愿者协会成立;2001 年 8 月,市青年志愿者协会正式更名为市志愿者协会,成为统筹全市志愿服务工作的协调组织。近年来,杭州加快推进志愿服务制度化建设,出台《杭州市志愿服务条例》,组建志愿者工作指导中心,成立志愿服务工作委员会,工作机制日趋健全,服务领域逐步拓宽,志愿队伍不断壮大,在经济发展、社会治理、城市建设、社区服务、公共应急、文明创建等方面作用日益显现,成为杭州市经济社会发展和公共管理服务不可或缺的重要参与力量。

(二)20 世纪 90 年代,城市品牌网群的发端

城市品牌网群前身是杭州城市发展特色研讨组群,形成于 20 世纪 90 年代后期,经常围绕杭州特色发展,探讨城市与人发展面临的深层次问题。在理念的不断碰撞与融合下,立基于价值认同的复合式社会组织架构"网群"得以成型——"'网'是逐步'编织'出来的,'群'是慢慢'孵化'出来的","网群"依托价值认同而联合行动。

以城市品牌网群为代表的"我们"的组织架构与运行模式,总体上呈现出"认同先行、政府引导、复合多元、网络治理"的特点。以杭州电视台"我们圆桌会"栏目为例。"我们圆桌会"由杭州市委办公厅、杭州市政府办公厅、杭州市委宣传部、杭州日报报业集团联合主办,自 2010 年推出以来,定期地将市民代表、专家代表、党政代表和行业企业代表聚集在一起,以"提出问题—讨论问题—提出建议"为线索,就各类民生问题和公共事务进行专题对话。

1.城市品牌网群的主要内容

杭州市城市品牌网群(简称网群)是在杭州城市的层面上,由党政、知识、媒体、行业企业等社会相关界面共同参与,围绕杭州城市品牌建设、城市治理及相关文化事业发展构建的一个综合性工作机构。它包括杭州市发展研究中心、杭州发展研究会、杭州市城市品牌促进会、杭州创业研究与交流中心、杭州市杭商研究中心等单位和组织,它基于相关社会事业发展的特点,设置了策划、研究、调查、活动、传媒、运营、综合等部门(单位),通过"社团+组团"的组织形式发挥相关社团向社会开放、发动参与、整合资源的优势,同时发挥组团对社团专业支撑、常态化运行和规范运作的作用。

网群从 2007 年下半年开始筹建,2008 年下半年完成筹建。它在杭州城市发展的层面上,围绕杭州市委、市政府的中心工作开展了多个课题研究、项目活动和多项重要工作。其中包括杭州特色发展研究、杭州社会治理研究、杭州"生活与发展"论坛、杭州市民体验日、杭州国际日、杭州生活品质点评、杭州"社会复合主体"研究与实践等。

网群是在杭州生活文化、创新氛围以及当代转型发展条件下生发出来的、具有独特复合架构和运行机制的社会组织,它是社会各界投身城市发展的重要的参与平台。在这个平台上,一群富有理想主义色彩和实干精神的人们真诚践行"让我们生活得更好"的理念,体现了对社会发展责任的自觉担当。

2. 城市品牌网群发起的主要动因

网群的前身是杭州特色发展研讨组群。20 世纪 90 年代后期,一群来自杭州党政部门、高校、研究机构和媒体的中青年知识分子经常会聚在西湖边的茶社,在闲适和谐的氛围中,沿着实践和理念两条线谈论有关杭州城市发展特色的话题,也交流探讨城市和人的发展面临的深层次问题。基于互相认同、知行合一,经过近十年历程逐渐形成了一个由党政界、知识界、媒体界、行业企业界"四界联动"、具有复合架构和运行机制的复合型社会组织。

从实践层面来说,社会事业涉及广泛,需要多领域、多行业共同参与。城市公共发展层面上的项目和工作仅仅通过一个或几个部门、单位承担,难度大且难以持续。搭建开放的社会平台,进而采取社会相关方参与合作的方式,是对杭州特色的城市公共事业治理方式的有益探索。

从理念层面来说,网群秉持"让我们生活得更好的"核心理念,体现了对和谐社会和幸福生活的追求。在当前经济社会大变革、大转型的时代,它意味着良善有序的社会关系和人际关系、符合生活本意的生活与工作方式、基于比较选择的"更好"社会价值导向和个人价值追求。它是凝聚社会共识,形成并持续社会合作的有益探索。

3. 城市品牌网群的社会意义

一是有效支撑并推动了杭州特色发展的研究与实践,为树立杭州城市品牌做出了重要贡献;二是搭建了社会参与合作的有效平台,促进了杭州城市治理及相关文化事业的发展;三是通过构建新型的社会关系和人际关系,探索实践创新和谐的生活与工作方式,追求"更好"的价值目标,为当前经济社会转型发展提供了可供借鉴参考的"杭州经验";四是在社会建设发展方面,通过复合架构和运行机制的实践探索,为推动不同社会主体互动合作、促进新型社会组织建设和城市社会治理提供了可供借鉴参考的"社会复合主体"样本。

4. 城市品牌网群的创新意义

网群的最大创新亮点在于它的复合架构和平行运作机制,具体表现在以下方面:

第一,它在架构上是一个复合的组织形态,由多个相关的机构和社会组织共同搭建而成。在这个复合的工作平台上,参与各方不仅仅是单位与单位之间协作的关系,而是形成一个整体,彼此主动关联、优势互补、互为支撑、平等协商、合作共赢。

第二,工作人员专兼结合。网群除了有少量的专职人员之外,大量的参与人员来自党政、知识、媒体、行业企业等社会各界,他们既在各自单位里从事专业工作,又结合自己的兴趣爱好,用自己的特色专长发挥各自优势,实现优势互补和资源整合。

第三，工作关系平行。这是网群的本质特征，它突破了以往垂直型、科层制的工作关系。网群成员出于发展社会事业的使命感、责任感，主动参与和互动关联在一起，他们不是按照行政级别的规定或垂直的命令与被命令、指挥与被指挥关系，而是通过平等协商来开展项目和工作。它能够充分激发参与各方的主动性和积极性，为社会事业持续发展奠定了良好基础。

(三)1999年，探索开放式决策

解决民生问题必须坚持问情于民、问需于民、问计于民、问绩于民。早在1999年，杭州就开始了开放式决策的探索。当年5月，杭州制定《关于进一步完善全市经济和社会发展重大事项行政决策程序的通知》，提出"坚持决策民主化、科学化的原则，市政府对全市经济社会发展重大事项的决策，要广泛听取人民群众和社会各界的意见，同时要认真征求市人大常委会、市政协及人大代表、政协委员的意见"。此后，杭州市在全国首创"12345"市长公开电话，成立人民建议征集办公室，向社会公开征集办实事项目方案，建立市领导班子成员联系企业家、科技人员、文艺界人士的制度，完善专家学者政策咨询机制，制定城市重大工程建设民主参与机制等。2007年起，市政府常务会议开始进行网络视频直播，邀请人大代表、政协委员与市民代表列席成为常态；2008年起，市政府在两会之前于网上公示《政府工作报告》，征求市民群众意见，并将收到的意见吸收进政府工作报告；2009年起，杭州市开始推行重大事项稳定风险评估机制，通过走访群众、发放问卷、开座谈会等方式对重点项目进行评估。此外，杭州市每年市直机关考评，都由社会各界群众进行"满意不满意单位"考评，并通过媒体定期将"社会评价意见"与"整改目标"及结果公示于众，形成"评判—整改—再评判—再整改"的工作机制。2010年，杭州市政府"让民意领跑政府"的"开放式决策"获得"第五届中国地方政府创新奖"，肯定了杭州市多年来在民主决策方面取得的成绩。

以"我们圆桌会"电视问政节目为标志，杭州开放式决策成为这个城市现代社会治理当中一个特别的管理手段，这已经不纯粹是一个电视节目，而成为整个城市治理当中一个环节在发挥作用。只要政府要出台一些什么新的政策，或者一些新的决策，或者有一些什么的做法要出台，都要事先上圆桌会进行讨论，经过充分的讨论，听取各界的意见和建议，从而收集民意和民智再做出最终决策。"我们圆桌会"电视问政节目在杭州甚至在全国都产生了一定的影响，其他地方的政府部门电视台都来学习经验。

(四)2003年"破七难"：综合考评与绩效管理前身

从2000年起，杭州市开始在市直机关进行评选"人民满意单位不满意单位"

的活动,以解决"门难进、脸难看、话难听、事难办"的机关"四难"综合征,这项活动先在市直机关开展,后来扩展到所有的政府市直单位,再后来由市直部门拓展到区县市。由于参与的人员多,活动的声势大,影响面也很大,当时媒体称为"万人评议机关"。2005 年,杭州市将"满意单位不满意单位"评选(后改称社会评价)与目标考核相结合,增加领导考评,对市直单位实行"三位一体"的综合考评体系。当时为了进一步贯彻落实科学发展观,树立正确政绩观,市委、市政府在原来满意评选的基础上,结合市政府办公厅组织的目标考核,又提出实施综合考评这样的意见,这也是杭州综合考评首次的提出。2006 年 8 月,杭州市整合市级机关目标管理办公室、"满意单位不满意单位"评选办公室和机关效能建设工作办公室,组建正局级的杭州市综合考评委员会办公室(以下简称"考评办"),作为杭州市综合考评委员会的常设办事机构。这也是全国首家正局级的绩效考评机构。2008 年,杭州市对下辖 13 个区、县(市)全面实施综合考评。后来 2010年国家有关部委牵头在全国选择部分城市地区开展政府绩效管理试点,杭州被纳试点城市之一,综合考评就引入绩效管理理念。实际上后期推行政府绩效管理的做法是原来综合考评的主体部分。2012 年 8 月,杭州市考评办增挂"杭州市绩效管理委员会办公室"牌子,负责全市绩效管理的日常工作,并由此形成集综合考评、绩效管理、效能建设"三位一体"的新的职能架构。

(五)2007 年,打造公共自行车项目

根据"一次规划,分步实施"的要求,公交公司于 2008 年 5 月 1 日起在景区、城北、城西范围内以公交首末站为核心,以名胜区、小区、商家、广场等为结点设立多个试点区,共设置 62 个租车服务点。2013 年杭州公共自行车租用便捷费用低廉获选世界第一。美国一家专业户外活动网站通过对全球 553 个地区公共自行车项目进行分析和比较,根据 6 个标准进行综合打分,选出得分最高的 16个地区,其中杭州夺得第一,分数遥遥领先于第二名的巴黎、第三名的武汉以及纽约等国际大都市。

(六)2009 年,发起"礼让斑马线"行动

"礼让斑马线",源自杭州市公交集团一项调研。调研中发现,公交车发生的交通事故中,斑马线前的事故率最高,且多为恶性交通事故。于是,杭州便制定了《公交营运司机五条规范》,明确规定"行经人行横道时减速礼让"。2009 年,杭州交警在全国率先提出了"礼让斑马线"理念。随后几年,杭州交警多措并举,全力保障行人过马路等慢行交通的通行权利。2011 年 4 月起,在市区 27 个斑马线前现场手持摄像机执法,对"斑马线前不让行"进行重点整治;2014 年,在无信号灯斑马线前设置电子警察,智能抓拍车辆不礼让行人行为;2016 年 3 月,斑

马线前"礼让行人"被写入《杭州市文明行为促进条例》,驾驶员驾驶机动车经过人行横道时不按照规定让行,将由相关行政执法部门责令改正,并依照法律法规进行处罚。

在推进"礼让斑马线"文明行为时,杭州推行先"公"后"私"策略。全市"公交车、出租车、公务用车、公务员私家车"等"公"字头汽车带头文明出行,1.25万名公交车驾驶人、1.9万名出租车驾驶人全部签订"礼让斑马线"承诺书,增加"礼让斑马线"在企业和从业人员信誉评价中的权重,与出租车经营权指标投放、行业评先评优等活动挂钩。随后,杭州10万户家庭签订文明出行自律公约,使更多的私家车主也逐渐养成了文明礼让的良好习惯。

(七)2009年,成立湖滨晴雨工作室

成立于2009年的社区互动平台——湖滨街道"民主促民生"社区互动平台,被称为"杭州最接地气的民情工作室",光明日报更是称其为"党风政风的晴雨表"。作为杭州市社会舆情信息和社情民意直报点,"湖滨晴雨"建立了"一室六站两员四报"的工作机制,"一室",就是"湖滨晴雨"工作室。"六站",就是6个社区民情气象站。"两员",就是民情预报员和民情观察员。"四报",就是民情气象一天一报;民生焦点一周一报;民生时政一月一报;民生品质一年一报。在常态化的民意手机以外,工作室还开展了"相约星期五""我们圆桌会"以及民情恳谈会等活动,和社区居民进行互动。

(八)2009年,"杭网议事厅"进驻市民之家

"杭网议事厅"于2009年10月18日进驻杭州"市民之家",是国内网站同类栏目(频道)中首个网上有频道、网下有实体专门演播室并直接进驻政府为民服务机构的互动平台。"杭网议事厅"将"线上互动"与"线下为民办实事"有效结合,既能"议事"也能"办事",既强调"上网访民意",更注重"下网解民忧"。

(九)2011年,启动"我们的价值观"主题系列活动

杭州市在《"我们的价值观"主题实践2012年行动方案》中部署实施"行业(层面)价值观大讨论、大提炼、大行动",下发文件要求各市直机关在2011年"我们的价值观"大讨论的基础之上,结合单位特色、符合工作实际的核心价值观,并让其能够成为机关党员干部共同的行为准则和价值取向。

为响应市政府的号召,各市直单位和机关都积极展开了价值观大讨论活动并下发相关文件。杭州市社科院坚持开展"我们的价值观"大讨论,邀请专家、学者、党员、群众共同讨论;杭州市国资委系统组织了2万多名干部职工开展了"价值观大讨论、大提炼、大行动"活动;杭州市民政局直属机关党委开展了"我们的价值观"大讨论的座谈会;杭州市建委系统则在主题实践活动中开展职业道德演

讲;杭州市体育局印发了《杭州市体育局关于开展"体育价值大讨论、大提炼、大行动"活动的通知》;杭州市旅游委员会印发了《关于在全市旅游行业开展"价值观大讨论、大提炼、大行动"活动的通知》;中共西湖区教育局委员会印发了《关于在西湖区教育系统中开展"践行我们的价值观,深化教师精神大讨论"实施方案》等等。

(十)2012 年,"邻里文化"复兴

自 2012 年起,杭州市上城区着眼邻里关系,在全区开展"邻里价值观"主题教育。2013 年 9 月上城区发起"最美邻里"评选,并最终评选出 20 名个人(集体)。与此同时,杭州市余杭区则以家庭文化节和邻居节为载体,传承和发扬家庭美德和邻里文化。

以 2016 年余杭区第三届家庭文化节为例,该活动以"最美家庭最美余杭"为主题,在全区范围内开展好家风家训的挖掘、征集和展示工作。文化节分三步举行。(1)寻"最美家庭"。通过最美家庭评议会、故事会等方式,在全区广大家庭宣传文明新风、热心公益、勤劳致富、教子有方、勤俭节约、孝老爱亲的"最美家庭"。(2)集"最美家庭"。通过寻找"最美家庭"活动,提炼出"好家规、好家训、好家风",开展"好家规家训""好家风故事""好家教案例"征集活动。(3)展家风家训。通过设立"最美家庭"光荣榜、事迹演讲、图片展、宣传册等多种方式和妇女网、微信、微博等多种渠道,对评议出来的"最美家庭"、好家风、好家训等进行展示、宣传。2015 年的"邻居节",还以家庭文化节对"好家风、好家训"的挖掘为基础,在全区各村、社区,市级以上文明村及文化礼堂建设村开展活动,提炼本村的"好家规、好家训、好家风",并将"好家风好家训"写入村规民约或居民公约,编写"好家风好家训"故事、小品等文艺作品,传承和发扬家庭美德,放大文明家风影响力。同时,组织余杭区首届道德模范开展"走进塘栖古镇""径山茶圣节""感恩巴士"等活动,走进农村道德讲堂,与百姓共话家风家训传承,在全社会树立道德榜样,营造知荣辱、讲正气、树新风的道德风尚。

(十一)2013 年,启动"最美杭州人"评选

"最美杭州人"是指能模范践行社会主义核心价值观的市民典型。他们美在平凡、美在善良、美在奉献、美在瞬间,用"最美"生动诠释热爱祖国、热爱人民的思想境界;乐于助人、无私奉献的高尚品格;立足平凡、追求高尚的美好情怀;爱岗敬业、忠于职守的职业精神,他们凝结了中华民族的传统美德,展现了杭州改革开放的时代风貌。截至 2022 年,"最美杭州人"评选活动已连续举办九届,从"最美妈妈"吴菊萍,到"最美校长"陈立群,以及中国羽毛球队女子单打运动员陈雨菲,众多的"最美"在聚沙成塔、汇流成河中,丰实着杭州的道德地标,肥沃着城

市的文明土壤,最终转化成全体市民见贤思齐、崇德向善的实际行动。

(十二)2013 年,推行"门前新三包"

"门前三包"是指临路(街)所有的单位、门店、住户将担负的市容环境责任三包。2013 年,各城区选择主次道路、特色街区、窗口地区等重要区域全面推行"门前新三包"管理工作。2014 年,"门前新三包"范围由重要区域向背街小巷延伸。2015 年,总结"门前新三包"管理工作经验,巩固成效,固化相关管理制度,落实长效管理措施,实现"门前新三包"工作常态。

(十三)2014 年,推行"河长制"

2014 年,杭州开始实施河长制。杭州市出台《关于推进河长履职常态化的通知》,通过编印手册、培训交流、在线答疑、现场指导、协会助力等五种方法提升河长履职能力,并通过"河长制"信息化管理平台及杭州河道水质 APP 的建立使老百姓参与治水和监督的作用进一步发挥,切实保障"河长制"管理有道、行之有效。

为了有效提升河长的业务知识水平、履职能力,杭州市治水办牵头编制了《"五水共治"法律法规和文件选编》《杭州市河道管理制度选编》《"河长制"工作百题问答》《河长工作手册》等工作手册,让河长对治水有一个"百科全书式"的了解,再通过各地河长培训会议、全市乡镇干部生态文明培训班、民间河长培训班、环保志愿护水者宣讲会、区(县、市)党委中心组学习(扩大)会、全市三级河长视频会等载体,开展对河长的大规模集中培训。在 2015 年 9 月初杭州市印发了《杭州市"河长制"信息化系统使用规定》,要求实现河长线上办公,每日网上签到,在规定时限上传河道巡查记录,并要求在 5 日内对群众投诉与建议进行回复。

(十四)2014 年,"贴心城管"上线

"贴心城管"手机客户端是杭州市城市管理委员会推出的一款通过数据开放、交换,面向市民的互动服务性强智能终端应用。系统于 2014 年 4 月 3 日正式上线,包括服务地图、人行道违停、找车位、停车缴费、停车补缴费、行政审批查询、我来爆料、每日一题、评优评先、城管动态、消息公告等十多项应用功能,形成了集信息服务、市民互动、政策宣传三大类智慧城管综合服务系统。市民点点手机就可以获得一站式专业的城市管理服务,有效提高市民在城市管理中的参与度与互动性。

(十五)2014 年,创建和谐社区示范城市

杭州的农村社区建设一直得到各级领导的高度重视,在多年的发展中积累

出一套"村情村民知、村'官'村民选、村策村民定、村务村民理、村事村民管"的农村社区自治模式。《杭州市"村务透明五个一"工程实施方案》,保障了农村社区的信息公开;各区(县、市)探索的"民主决策六步法"、"'五议两公开'工作法"、村级事务决策"五票制"等推动形成农村多元协商新格局;村务监督委员会的普遍设立,形成了村级监督的全覆盖。

拱墅区坚持居务公开,推行民意收集、公开听证、民主决策、监督执行和群众评议"五步法"民主决策机制,广泛发动居民群众参与社区建设,涌现出一大批基层自治典型亮点。西湖区则为社区居民提供法律相关"微服务",针对老人、少年儿童等弱势群体加强"微关爱",推行"网组片"普法和"楼宇普法点",进行法律知识"微宣传"。上城区先后出台了《关于强化党建统领巩固政权基础创新基层社会治理的意见》和《上城区深化社区治理和服务创新实施方案》等文件,建成社区、社会组织、社会工作三位一体的"三社联动"创新集群中心,激发多元主体参与社区治理的积极性,使社区公共事务在协商中得到有效解决。

(十六)2016年,推行"路长制"

为打造"美丽杭州"、建设"两美"浙江示范区,全力做好G20峰会服务保障工作,全面提升城市环境品质,杭州市出台了《杭州市"路长制"实施方案》。杭州推行的"路长制"建立区级、街道、民间三级体系。各级"路长"的工作是要全面掌握G20峰会工程项目和环境整治的工作目标、工作内容,确保市区道路上环境卫生整洁、市容秩序良好、景观照明靓丽、绿化长势良好、市政道路平整。其中,民间"路长"由沿街单位人员和社会热心人士担任。民间"路长"要发挥"桥梁"的作用,及时发现、征集、梳理沿街单位解决不了的城市管理问题,及时向区级"路长"和街道级"路长"反映,以便问题能及时快速处理。"路长制"将落实信息公开,通过各门户网站、手机APP及新闻媒体等向社会公布各级"路长"名单,接受社会监督。以区为单位的,还将进行"路长制"落实情况公众满意度调查,确保工作落到实处。

2016年3月至9月,首批46条主要道路"路长"陆续率先上岗,加快协调解决城市管理相关问题,促进峰会项目按时完工;9月至2017年年底,"路长制"陆续推广到杭州其他主要道路,以提升市容环境为重点,并依托"门前新三包"机制,落实长效管理,及时发现、协调、解决问题,努力营造整洁、有序、和谐、优美的城市环境。

案例:西湖区"云上坦途"道路智慧治理系统

2021年12月,西湖区城管局为解决破损、沉降等一系列道路井盖问题,启动井盖专项提升改造项目。"云上坦途"项目主要对西湖区范围内的井盖进行普查、处置和验收闭环管理,改造好的项目能不能通过验收。该系统利用安装在各类车辆上的端口,通过行驶"感受",能精准发现井盖问题,并自动识别井盖破损程度,派单给养护单位及管理部门。该系统可以及时发现哪条路哪个井盖有沉降或者破损问题。井盖分四个等级显示:完好正常、轻度问题、中度问题、重度问题。接到系统派单后,巡查人员会立即前往问题井盖处核实,随后进入修缮流程,节省了巡查人力、扩大了巡查的覆盖面。截至 2021 年 12 月底,212 个问题井盖已有 161 个完成修复,排除轻微损害井盖 51 座,整体提升了西湖区道路质量,让市民路上开车更平坦更顺畅。除了参与井盖提升改造专项,"云上坦途"系统在西湖区的道路养护管理领域的使用率越来越高。工作人员只要点开系统后台,就可以看到拥有不同"健康码"的道路网格。道路病害有多种形式:车辙、松散、波浪、拥包、脱皮等,根据严重程度对应不同的"健康码"颜色。系统对道路持续监测,当网格内井盖修复后,"道路健康码"将由红、黄色变成绿色,动态呈现路面实时状况。管理人员不用出门,就能在系统里看到井盖"平不平"、沥青路面"坦不坦",解决了人力巡查的滞后性和人力不足的问题,真正实现智慧化养护管理。

(十七)2017 年,推进基层党建创新

街道社区与辖区单位党组织联动不高效、条块结合不紧密,已对城市基层党建形成制约。为此,杭州提出"区域统领、行业引领、两新融合、街社兜底"的总体思路,以共驻共享共治共建为要求,构建以街道党工委为核心、社区党组织为基础、辖区单位党组织和党员共同参与的城市基层党建共同体,推动城市基层党建向开放、联动、融合迈进。一方面,杭州强化区域统领,把条块交织的重心落在街道社区,着眼完善工作体系,普遍建立党建工作联席会、共建委员会和兼职委员等制度;着眼健全组织体系,设立街道两新工委,依托商务楼宇、特色小镇等建立集聚区党委,推动党的组织和党的工作"两个全覆盖";着眼构建网格体系,调整做实网格党支部,推动机关事业单位在职党员进网格、组团式服务分队驻网格、区域性党组织接网格、工青妇组织和社会组织联网格。另一方面,杭州强化行业引领,紧抓重点行业系统强支撑,一手抓纵向延伸,出台 29 个市直行业系统党建工作意见,明确"七个一"举措,推动市直单位党委加强对直属单位党建工作的指导;一手抓横向融入,采取结对共建、挂钩联系、交叉任职等措施,推动行业系统与街道社区党组织增强"同一屋檐下,同是一家人"的意识,推进组织联动、党员联管、活动联抓、资源联用、服务联办。

（十八）持续性的公共服务社会化探索

在养老服务方面,西湖区打造了一个庞大的养老服务综合体,包括全区所有28个涉老部门,5家社会服务机构,200余家辖区单位,12家养老机构,2100多名社区(村)工作者,95个镇街相关科室2000多人,社会服务机构600余人,454个服务网点1000余人,注册为老服务志愿者6.3万余人。在养老服务综合体中,政府发挥着主导作用,全区的养老服务机构设立统一标志、市场化运作。下城区推广的"医养结合"养老模式,先后引进了杭州养和医院、杭州慈养医院、慈养护老中心等民办养老机构,形成公共财政扶持、民间广泛参与、养老提供主体多元化、养老提供方式多样化的养老新格局。政府在"医养结合"养老模式中发挥引导作用。江干区推行的是退休人员复合互助养老,目前全区81000余名退休人员参与自管小组,建立起一支由109名联络员、11名区级监督员、1491名自管小组长和3570名骨干人员组成的自管组织骨干队伍,实现自管组织全覆盖。在互助养老模式中,政府仅仅起倡导作用。此外,杭州市还在公共租赁住房社会化管理、新型农业社会化服务体系、基础社会建设、食品安全社会共治等方面做了有益尝试。

三、新时期民主民生探索:"民意直通车"

党的十九届四中全会强调,"把尊重民意,汇集民智,凝聚民意,改善民生,贯穿党治国理政全部工作之中"。坚持人民当家作主,发展人民民主,密切联系群众,紧紧依靠人民推动国家发展,是我国的显著优势。治理效能的体现和提升既需要通过保障主要制度来实现,也需要通过治理主体来实现。"民意直通车"是一种改善社会工作方式,改善社会治理的形式和途径,就是对治理主体,治理能力现代化的探索。杭州之所以被认同,就是因为杭州是一个有温度的城市,是有市民群众参与、市民意见被尊重的城市,"民意直通车"正体现了城市让人民共建共享这个发展理念。"民主促民生"的载体呈现多元、丰富、长期、有效的特点,杭州在这方面起步早、工作实、基础好、有特色。"民意直通车"是杭州社会治理平台的创新,实际上是以媒体平台为主,联系人大、政协、政府,包括街道、社区的平台,共同打造一个有社会各界参与、沟通政府和市民的综合性的平台。这个平台不仅提出问题,同时还研究、分析、解决问题,是社会参与治理的重要探索。

（一）"民意直通车"的产生背景

2008年,杭州市委、市政府在开展新一轮的解放思想大讨论的基础上,把"民主民生"战略确定为杭州城市发展"六大战略"之一。2009年,《关于建立以民主促民生工作机制的实施意见》正式出台，"民主促民生"工作机制成为杭州实施"民主民生"战略的重要抓手和实践平台。"以民主促民生"工作机制，将发展民主与改善民生统一起来，围绕民生扎实发展人民民主，不断丰富民主参与内涵，构建民主参与平台，拓宽民主参与渠道，创新民主参与方式，以民主的制度、程序、方法、手段和力量来解决民生难题。该《意见》共包含 6 个方面、29 条具体举措。其中，核心要素是坚持"三位一体"和落实"四问四权"。"民主促民生"工作机制实施的关键，在于党政、市民、媒体"三位一体"，而"民意直通车"就是其主要载体。"民意直通车"工作机制于 2019 年 1 月起正式实施。21 世纪以来，杭州市每一项重大工程和重大举措的实施，都将舆情民意放在了突出地位。如 2002 年市委、市政府作出了实施西湖综合保护工程的重大决策，在工程实施前期、中期、后期广泛听取市民、专家和社会各界的意见；2007 年杭州市实施庭院改善工程，采取"问情于民""问需于民""问计于民""问计于民"的工作机制；2008 年出台"停车新政"，建立市民意见协调制度，同时媒体全方位介入政策实施过程；2009 年"杭网议事厅"开通，将"线上互动"与"线下为民办实事"有效结合，也为领导了解舆情提供快速通道；2010 年杭州电视台推出"我们圆桌会"栏目，打造党政、院校、企业、媒体"四界联动"的民主民生互动平台等。

（二）"民意直通车"的工作机制

为进一步落实共建共治共享的发展理念，扎实办好市民最关心关注的民生实事、关键小事，让群众更有获得感、幸福感，使党委政府工作更加体现群众需求、奠定群众基础、得到群众拥护，杭州市于 2019 年开始探索"民意直通车"工作模式。"民意直通车"统筹整合民意直通工作载体，在市级层面进一步强化协调联动和工作保障，建立市级层面工作闭环机制、协调机制、发布机制和宣传机制，强化落实，提高运载力，建立完善杭州社情民意直通渠道，构建表达、吸纳和回应的三位一体民意直通工作闭环。

"民意直通车"架构总计有十大载体，包括三个部门载体和七个媒体载体。部门载体分别为"人大代表联络站""人民建议征集""'公述民评'电视问政"。媒体载体分别为杭州电视台的"我们圆桌会""民情观察室""今日关注"，杭州广播电台的"民情热线"，杭报集团的"杭网议事厅""问计于民"，"19 楼"网络公司的"网言网事"，各个载体都有明确的牵头单位。

对"民意直通车"载体遇到难以推动办理的民意问题，杭州在市级层面建立重点难点民意办理的"上报—督办—反馈"的工作闭环机制，协调推动有关责任单位认真抓好民意办理，并及时将办理结果反馈。同时，通过信息专刊、定期例会、满意度测评、宣传发布等方式，总结、评估和推广"民意直通车"的工作成果。

当然,各个载体在运转过程中也存在一些问题,如工作闭环不够、协调联动不够等。三个政府部门主办的载体反馈较好,七个媒体主办的载体也在做民意的反馈。所以,"民意直通车"机制设立的目的是要从群众中来,到群众中去,要形成开放的、有回复的、互通的、有落实的"民意直通车"机制。

1. 民意载体内部的闭环机制。每一项工作,只有形成闭环,才能避免空转,推动真正落地见效。民意载体的闭环包括两个方面:制度闭环和工作落实。比如,民生实事项目人大代表票决制有相关市委文件保障,整体运转规范;人民意见征集工作由市政府主导,"今日关注"栏目由市委督查室提前介入,通过市级领导批示推动,部门专题问题解决等方式保证了落实效果。比如"我们圆桌会"栏目,其闭环机制"是节目播出后整理舆情专报报送市领导——引起党委政府关注、出台政策措施——推动问题解决"。市民向圆桌会表达想法,政府部门当场进行反馈和解释,圆桌会的其他参与方如专家学者和社会活跃分子进行监督,本身是一个小闭环。而浙江卫视问政节目《今日聚焦》,则是在下期节目前将落实情况回放反馈,在同一个栏目形成闭环,有些重要的问题还直接报送省市主要领导,让整改更有刚性。"杭网议事厅""网言网事"等其他栏目载体也建立面向群众的反馈机制,通过压力传导的方式让民意得到尊重,督促政府对人民建议做到件件有回复。"民意直通车"载体就像一台车,每个载体都有自己的团队,政府要确保各载体都能以最佳状态、最实效果高效运行。

2. 建立市级层面组织协调和闭环机制。一是通过成立由市委领导任组长,四大办公厅、市委宣传部、市纪委以及直通车载体的相关责任单位负责人任成员的"民意直通车"工作协调小组,下设办公室在杭州市委办公厅,由市委办公厅直属的社会治理研究与评价中心①承担办公室日常工作,负责组织实施"民意直通车"载体提交的民意梳理、督办、反馈和运用。各成员单位发挥各自职能,全力支持好、保障好"民意直通车"机制顺畅运转。二是建立市级层面工作闭环机制。在"民意直通车"载体完善内部闭环机制的基础上,针对部分载体闭环支撑力量不够等问题,强化市级层面的支持、保障和赋能作用。

(1)上报。"民意直通车"载体对难以推动办理的民意问题要及时上报协调小组办公室,由协调小组办公室负责将相关的意见统一梳理、统一分解,统一收集、统一报送。有些涉及部门、群体、舆情发酵的热点民意继续直报,同时抄报给

---

①　杭州市社会治理研究与评价中心为杭州市委办公厅直属事业单位,原为成立于2008年的"杭州生活品质研究与评价中心",2015年更名为"杭州市社会治理研究与评价中心",机构改革后2020年又改名为"杭州市改革研究与促进中心",12年间1个单位3次更名从一个侧面反映了杭州社会治理理念的变化。

协调小组办公室。遇到重大问题时,协调小组进行专题商讨,意见汇总由"民意直通车"工作协调小组办公室负责接收梳理,提出办理意见后,报市委领导审定。

(2)督办。市委领导审定后,协调小组办公室交办相关责任单位办理。市委督查室对办理的结果进行督查,对于办理进度滞后的单位给予通报。制度建立之后就要督办,让督办有制度可依,推动重点难点问题的解决,督办做到精准有效。

(3)反馈。相关责任单位及时反馈办结情况,对上对下都要反馈。对上报协调小组办公室反馈给市领导,对下在民意直通车载体相关栏目中向市民反馈,相关部门要做到百分之百反馈,以表示对市民意见充分的尊重。同时通过专报将民意办理情况报市委领导,将办结情况纳入相关责任单位的年度考评,并邀请市民或机构对民意办理结果进行满意度测评。

3. 建立协调小组工作例会机制。由协调小组组长召集,协调小组相关成员参加,每月召开"民意直通车"协调小组工作例会,交流工作、梳理经验做法、形成合力。其主要任务是:(1)总结"民意直通车"载体的民意办理情况,交流办理过程中好的做法和经验。(2)对具有继续深化挖掘价值的意见建议进行研究,由民意载体继续深化交流和联动讨论。对重大民意问题进行研判,对无法推动和落实的意见建议进行梳理。(3)结合党政中心工作,及时对下一阶段"民意直通车"载体的意见建议进行梳理,从工作内容中梳理出一些有价值的建议,再通过协调办公室转化成每月、每周的工作安排。

4. 建立工作通报制度。在内参《杭州信息》上设置"民意直通车"专刊,定期通报"民意直通车"运作情况、民意采纳办理的总体情况,对工作进展定期刊登和指导,重要的、紧急的进行点对点直报,一般性的、非敏感性的工作通过专刊来直报。"民意直通车"工作协调小组定期研判,并通过专刊定期交流。每个载体先对自身平台做一个梳理,形成一个闭环,需要市级层面推动的工作再提交协调小组研究推动。杭州把"以人民为中心"的发展理念充分体现在工作的方方面面,将原来各自运行的载体在工作中整合一起调度,强化落实,强化绩效,提高运载力,让更多的人来"民意直通车"反映诉求,关注热点焦点,推动工作更好地开展。

(三)"民意直通车"的成效及其意义

截至 2019 年 7 月,"民意直通车"工作取得显著成效。一是信息报送积极有效。2019 年上半年各载体报送民意问题总计 171 条,其中"问计于民""杭网议事厅""网言网事"报送量为前三名。比如"杭网议事厅"已累计收集网民意见建议留言 15.6 万条;都市快报的"问计于民"2018 年 7 月开设,收集市民建议上万条;19 楼的"网言网事"每年推出 24 个主题,阅读量超过 200 万。其他载体中,民生实事项目人大代表票决制在 2018 年进行的项目征集中共收到群众来信来电 600 多件、建议 2000 多条;人民建议征集制度于 2000 年 6 月建立,年均人民建议受理量 2000 多件,一方面有人民群体在关注城市治理工作,另一方面党政机关设立专门的部门在收集建议;"我们圆桌会"2010 年开播以来,各界参与嘉宾 8000 多人次,提出意见建议近 3000 条,其中约 30% 建议被有关部门采纳;"民情观察室""今日关注"已分别播出 1100 期和 600 期左右,聚焦群众关注的热点难点问题开展舆论监督,形成了良好的口碑效应;"公述民评"电视问政自 2009 年开始,每年开展 3～5 场,社会反响强烈,体现了强大的民意。二是载体推动办理成效明显。各载体推动办理的民意问题达 3024 条,办结 2942 条,办结率 97%。办理的问题做到了件件有反馈,办结反馈率 100%。特别是"人民建议征集"办理了 1200 多件,"民情热线""杭网议事厅""问计于民"都在 400 件以上。"民情热线"已累计受理群众热线电话(短信、QQ 留言)4.8 万余个,反馈率 100%,群众满意率 75% 以上。这些有温度、鲜活的、带着泥土气息的人民意见建议被采纳,表明杭州是一个有市民群众参与、市民意见被尊重的城市,体现了城市让人民共建共享的发展理念。"民意直通车"工作机制要义在"直",就是直接在党委政府和群众之间架起连心桥,民意能够直达党委政府;核心在"通",就是畅通下情上达、上情下达的渠道,既有情况上报、让领导知道,更有办理反馈、让群众知晓;落点在"实",就是了解群众真实呼声,推动扎实办好市民最关心关注的民生实事、关键小事。

"民意直通车"杭州模式,是展示新时代中国特色社会主义的重要窗口。随着经济社会的不断发展,"人民日益增长的美好生活需要和不平衡不充分的发展之间的矛盾"越来越明显。"民意直通车"及其背后的"民主促民生"工作机制,将发展民主与改善民生统一起来,围绕民生扎实发展人民民主,不断丰富民主参与内涵,构建民主参与平台,拓宽民主参与渠道,创新民主参与方式,以民主的制度、程序、方法、手段和力量来解决民生难题,真正为老百姓谋福利、办好事。"民意直通车"通过加强党委政府和民意的直接互动,将更多的市民纳入决策环节中,使民生实事不再是党委和政府"一头热",从而让社会各界更好地接受和执行政策。

(四)"民意直通车"机制的特点

"民意直通车"是杭州新的治理理念、新的治理方法、新的治理工具、新的治理结构的集合体,也是城市治理的跨界联合体。党政机关、媒体、市民、专家学者四个方面都参与其中,打造"四手联弹"的协作平台,是杭州的样本、杭州的方案、杭州的经验。"民意直通车"是城市公共产品供给的新型制度结构,体现了"民意表达、民主权利、民生品质、协商共治"的四位一体新理念。"民意直通车"机制主要有以下特点：

1. 坚持以人民为中心，以问题为导向。"民意直通车"机制创造条件让人民群众可以合法、公开地批评政府的施政行为，实现"听民声、解民情、找问题、促整改"。老百姓都想追求美好的生活，但生活中存在的不满意之事，需要通过"民意直通车"这种公开、直接、合理合法的渠道，把意见表达出来、传递上去，促进社会治理的实质改善。"民有所呼、必有所应"，人民群众的意见从"民意直通车"反映后迅速有回应，回应主体的多样性，回应的速度快，回应的力度大，这就形成了一个闭环。以问题导向来畅通"民意直通车"，尽管政府受了批评，但只要整改到位，最终还是实现了政府和市民的和谐，提升了政府公信力。这个机制主要由行政来推动和主导，同时体现了全员参与、全过程参与、全方位参与，从政策设立的源头直到结束和反馈，不仅仅是表达公共意志，大量个体化的意志也参与其中。"民意直通车"让公民可以参与到政府的决策，对很多工作的实施过程评议、监督，甚至问责。

2. 注重发挥媒体的独特作用。"民意直通车"机制引导媒体参与社会治理，成为社会问题的相关方进行协商沟通的有效媒介和重要渠道，构建了政学媒协同推进城市治理的机制。注重发挥媒体在治理中的作用，这是"民意直通车"机制的重要特点。这重新塑造了党政机关和媒体的关系。原来一些官员害怕媒体的非表扬性报道，被动地回避媒体的采访，老是"工作忙、没有空""无可奉告"，不接受采访。但在"民意直通车"里，官员不可以随意拒绝媒体，这是媒体能够发挥作用的一个重要条件。这对媒体改革具有一定意义，让媒体成为社会治理重要的手段，成为社会的刚需。原来我们认为，媒体的功能主要是传播信息，引导舆论，监督与纠正不良现象。在现代新媒体和多媒体的新形势下，杭州的实践把媒体传播信息的功能和政府社会治理的手段结合到一起，成为这个社会不可替代的刚性需求。除了传播信息之外，媒体还可以起到化解矛盾、消除戾气、弥合裂痕、凝心聚力的作用，促进人民的政治参与和逻辑表达，帮助干部跳出政府本位，多角度地看问题，实现科学决策、民主决策。媒体的融合发展是传统媒体改革的一个思路。融合发展主要指的是传统表达手段和新媒体这两种不同技术的融合，也可以理解成传统的宣传功能和社会治理功能的融合。"民意直通车"通过建立各种各样新的通道来和所有的市民发生联系，让原来只在体制内才存在制度化沟通通道广泛地覆盖多个领域，变成跨单位的媒介。这对于增强社会的认同、政治的整合以及社会的稳定具有重要意义。

3. "民意直通车"机制重塑了城市公共产品供给的制度结构。"民意直通车"机制反映的很多问题，表面上看是市民和政府的关系，是市民对政府提意见，实际上是一部分市民和另一部分市民的关系。现在民意已经出现了分层化、群体化趋势，这就意味着这部分人的民意和那部分人的民意会产生明显矛盾冲突，这就要看政府在协调时是否能做到公平公正。"我们圆桌会"讨论的一些问题，很多是市民群体内部的意见不一致造成的。比如老旧小区装电梯，有一部分人反对就装不起来。赞成装的人和不赞成装的人之间有矛盾，最后矛盾转移到政府那里，要由政府来解开这个结。因此，通过"民意直通车"，政府要更多关注和研究不同群体之间民意的差异性，协调与化解好民意和民意之间的矛盾。这是新时代社会治理的一个新特点。

（五）"民意直通车"的优化路径

第一，民意处理应更精细化和科学化。当前一些做法虽然观赏性很强，但是精准性欠缺，杭州市在民意表达方式、参与人数、民意表达的质量以及评价的质量等方面还存在可待完善之处。同时，杭州市要对民意表达进行类型学和统计学分析，在分析过程中要关注民意的指向性，区分制度指向、政策指向、问题指向的民意，还要分析不同层面人群的民意特征。

第二，民意的筛选应更充分体现市民的意愿。民众的需求覆盖社会的各个领域，因而政府必须对民意进行筛选，但应注意防范选择性偏差。政府对民生实事的筛选应体现民主性和科学性，不能以方便自身工作开展为依据，而要充分考虑市民的合理需求，还要注意协调民意表达中有发声机会的少数人与"沉默的大多数"之间的关系。不同群体的民意表达的能力、机会、强度均有所不同，大部分的民意没有得到有效表达，且"沉默的大多数"与有发声机会的人的想法可能不一致，因此需要建立不同群体之间的民意协调机制，避免"会哭的孩子有奶吃，而不会哭的孩子被饿着"的局面。

第三，扩大民意表达，完善工作闭环机制。杭州市的民意表达呈现两条路线，一条是公民表达的路线，主要体现为人民代表大会制度；另外一条路线是党的群众路线，覆盖社会的方方面面。目前来看，党的群众路线的民意收集和表达机制作用发挥较为充分，而公民路线还需要进一步拓宽，以激发民意回应的持续性动力。民意回应的个案解决要与政策更新相结合。"民意直通车"工作机制中大量的民意回应是个案化的，但是个案背后都存在普遍性的政策问题。例如杭州市"僵尸车"的治理，就是从个别问题最后上升成为全市的政策意见。

第四，提升"民意直通车"工作机制的透明度与治理效能。透明是治理的基本原则，"民意直通车"的始发站、停靠站、终点站及运行过程都要向广大市民公开，要保证民意从起点到终点的双向畅通，从而更好地提升"民意直通车"的效率。杭州的治理实践在很多方面超越了西方，但也需要考虑回应成本的问题。

好的治理不仅应具有良好的效果，同时治理成本也应相对低廉。我国的体制优势在于能够广泛吸收和回应民意，但也需要对成本和收益作出分析，以便更好地提升治理效能。

第五，提升市民的满意度与获得感。政府回应民意在杭州已经成为常态，但是出面回应的官员层级不尽如人意，级别较低的官员只能进行解释，不能做出权威性的答复，从而使市民参与的效能感降低。民意工作的成效不仅要看有没有领导批示，更要看民众是否满意。当前很多部门仍将领导批示作为衡量工作好坏的唯一标准，而实际上老百姓的满意才是真正的好口碑。人民的满意对城市治理极为重要，但对满意度的测量还需要进一步探索，克服测评的技术难题。

第四章　新时代数字赋能
社会治理的杭州探索

从"新时期"到"新时代"是中国特色社会主义事业的一个巨大的历史跃升，如果说21世纪前十年"民主促民生"是杭州社会治理的最大亮点的话，21世纪第二个十年就是杭州数字治理的春天。习近平总书记指出："随着互联网、大数据、云计算、人工智能、区块链等技术加速创新，日益融入经济社会发展各领域全过程，数字经济发展速度之快、辐射范围之广、影响程度之深前所未有，正在成为重组全球要素资源、重塑全球经济结构、改变全球竞争格局的关键力量。"①党的十八大以来，我国在建设数字中国、智慧社会，推进数字产业化、产业数字化、城市数字化方面取得了显著成绩，特别是新冠肺炎疫情暴发以来，数字技术、数字经济在社会治理方面发挥了重要作用。杭州市作为全省乃至全国数字化改革的领航者，以"城市大脑"为依托，发展出了一整套优化改进城市治理的"数智方案"。

一、数字化治理背景

浙江把数字化改革作为深入贯彻习近平总书记关于全面深化改革和数字中国建设决策部署的自觉行动和总抓手。时任浙江省委书记袁家军同志提出："数字化改革是围绕建设数字浙江目标，统筹运用数字化技术、数字化思维、数字化认知，把数字化、一体化、现代化贯穿到党的领导和经济、政治、文化、社会、生态文明建设全过程各方面，对省域治理的体制机制、组织架构、方式流程、手段工具

---

①　习近平.不断做强做优做大我国数字经济[J].求是,2022(2):1-3.

进行全方位、系统性重塑的过程。"①数字化改革使生产方式、生活方式和治理方式发生了基础性、全局性和根本性的改变,构建了高质量发展、高品质生活和高效能治理的现代化全景图。

2021年春节假期后的首个工作日,浙江用一场全省数字化改革大会开启了牛年新局。会上,浙江省明确了数字化改革定义和改革重点,提出加快构建"1＋5＋2"工作体系等重点任务。"1"即一体化智能化公共数据平台;"5"即5个综合应用,分别是党政机关整体智治综合应用和数字政府综合应用、数字经济综合应用、数字社会综合应用、数字法治综合应用,包含"产业大脑和未来工厂""城市大脑和未来社区"等核心业务场景;"2"即数字化改革的理论体系和制度规范体系。在社会建设领域提出"社会治理精确化""公共服务高效化"的目标,从省域治理、市域治理、县域治理和基层治理打造了一批实践应用场景。激发社会活力,提升企业和群众的获得感及认同感,治理体系和治理能力现代化迈出坚实步伐。2022年,浙江省进一步提出要迭代升级数字化改革体系架构,整合形成"1612"体系构架——第一个"1"即一体化智能化公共数据平台(平台＋大脑),"6"即党建统领整体智治、数字政府、数字经济、数字社会、数字文化和数字法治六大系统,第二个"1"即基层治理系统,"2"即理论体系和制度规范体系——形成一体融合的改革工作大格局。

(一)浙江省一体化数字资源系统

以数字化改革为总抓手的浙江,将实现全省数字资源一本账管理、一站式浏览、一揽子申请、一平台调度。在2021年世界互联网大会乌镇峰会期间,浙江数字化改革技术创新推出"一体化数字资源系统"(Integrated Resources System,简称IRS)。打个比喻来说,"一体化数字资源系统"就是一个集聚了省市县三级政务应用、云产品、数据和智能化组件工具等数字资源的大型"超市"。在这个全省数字资源的"大超市"里,各地各部门可享受"购物车式"的申请服务,数字资源能实现跨部门、跨地区、跨层级的高效共享和开发利用,民众也能少跑腿甚至不跑腿。

浙江自启动IRS建设以来,对全省政务系统的信息化基础设施、公共数据、应用系统、算法组件等数字资源进行了全面普查,形成了全省数字资源的智能化"总账本"。省市县三级3430个单位积极参与,基于全省一套标准,对10129个政务类数字应用系统进行梳理分析,首次对全省20多年信息化成果进行了全面

---

① 袁家军.全面推进数字化改革 努力打造"重要窗口"重大标志性成果[N].杭州日报,2021-02-18.

盘点。通过这个智能化"总账本",各地各部门可一站式浏览全省各类数字资源,获取所需的基础资源原料与服务,快速掌握各地区、各领域、各条线创新及特色应用,最大限度地减少重复建设的情况。在此基础上,浙江还开发了"数据高铁"技术,破解传统技术架构下共享不及时、不完整问题。目前,针对群众企业办事、政府应急管理等最高频的数据共享需求,已开通 38 条"数据高铁",实现 156 个异构系统、1008 类公共数据的分钟级共享。

(二)高水平推进"数智杭州"建设

作为阿里巴巴的大本营、蚂蚁金服总部所在地,杭州市的移动支付走在全国前列。通过和支付宝的深度合作,杭州市 98% 的出租车都支持移动支付,超过 95% 的超市便利店能使用支付宝付款,4 万多家餐饮门店中近 2.2 万家可以使用支付宝买单。作为移动支付的试验地,杭州不仅在地铁全面实现手机购票、线下取票,还开通了全国首条使用支付宝乘坐的公交线,沪杭甬高速更是全国首个开通支付宝缴纳通行费的高速公路。此外,杭州市民还可以通过支付宝城市服务,享受政务、车主、医疗等领域 60 多项便民服务。

数智化是在数字化基础上的更高诉求。正因为杭州具有数字经济的先发优势和较好的数字化基础,杭州市于 2016 年推出《"城市大脑"智慧城市建设计划》,期望将杭州打造成一座能够自我调节、与人互动的城市,阿里云、富士康、依图科技等 13 家企业参与建设。杭州以"数智杭州"建设为核心,围绕省委数字化改革"1+5+2"工作体系,致力于惠及百姓、赋能治理、促进发展,坚定不移把"城市大脑""产业大脑"作为特色品牌。杭州从"城市生命体"的高度出发,充分发挥特大城市的海量数据优势,贯通市、区、乡镇(街道)三级指挥平台,打破条块分割、减少重复建设、提升整体效能。同时,各区县(市)主动开展实践探索,坚持以人民为中心的发展思想,聚焦供给优质均衡的公共服务,突出问需于民、问需于企,探索开发更多可感可及的应用场景,让群众和企业有实实在在的获得感。

"数智杭州"建设准确把握了数字化改革的总体框架和内涵逻辑,在以下方面取得了一些突破。

1."两个赋能":即赋能治理、赋能发展。支撑"数字治理第一城"建设和"数字经济第一城"建设。建设"两城",是为了政府"整体智治、高效协同",让治理更高效、动能更强劲;更是为了群众和企业得到更多便捷和实惠,让营商环境更优化、人民生活更美好。

2."两个端口":即政府端、社会端。数字化改革涉及经济社会发展的方方面面,场景建设和功能应用犹如一只手的手心手背。对内是政府端,对应"浙政钉",要建好杭州门户,提升政府服务效能;对外是社会端,对应"浙里办",打造更多群众爱不释手的应用场景,为用户提供更优质的服务体验。

3."两个层面":即强化顶层设计、鼓励基层探索。杭州将以"城市大脑""产业大脑"对应承接省委确定的五大综合应用,其中"城市大脑"涵盖党政机关整体智治、数字政府、数字社会、数字法治;"产业大脑"即数字经济,助力突破产业数字化转型技术瓶颈,破解企业数字化改造难题,建立数字化支撑服务体系。

4."两个转变":即盆景变风景、场景变全景。杭州将孤立的技术创新扩展为全链条、全领域、全产业的创新环境,将单个的数字化解决方案延伸到生产、生活、生态的方方面面,让全社会共享"数字红利",创造无处不在、优质普惠的城市数字新图景。

6."两个保障":即数据共享协同、数据优质安全。没有数据的共享协同和安全利用,数字化改革无从谈起。2017年,杭州制定了国内首个数据安全规划——《杭州市数据安全保障体系规划(2018—2020)》,将数据安全放在城市数据大脑建设的首位;在2021年10月发布的《数字政府建设"十四五"规划》中,坚持"党管数据",加强数据全生命周期安全管控。

7."两个推手":即有形之手、无形之手。政府来主导,部门要联动,资源要统筹。杭州加强与第三方研究机构、社会组织、企业合作共建,让数字化改革成为有效市场与有为政府完美结合的典范。

8."两个体系":即理论体系、制度体系。杭州加快构建一套与"数智杭州"建设相适应的体制机制和工作规范,实现各领域全方面的流程再造、规则重塑、功能塑造、生态构建,在更高层次更高水平上释放生产力、解放生产力、激活生产力。

当前,"1612+N"体系构架已经在杭州全面落地,基本实现了数字化改革与全面深化改革、共同富裕示范区重大改革任务整体贯通、一体推进。"城市大脑"也实现了进一步优化升级,增强智能感知、分析研判、预警预测、监督考核等核心功能,全面提升城市治理精细化水平。推动数据全量要素归集加工,加强全时空多维度信息感知采集,通过"城市大脑"加工分析形成高质量的决策辅助"产品",为各级各部门掌握全面情况、选择战略目标、谋划改革举措、防范化解风险提供有力支撑。通过以上改革,杭州市形成了一系列具有杭州特点、群众可感可及的重大改革成果,以杭州实践为全国全省的数字化改革探路。

(三)"县乡一体,条抓块统"

所谓"县乡一体"就是构建基层治理共同体,乡镇围绕群众转、部门围绕乡镇转、大家围绕基层转;"条抓"即全面推进职能部门赋能基层、放权基层、服务基层,明确县乡权责界面;"块统"则是把乡镇做大做强,提高对资源、平台、队伍的统筹协同能力。乡镇是中国行政体系的"最末梢",也是社会治理的重要基础。早在2015年,为提升乡镇(街道)统筹协调能力,浙江就明确提出要探索建设乡镇(街道)综治工作、市场监管、综合执法、便民服务四个功能性工作平台。以"基层治理四平台"为载体,杭州各地主动回应民生诉求,切实发挥数字技术在社会治理创新中的作用,促进了社会稳定。

以杭州市临平区为例,该区于2021年7月份创新推出"基层治理四平台"自动考核评价系统,在全面客观、公正公平地评价考核派驻人员、网格员等德才表现和工作实绩的同时,还为督查监管和力量分配提供数据支撑,大大提升了基层执法力量和综合管理能力,通过"下沉式"服务将部门多联动处置落到实处。该系统规范了人员管理、指挥调度、考核评价和结果应用,自动将每位下沉人员、每个基层治理事项以数据形式在线记录和展现,形成考核数据库,进行智能评判打分,最终形成人员管理、事件处置、满意评价"三张报表"。此外,临平将业务流程图数字化拆解,抓取工作会商、联合整治事件等数据形成数据报表,为派驻单位及时调整人员、更好督促工作提供有力支撑,使事件的流转、协调、处置、联动更加高效。通过评价系统这个指挥棒,临平区引导和鼓励各个部门的最强资源下沉到基层一线,切实推动"四平台"的高效运行,将数字化改革的势能转化为基层社会治理的效能。

余杭区立足数字经济先行区的优势,坚持"数字赋能、改革破题、创新制胜"的思路,充分运用各种互联网数字手段,撬动区域治理体系和治理能力现代化。2020年8月,余杭区在全省首推"数字资源超市",提出要把握数字资源这一关键要素,构建数字资源归集、处理、应用、运营全生命周期"一件事"管理机制,成为全省一体化智能化公共数据平台的雏形,也为余杭区在数据平台建设上奠定了先发优势。此外,余杭区坚持从实际需求出发,按照"三张清单"的逻辑思路打造了一批场景应用,"城市CT"就是其中的典型代表,在安全生产、防灾减灾、应急管理等业务领域发挥了突出作用。

萧山区在一体化数字驾驶舱基础上,集约高效构建"一网统管"重大应用,强化信息聚合、趋势研判、综合指挥、统筹协调、应急处置五大功能,构建全域整体智治新模式。萧山区探索建设一体化智能化公共数据平台、区镇村一体化数字化驾驶舱,推出了"双碳大脑""亩均论英雄""数治瓶安"等等数字化改革场景。这些场景聚焦城市运行、应急处突、风险化解,进一步优化顶层设计、突出重点领域、抓住关键环节、强化预测预判、提升管防能力,实现条块协同、整体智治,助力党委政府决策科学化、公共服务高效化、社会治理精准化。

杭州市也注重各区县市之间的协同合作,通过体制机制创新,推进深层次系统性制度重塑,加快流程重造、职能重组、资源重配、机制重构、生态重建。同时,推进跨层级、跨地域、跨系统、跨部门、跨业务的协同管理和服务，建立健全"一地创新、各地共享"的有效机制，强化线上线下联动。打通治理与服务的"最后一公里"，将"城市大脑"下沉到社区，实现城市管理、安全管理、民生服务的智能化、精细化，做到横向到边、纵向到底。

（四）数字治理探索的意义

数字治理的根本目的就是要解决问题，满足群众需求，提高工作和管理的效率。从数字治理到数智赋能，从单纯对数据采集应用到数字基础上的转型升级，杭州把人民群众的痛点、难点、堵点作为改革的着力点，通过一系列既有针对性又有含金量的改革举措，为人民谋利，为民生解忧。把数智赋能作为实现共同富裕目标、打造共享幸福新天堂的重要抓手。数字化改革是牵一发动全身的综合集成改革，"城市大脑"是数字化改革在杭州的具体实践。通过创新管理体制、优化规则设定、完善法治体系，实现了城市治理数字化系统性重塑，形成了一批管用实用、群众满意的多跨应用场景，不断提升城市治理体系和治理能力现代化水平。

一流的城市需要一流的治理。只有把城市作为生命体和有机体，用改革的方式敬畏她、善待她、塑造她，才能提升治理水平，让城市更安全、更健康、更加聪明、更具韧性。当前，杭州正在迭代升级"平台＋大脑"，就是要优化升级"城市大脑"，推进全量全要素数据归集、平台智能化建设和城市治理"一网统管"。"一网统管"是未来城市治理的基本趋势。杭州将打造城市指挥中心和城市事件管理中台，接入110指挥平台、12345热线、数字城管和基层治理四平台等，构建更加灵敏、高效、立体的城市神经元系统，以提高应急提级指挥调度能力和城市事件流转处置、预警和分析能力，实现从事后应对处置向事前有效防范、从碎片化管理向全周期管理、从模糊治理向精准治理的深刻转变。"唯有改革才有出路，唯有改革才有发展"，杭州在"奋进新时代、建设新天堂"的路上，开始了新一轮的改革探路。

案例：上城"绩效e考通"数智助"考"

基于"浙政钉"政务平台开发，可以实现综合考评"一屏浏览、实时掌控"，推进基层减负、政府增效。立足上城区的综合考评体系，该系统细化拆解出35项子业务，构建了"创新创优、绩效预警、重点攻坚、意见整改、绩效管理、绩效反馈"六大功能模块，可以提供运行监测、决策研判、跟踪问效、指挥调控、信息检索等功能，立体式呈现上城区的绩效图谱。该系统实现了考评数据集成化。针对综合考评面广、数据多、数据难共享问题，上城深入推进数据中台建设，构建应用场景电脑端、手机端和信息采集系统（两端一系统），对考评数据进行归集优化，实现市区数据互通，部门数据互联，目前已归集近 5 万条考评数据。关于街道和部门的相关考评数据，可直接从数据平台获取或只需填报一次，即可全面掌握各指标数据的进度及排名。以社会评价意见整改为例，以前每年下发后，由各单位部门进行整改，但考评办对于整改具体情况是不掌握的，需要汇报总结时，才会由各个单位填报，这样不仅费时费力，还没有效率。而有了这个系统，社会评价意见整改的数据由业务采集系统获取并录入，每一条意见整改进度、整改推进情况一目了然。同时还实现了现报现结，浓厚了全区比学赶超氛围。其次，"绩效 e 考通"具有监测、预警、搜索、比对功能，可实时呈现并研判分析全区各类发展重要指标，形成绩效"体检报告"一键智达，做到工作绩效"实时掌控"，为区委区政府精准决策提供科学参考。通过绩效预警功能，考评数据自动比对，参评单位可发现重要指标弱项短板，呈"红黄绿"三色预警，以提升考评绩效。此前，"绩效 e 考通"还被纳入杭州市党政机关整体智治"数智考评"应用场景试点。

二、"城市大脑"赋能城市治理

(一)杭州"城市大脑"大事记

2016 年 9 月，杭州开始探索"城市大脑"赋能城市治理现代化，"城市大脑"交通模块首先在萧山区市心路投入使用。通过对手机地图、道路记录、公交车和出租车运行数据的分析，"城市大脑"根据实时路况智能调节红绿灯，道路车辆通行速度平均提升了 3% 至 5%，在部分路段有 11%。

2016 年 10 月 14 日，《杭州日报》第四版刊出了一则题为《杭州上演真实科幻大片 用人工智能 ET 治理城市》的消息，其中写道：在云栖大会上，杭州市政府公布了一项"疯狂"的计划：为这座拥有悠久历史的城市，安装一个人工智能中枢——杭州"城市数据大脑"。

2017 年 7 月，杭州"城市数据大脑"上线运行，主要利用大数据、云计算和人工智能，解决城市发展问题，建设智慧城市。同年 11 月，《人民日报》上刊登了中国工程院院士。王坚的一篇题为《"城市大脑"让数据资源比土地资源更珍贵》的文章，清晰地提出了对"城市大脑"的设想："城市大脑"要做的，就是以互联网为基础设施，利用丰富的城市数据资源，对城市进行全局的即时分析；用城市的数据资源有效调配公共资源，不断完善社会治理，推动城市可持续发展。

2018 年 12 月 29 日，杭州市发布了"城市大脑（综合版）2019"。由杭州市大数据局、公安局等多部门单位以及区县（市）组成的包括旅游专班在内的 17 个专班、100 多名常驻人员，搬进了云栖小镇，进行"百日攻坚"行动，把原先一个个想都不敢想的数据孤岛逐一打通。让数据多跑路、百姓少跑路、"最多跑一次"政务服务改革已经验证了数据在未来城市发展中的资源属性。"城市大脑（综合版）2019"的正式发布，意味着"城市大脑"终于有了中枢系统，可以为百姓提供更加总体全面的服务。

2019 年，杭州拉开了由治堵向治城转型的序幕，"城市大脑"建设也进入推广应用的关键之年，完成了 11 大系统（警务、交通、城管、文旅、卫健、房管、应急、市场监管、农业、环保、基层治理等）、48 个应用场景建设，61 个单位的数字驾驶舱正式上线。至此，"城市大脑"在人们的生活场景中全面铺开。这不仅仅是一次简单的升级、延伸和改进，而是对杭州创新能力的一次大考，杭州城市大脑突破了原来的天花板，开始涅槃重生。

2019 年末，杭州市委十二届八次全体（扩大）会议明确提出，杭州不仅要打造"全国数字经济第一城"，也要打造"全国数字治理第一城"。2016 年来，从信息化到智能化再到智慧化，"城市大脑"以交通治理应用为突破口，其应用领域不断拓展深化，包括 11 大系统、48 个应用场景，还让杭州成功实现多个全国甚至全球第一：第一个实施"无杆停车场"、第一个实现"急救车不必闯红灯"、第一个利用数据计算后有序放宽"限行措施"、第一个利用"延误指数"作为交警 KPI 工作目标、第一个创设"数字公园卡"、第一个实现"入园入住无需排队"、第一个实施"医后最多付一次"。

2020 年初，突如其来的疫情是对城市治理能力的一次大考。2020 年 2 月 7 日晚，杭州余杭区联合钉钉和支付宝上线了全国首个健康码——"余杭绿码"。余杭居民凭着手机里的绿码出行、复工。2 月 11 日，杭州健康码在支付宝率先上线，首创红、黄、绿三色动态健康码模式。看似简单的健康码，依靠数字化的办法，让因为疫情"关"上门的每一个人，不再是一座座信息孤岛，城市运行管理也拥有了可靠有力的数据支撑。控疫情还是保经济，在杭州不再是一道单选题。数字治理也从杭州"码"上出发，跑出了中国速度。仅仅 7 天时间，健康码就从杭州余杭区推广到全市、全省乃至全国。杭州于 2020 年 3 月 2 日上线基于"城市大脑"的"亲清在线"惠企平台，企业只要通过该平台申请相关政策资金，后台将自动实现数据协同、数据比对、数据审核，符合相关条件的企业或个人将第一时间得到相关补助。杭州还创造性地建设了网上复工申报平台，杭州政商"亲清在线"数字平台正式上线，政企实现了紧密的连接。在杭州，数字治理创新不是政府管理在网络上的简单映射,而是以技术手段的创新为支点,撬动体制机制的全方位变革。

2020 年 4 月 30 日,杭州"城市大脑"指挥部、"城市大脑"研究院正式成立,为"城市大脑"建设提供智力支撑。同年 6 月,杭州市十三届人大常委会第二十八次会议审议了《杭州城市大脑赋能城市治理促进条例(草案)》。为城市治理插上科技的翅膀,让城市更加"耳聪目明"。

(二)全面小康的杭州符号

在高水平全面建成小康社会的过程中,"数字"伴随着城市发展的息息脉动,成为杭州最鲜明的时代标志。杭州初步探索出了一条以数字技术支撑城市治理精细化、现代化的新路,数字赋能高水平全面小康的场景也正不断渗透到老百姓的衣食住行中,释放出惠及民生的巨大能量。

1. 城市更智慧。得益于数字技术的应用,一些问题可以在萌芽阶段就被处理,治理更加便捷化、更具前瞻性。"城市大脑"从企业和群众"急难愁盼"的事情和政府急需解决的事情入手,不断以小切口推动大变化,探索直达基层、直达企业、直达群众的应用场景,成为杭州实现社会治理现代化的利器。筑牢综治"一张网",构建社会"大和谐",无论是基层行政执法体制重构,促进治理方式创新转变,还是"数字法治、智慧司法"大放异彩以及全域联动的"大普法"格局,杭州始终坚持把法治思维和法治方式与其他多种治理方法和手段有机结合起来,统筹应用于基层社会治理。加强"1+3+N 智安小区"建设,在小区出入口推广安装人脸和车牌抓拍装置及智能门禁系统;创建"阳光厨房"工程,融合人工智能 AI 视频分析功能和物联网技术,创新打造"政府监管、企业自律、公众监督"的智慧共治模式。持续打好"雪亮工程＋城市大脑"的深度应用组合拳,使基层智慧治理从"盆景"变"风景"。

2. 服务更高效。在疫情防控这场大考中,杭州市、县、乡三级基层治理综合信息指挥力量,与各地疫情防控指挥部合力作战,3.3 万余名专兼职网格员奔赴一线落实群防群控,筑起了精密立体的防疫保护网,让数据真正赋能疫情防控。通过综合信息指挥平台和大数据作用,各类数字在线上流转互通、运算评估,基层网格员在线下充分发挥底数清、人头熟、信息灵、指令通的优势,反应速度和处置效率变得更快,实现了"指哪打哪"、精密智控。还有杭州"读地云"向全球发布45 平方公里产业用地信息,首次实现土地招商、签约、交易、监督等全流程在线闭环运行;"一手房"登记实现"跑零次";城镇单套商品住宅实现 1 小时领证;还有杭州健康码实现网上预约、互联网诊疗、体检报告查询等各类"互联网＋医疗健康"应用。这些数字化应用让城市生活更美好。

3.群众得实惠。"数字"不仅仅是一种经济形态,更是一种生活方式,深入每个角落、影响每个家庭、惠及每个市民。"杭州办事服务"APP自2018年5月底上线以来,大到办社保、摇车牌、取公积金,小到预约挂号、查找附近的车位、公厕、便民服务点,功能一应俱全。坚持在民生公共服务领域全力推广运用大数据技术,杭州市已连续14年入选全国最具幸福感城市,并成为全国唯一的幸福示范标杆城市;成功入选全球15个最佳旅游实践样本城市;连续多年成为人才净流入全国第一的城市,成为全国"双创"示范城、全球创客集聚地。

(三)走在长三角数字化的前列

杭州是长三角城市群重要一极,未来将代表中国与世界一流城市开展科技创新、城市治理以及文明水平等方面的竞争,努力成为中国城市国际化的一个标杆。在2020年长三角地区主要领导座谈会期间,三省一市共同签署了推进长三角数字经济一体化发展战略合作协议,长三角41城从此迈上打造"数字长三角"的新征程。提出要打造"全国数字经济第一城"的杭州,走在了长三角数字化快车道的前列。"最多跑一次"、"城市大脑"、健康码……一个个数字经济催生的新事物从杭州走出,为城市治理、政务、交通等各个领域的一体化插上数字的翅膀。

杭州推出了全国首个城市信用分互认互通平台,实现与宁波"天一分"、厦门"白鹭分"的互认,并进一步扩展至湖州、嘉兴、绍兴、黄山等长三角城市。杭州还与中电海康集团及上海嘉定、无锡、合肥签约共建国内首家跨区域跨领域"感存算一体化"超级中试中心。自2018年11月成立以来,该中心已促成四地276台中试设备共享,设备总价值达50亿元。联合国发布的《2020联合国电子政务调查报告》中,杭州"城市大脑"交通治堵做法作为经典案例入选,"杭州经验"迅速在浙江和长三角推广。如今,随着"城市大脑"建设经验在上海、南京、合肥、苏州等长三角主要城市的不断推广,共建一个互联互通的"长三角区域大脑"也已提上日程。

对政府而言,长三角一体化意味着成为全国发展强劲活跃增长极的重大使命。而对生活在沪苏浙皖的老百姓来说,长三角一体化带来的则是生活中肉眼可见的改变——出行更快了、看病更方便了、办事不用反复跑了。截至2020年底,长三角已实现104个政务服务事项在41个城市跨省市通办,开通550个专窗办理点。

(四)"城市大脑"的创新成果

对照浙江省的数字化改革重点任务,杭州"城市大脑"的建设在公共数据平台、数字政府、数字经济、数字社会和数字法治等综合应用上都形成了特色场景并取得了显著效果。"城市大脑"已建成完整的数据资源管理体系和中枢系统,整合 69 个单位 1547 亿条数据。截至 2020 年底,已有 1.22 万个接口接入"城市大脑"中枢,累计协同次数 35.7 亿次,中枢迭代了五个版本。公共数据平台不断夯实。"民生直达"平台从"人找政策"到"政策找人",实现民生资金兑付"一个都不少、一天都不差、幸福秒到账"。停车"先离场后付费"、文旅"多游一小时"、交通"畅快出行"、医疗"先看病后付费"等经典场景的成效不断凸显;"数字公交""美好居住""智慧电梯实时守护""便民车检""安心培训""安心找家政"等更多的数字社会应用场景推陈出新。"数字新消费""电子票据""读地云"等数字经济场景不断开发。"一码解纠纷""统一地址库""数字驾驶舱""街区治理"……杭州"城市大脑"探索与"基层治理四平台"相融合,不断推进法治领域的数字化改革。

"城市大脑"不仅是数字技术的创新,更是以数字化思维催动治理理念、治理手段和治理模式的创新。按照"一整两通三同直达"(全面汇总整合全市各级各部门及社会的海量数据,推动系统互通、数据互通,促进数据协同、业务协同、政企协同,打造民生、惠企、基层治理直达)的总体架构设计,杭州"城市大脑"通过打通"堵点"、补上"断点",绝不"大拆大建"和"推倒重来",充分尊重部门、属地已有的信息化建设成果,实现以旧立新。以具体问题触发的数据需求为导向,"大脑"中枢机制实现各方数据的"按需供给"和"供需平衡",优化权责匹配程度,增加协同意愿,极大缓解了原来"数据烟囱""单兵作战"带来的"大收大放"及碎片化管理困境,跳出了"一收就死、一放就乱"的城市治理怪圈。

坚持"发展出题目,改革做文章",尤其是通过数字化改革倒逼公务人员转变理念和政府流程再造,推动城市治理模式的变革。

(五)"城市大脑"未来发展思路

浙江省数字化改革的总体方案为杭州"城市大脑"的建设指引了方向,明确了重点,部署了任务。杭州要在巩固前期成果的基础上,从全域数字化改革的总体要求出发,扬长避短,重点突围,整体系统、分工协作和双向触达上做优做强"城市大脑"。

1. 贯彻一体化和系统性。一方面,"城市大脑"虽然在应用场景上不断丰富,但是集中于数字政府和数字社会领域,在党政机关整体智治和数字法治、数字经济的综合应用上仍需不断拓展。另一方面,"城市大脑"虽然在"一件事"上通过数据共享和业务协同打破了部门办事的碎片化,但是囿于数字化转型在政府、市场和社会领域的不同步,导致在企业和社会组织公共服务和城市治理上的参与度不高。数据安全和隐私保护的规范标准尚未健全,也让非政府主体的数据共享畏手畏脚。为此,杭州"城市大脑"要从整体社会出发,不光是通过数字改革构建整体政府,还要通过数据共享在经济、政治、社会、文化、生态全领域内贯通各个治理主体，在对数据的产权、数字治理与个人隐私的关系等作出更加明确的规定，从而实现整体智治。

2.完善数据闭环的分工协作体系。要承认分工协作的必要性，主张以数据协同为基础，建立政府部门之间以及政府与社会组织和市场机构之间协同治理体制机制，形成数据流转的闭环。为此，杭州"城市大脑"建设应进一步完善以数据协同为基础的权力清单、责任清单，在梳理各部门、各主体的职能和能力基础上，根据公共治理需求，反推"整体"所需要的信息基础、部门和主体职能，重构治理流程。

3.增强治理主体之间的双向触达。所谓双向触达，即政府服务可以大范围触达个体和企业，同时个体和企业也可以及时向政府反馈意见建议，从而形成政社协同的反馈闭环，提升治理质量。杭州"城市大脑"的运行模式是"一脑治全城，两端同赋能"。然而，目前服务端，对群众、企业、社会组织的赋能并不充分，应用场景的评价机制不健全。为此，杭州"城市大脑"建设应完善服务端的赋能机制，充分发挥人大、政协、新闻媒体、12345市长热线、浙里办和杭州城市大脑APP等监督反馈功能，让"城市大脑"可亲可近，既要让群众和企业有获得感和幸福感，还要有治理的参与感和主体感。

未来"城市大脑"将在空间智治、数字文旅、停车系统、文明大脑等继续开展场景探索。实现"空间智治"，就是依托新一代实景三维、遥感、大数据和 BIM（建筑信息模型）、CIM（城市信息模型）技术，将当前全域规划和自然地理信息数据进行整合，并叠加各个部门的数据，关联人、地、楼、房、企等基础信息，建成虚实交融的"三维数字孪生杭州"，为规划编制实施、空间资源要素配置、项目审批落地、自然资源管理等持续赋能。

案例："城市大脑"应用提升公共服务水平

数字文旅作为数字化改革的行业治理场景，由杭州市文广旅游局发起，并联合浙江大学管理学院、浙江数字化发展与治理研究中心和大众点评等单位，共建基于数据模型的杭州游客满意度评价体系与发布平台。市民游客在美食、社交平台上发布的杭州旅游服务质量、旅游消费价格、旅游环境、城市基础设施、旅游设施等方面的评价与建议，杭州"城市大脑"文旅系统将实时收集、对比分析。

"城市大脑"停车系统通过部门协同，融合规划、建设、发改、交警、市场监管等部门的停车相关信息。同时，利用城市智慧停车算法引擎，将全市划分为 8967 个停车网格，通过海量停车数据和交警卡口、违停、行车轨迹等

OD(交通量调查)数据的融合分析,计算出每个网格的停车需求、停车缺口、停车难易系数,以停车热力图的形式量化分析出杭州停车哪里难、有多难、为何难,增强了停车管理服务的前瞻性和主动性,也为规划、建设、发改等其他部门在制定破解停车难问题相关决策时提供依据,让服务更智慧、决策更科学,着力解决城市"停车难"。

西湖区"文明大脑"综合数字平台。由西湖区文明办主导、杭州城市大脑有限公司研发的西湖区"文明大脑"综合数字平台正式上线一年多来,创新打造文明实践"一码"(文明实践码)、"一图"(文明实践地图)、"一中心"(文明实践移动中心)、"一驾驶舱"(文明实践驾驶舱),构建理论宣讲、文化服务、教育服务、体育健身服务、医疗服务、科技科普、志愿服务、文明创建等八个实践平台,打破部门壁垒,将分散在13个部门条线的优质阵地、优质活动、优质内容整合到"文明大脑"综合数字平台,将民生服务与文明实践有机结合,实现资源合理利用和人员队伍统筹。通过业务流程再造,让文明实践工作更便捷、更精准、更智能,打通了宣传群众、教育群众、关心群众、服务群众的"最后一公里"。

延伸阅读:余杭区数智治理系统

数字法治建设离不开数据汇集。余杭区数智治理中心从建设之初,就在用好全省一体化公共数据平台基础上,完成9个部门条线系统端口对接,解决矛盾纠纷、警情、车辆以及消防管理、特种设备管理、交通管理等物联网传感数据接入问题,并开展"一数一源一标准"数据清洗工作,为数智场景研发提供有力支持,为打造全量化、一体化公共数据平台打下基础。除了区级相关各单位的数据,中心还汇聚了省、市两级各部门的回流数据。数据的全量汇集,为基层治理工作人员带来便利。像电动车进电梯、车辆占用消防通道这样的问题,以前他们只能挨家挨户查访,实地调查取证,现在通过数据平台流转即可针对性开展治理措施。为此,余杭区梳理各类群众高频事项、企业共性需求、城市运行安全难点问题,坚持需求、问题和效果导向,重点培育"社会矛盾风险智能预警处置平台""数智大市场""城市安全运行CT""入学早知道"等一大批多跨协同应用场景。"社会矛盾风险智能预警处置平台"是余杭区数智治理中心社会治理协调中心职责定位的重要体现。余杭区基于基层治理四平台和区一体化智能化公共数据平台,开发了社会矛盾风险智能预警处置应用场景。该场景打通了省级矛调协同系统、"浙里访"系统、110联动平台等10多个业务信息系统,跨层级归集了省市区三级数据。同时，平台还搭建了4种类型的数据分析模型，通过提示异常数据等，预警基层治理中需要关注的各个方面。

余杭区数字化改革更大的现实意义，在于可感可知的群众生活细节里。用民生"小幸福"，牵引出共同富裕的"大场景"，余杭区不仅打造了管用实用的场景应用，更以数字化改革撬动各领域各方面改革。2022年1月，余杭区数智治理系统正式发布，这是余杭区基于"基层治理四平台"和区一体化智能化公共数据平台，打造的承接数字化改革"152"体系的主平台。该系统梳理涉及"人、房、企、事、物"的全量风险治理要素，全面贯通区、镇、村三级架构，对每个事件进行记录、流转、催办、反馈，形成闭环处置，并支持嵌入个性化应用场景，满足基层实际需要。这意味着，余杭区基本构建起"一屏观全区、一网治全城、一键管应急"的区域数智治理体系，为推进基层治理体系和治理能力现代化提供余杭样本。2022年，余杭区还聚焦共同富裕示范先行区建设、杭州亚运会举办、碳达峰碳中和、数字孪生等重点任务中的痛点难点堵点，在具体跑道中谋划多跨应用。余杭区努力提高"数智防汛""社会矛盾风险智能预警处置系统"等场景应用的活跃度、使用率，持续跟进"城市CT"、数智大市场、清朗网络等重点改革项目的迭代升级，统筹整合基层场景应用，探索镇街试点先行、复制推广的共享模式，全面释放社会跃迁新动能。

第五章 "数智治理"加强
民生保障与公共服务

"城市大脑"为"数智治理"的实现提供了技术基础,到 2022 年,杭州"城市大脑"已建成覆盖公共交通、城市管理、卫生健康等 11 个重点领域的 48 个应用场景和 390 个数字驾驶舱,接口日均调用次数 863 万次。通过"城市大脑",城市管理者可以合理配置公共资源,作出科学决策,提高城市治理效能;使提供精准的公共服务成为可能。

民有所需,政有所应。近年来,杭州聚焦办好民生实事,主动回应关切,务实解决难题,扎实推进民生福祉。推动杭州努力打造"有温度"的数字社会。同时,也有大批优秀案例涌现出来。例如,"住房智保",整合住房全链条管理,探索"多跨合一"的数字化改革路径;"医学检查检验结果互认共享",配套出台 11 套规则制度,打造制度重塑的数字化改革样板;作为"最多跑一次"改革向纵深推进的重要组成部分,"出生一件事"推出一年多来,已提供联办服务 8 万余件。"十四五"期间,杭州将以"民生幸福标杆"为战略目标,进一步深化公共服务供给侧改革,构建优质均衡的公共服务体系,建成全覆盖可持续的社会保障体系。

一、公共服务供给侧改革推进共同富裕

"全国数字经济第一城"的实力,赋予杭州在共同富裕道路上"智富先行"的魄力。

(一)关注弱势群体推进共同富裕

杭州市通过摸排全市低收入群体要素信息,包括主要分布区域、年龄、职业、健康、技能、家庭情况等,形成"低收入群体摸底清单";集中梳理城镇和乡村居民之间、市区和西部县(市)居民之间,在基础设施、基本公共服务(教育、医疗、养老

等)、社会保障等方面的差距,形成"城乡统筹补缺清单";在通盘考虑全市财政平衡能力的基础上,制定全市统一的"居民社会保障兜底清单",为低收入群体减轻后顾之忧;收集全市城乡(重点是西部县域农村)居民通过自主创业、就业培训、政府支持、产业重构、创新营销、品牌整合等手段提高收入的典型案例,汇编成"共同富裕案例清单",进而以点带面确立一批共同富裕试点村、试点乡镇、试点县,使共同富裕的星星之火得以燎原。

在梳理形成共同富裕四张清单的基础上,杭州制定推动浙江省共同富裕示范区核心区建设的总体工作框架,形成明确可行的目标体系、工作体系、政策体系和评价体系。同时,抓住全省数字化改革攻坚契机,将四大体系无缝嵌入到数字社会平台,建立共同富裕核心指标全监测、工作流程全闭环、政策体系全落地、考核评价全量化的工作机制。比如,借鉴"企业码""人才码"等运作机制,创新设立"爱心码",对全市收入最低的 1% 户籍人口以及常住人口中的独居老人、残障、低保和特困群体等进行赋码管理和精准帮扶。

杭州还推出了全国首个关心关爱"快递小哥"和发挥"快递小哥"社会服务作用的双向服务平台,实现"帮小哥"和"小哥帮"两大功能。以各个快递网点为节点,全面动态数字化管理"快递小哥"队伍,为精准帮扶提供决策依据,切实提升"快递小哥"的幸福感和获得感。同时,杭州也充分利用"快递小哥"覆盖性流动性的工作特点,鼓励快递小哥参与社会治理,激发他们乐于奉献的精神,提升他们的社会认同感。

案例:"小红蜀·先锋骑手"

杭州市萧山区蜀山街道探索了"骑手小哥"献力城市治理新模式。以"快递小哥"为代表的新就业群体因数字化平台而生,却常常因游离于现行的社会治理体系之外,令他们在职业认同、社会价值上均感不足。而在"硬币"的另一面,这些每天骑行在大街小巷的"快递小哥"们又是最可爱的人。他们寻找丢失老人、发现道路隐患、提供案件线索……发挥走街串巷的工作特质,成为献力城市治理的"急先锋"。为了更好地联结这股善治力量,蜀山街道依托"蜀山卫"数智治理平台,吸纳了 174 名在蜀山街道常驻的"快递小哥",加入了当地的"小红蜀"志愿者队伍,并与当地派出所组成了"小红蜀·先锋骑手"联盟,构建起"线上大脑＋线下手脚"的基层治安防控网络体系。截至目前,"小红蜀·先锋骑手"联盟已提供线索协助破案 3 起,帮助群众10 人次,排查安全隐患 20 余处,累计协助推进解决了反诈宣传、线索上报等社会治理事件 100 余起。为了让"快递小哥"们做好事没有后顾之忧,蜀山派出所还积极联动各寄递企业,明确如因服务、救助、抢险等公益活动造成订单超时、群众投诉等情况,由派出所出具说明,公司予以免责。而"快递小哥"通过参与基层治理,还可以在"蜀山卫"获得相应积分,并兑换实物或其他个性化服务。

杭州市残联坚持以残疾人为中心,践行"民呼我为",以构建全生命周期智慧助残服务体系为目标,推出"1+3+2"的数字化改革建设框架:即建设一个残疾人事业一体化整体智治平台,打造服务端、协同端、治理端"三端"门户,围绕残疾人全生命周期建立制度体系与理论体系。在这样的体系框架内,杭州围绕残疾人数字化迫切需求和残联工作的痛点难点,建设了一批好用实用的应用场景。比如探索研究适合残疾人特征的低成本智能终端,推行残疾人服务事项"一站式基层代办",保障事项"主动感知、精准推送、无感智办",普及数智残联三端用户说明书,"一单告知"进残疾人家庭等。为解决这类人士的出行难、如厕难、办事难等"急难愁盼"问题,杭州市通过数字赋能推进无障碍环境建设,全面提升无障碍建设管理水平。未来杭州将持续推动信息无障碍建设,为残障人士提供更加方便的无障碍信息服务。

(二)"民呼我为"数字平台

在改革领域,有个热词叫"群众获得感"。所有的改革最终都是要增进人们的幸福感,促进公平正义,要求治理者尽可能地畅通民意表达渠道,建立起城市治理与民意互动的良性模式,凝炼真正有意义的社会观点和态度。

2021年5月17日,杭州正式上线"民呼我为"数字平台,让群众呼声一键直达党委、政府,精准对接发展所需、基层所盼。市民群众只需打开"民呼我为"数字平台,就可以反映问题和建议,问题线索会被分发至相关职能部门办理,实现人人可"呼"、件件有"为"。民有所呼,我有所应;民有所呼,我有所为。"有所应"折射的是理念和态度,"有所为"考验的是担当和能力。

城市发展不仅要注重发展的速度,更要追求发展的温度。发展的温度,仰赖于不弃微末、解决问题的实功。在"民呼我为"主题活动中,杭州突出问题导向、需求导向,从人民群众普遍关注、反映强烈、反复出现的问题出发,推出了更多改革创新举措,用心用情用力解决群众最急最难最忧最盼的问题。在"民呼我为"主题活动第一批最佳实践案例的网络征集评选过程中,很多案例都带着数字化改革的鲜明特征,比如,"一表通"助力基层减负更添"智"、数智赋能清廉村居、赋码发证跑出"杭州速度"等。富阳区的实践案例"医学检查检验结果互认共享"看起来是一件小事,却大大提高了医疗资源利用效率,改善了人民群众就医体验。杭州市文广旅游局的"一键借阅",让图书馆真正成为市民"家里的书房",丰富了老百姓的精神生活。市总工会的"爱心驿家",在为户外劳动者提供工会"娘家人"温暖服务的同时,让他们有了浓厚的归属感,更好融入杭州这座温暖善城。

案例:"民呼我为"在区县的数智实践

富阳区"富春智联"智治系统。在"富春智联"智治系统基础上,迭代升级开发了"民呼必应"应用场景,并于2021年5月28日正式上线。在线上,依托"富春智联"智治系统,分村社两个类型,开发"民呼必应"特色场景应用,打造以群众诉求发现、响应、处置、评价为主要流程的工作闭环,目前已实现群众诉求一键申报,村社、镇街、机关分级承办。在支付宝、微信上打开"富春智联"小程序,即可看到"民呼必应"模块。居民群众登录并完成个人信息认证后,就可通过文字、图片、视频、语音等方式,一键提交个人诉求或身边的热点难点问题。无论是家政服务、社区公共服务,还是基础设施建设、信访矛盾化解,都可以一键直达。该系统还对办理事项设置了群众满意度五星评价功能,事项办结后,群众可对办理情况进行评价,评价结果与单位、个人考核挂钩。富阳于4月25日在全区10个镇街32个村社试点推行"民呼必应"应用场景,仅1个月的时间,该系统就覆盖群众近4万人,日活用户达5500余人次,累计接办事项6100余件,日均接办事项250余件,单件办理平均用时65.1小时,整体办结率达97.9%,平均满意度为98%。全区推广后,预计将覆盖群众50余万人,日均访问量可达6万余人次,日均办理需求2000余件,真正实现民有所呼、我有所应,民有所呼、我有所为。

桐庐的"民呼我为"微应用。桐庐县对标数字化改革多跨场景应用"一本账",全力推进"浙里办·城市频道""城市大脑区县服务平台""执行合同一件事""重点货物货源数字化治超""民呼我为"等惠民便民微应用,加快实现一体化智能化办理、处置,诸多领域中的数字化建设"红利"正不断提升广大市民的幸福感和获得感。在桐庐县旧县街道母岭村,每户村民家的墙上都有一个"旧·连心"微信小程序二维码。这个小程序是桐庐旧县街道开发的"旧·连心"数字服务平台,在平台上,村民可以通"我要反映"的版块,反映自身的困难问题,也可以反映村里的情况,参与到村级事务的管理中来。对于群众反映的问题,旧县街道承诺做到3分钟回应,10分钟抵达现场,使"旧·连心"成为旧县街道"民呼我为"的有力载体。原来村民碰到难题或困难,要先找村委,村委解决不了又要向上反映,一环接一环,少则三五天,多则一个多星期。现在通过"旧·连心"平台,不出家门就能反映问题。

拱墅区"民呼我为"云呼系统。杭州市现有3万多名持证的听障人士,出门办事沟通难一直是他们的"痛点"。为解决他们在办事、就医、司法调解等公共服务领域的手语翻译难题，更好地实现公共服务的无障碍，拱墅区天水街道联合"手语姐姐"团队和易视通科技公司旗下的"馨怡智联"团队，合作研发了"手语姐姐实时在线翻译系统"。每一个项目都是人民群众的"急难愁盼"，每一个数据的背后都是对老百姓的承诺兑现。拱墅区"民呼我为"云呼系统分为前、中、后三端，分别对应群众诉求受理端、事项流转处置端、形势分析研判端，实现群众诉求"一端受理"，办理流程"一网通办"，民情形势"一屏掌控"。

二、公共服务智能场景

（一）城市文化治理

在城市文化治理方面，杭州市通过打破数据壁垒，促进互融互通，实现了文化的优质供给。

1. 数智文宣。2021 年 6 月，"数智杭宣"系统一期应用场景发布。"数智杭宣"系统，是杭州市宣传文化系统数字化改革的"主引擎"。简单地说，该系统通过数字赋能，有效提升城市文化治理能力和服务能力。在城市文化服务方面，该系统面向百姓和企业建设的各类文化服务应用场景，将助力实现"15 分钟身边文化圈"和"15 分钟文明实践圈"。目前，已经发布或正在建设的有"身边文化圈""小小宣讲家""杭城资讯""影视剧场""最忆是杭州""国际传播""杭州日历""文创 e 点通""云会展""非遗记忆""人才队伍""云上剧场""区县专区"等 13 个不同领域的应用小场景。目前，各地应用场景也陆续上线运行并取得良好开局。比如，上城区"邻里 e 家"社区邻里文化应用场景，探索部门、物业、商企等单位多跨协同；拱墅区"阳光少年"志愿服务应用场景，用大数据实现公益资源的高效集成、精准供需，打造 15 分钟青少年志愿服务圈；西湖区"文明大脑"综合数字平台通过打造"一码一图一中心一驾驶舱"，实现全区文明实践一盘棋；滨江区"高新味道 1.0"应用场景，搭建企业文化云平台；富阳区以"富春风尚汇"场景应用，推进"最美群像"全周期数字化管理；建德市"数智乡村美好账本"应用场景，依托"乡村钉"为主平台，打造乡村德治典范。由市委宣传部、市文创产业发展中心牵头，创新开发的"文创 e 点通"应用服务平台，旨在通过企业办事服务"一码直达"、政策信息资讯"一览无余"、产业资源对接"一键响应"、动态数据集成"一舱掌控"的数字化场景应用，打通文化企业服务"最后一公里"，真正实现"数据多跑、企业少跑、智慧应用、办事便捷"，助力文化企业高质量发展。

2.学习型社会。2021年以来,杭州社区大学全面开展老年人智能技术应用学习活动。活动围绕老人的衣、食、住、行等十大主题进行,包括智能手机入门、网络安全防诈骗、手机出行、医疗健康、生活便利、网络购物入门、快递物流等,以短学时培训和长学时培训相结合的形式,帮助老年人跨越"数字鸿沟"。

杭州市还通过静态、动态的数据采集方式,获取社区教育服务机构、市民、教师、场地、学习型社团的各类数据,对数据模型不断演进优化,推出镇街、区县、市三级学习指数体系,助力终身学习可持续发展,打通终身教育管理的"最后一米",使终身学习者共享数字发展红利。

文化礼堂学习活动也开展得卓有成效。社区大学创新项目服务模式,从点餐送教到主动送教、预约送教,举办各类学习活动3000场,参与文化礼堂(家园)学习的居民达到100万人次以上,显著提升文化礼堂的使用率和居民群众的参与率,增强教育效果。

3.数智体育。"AI动杭州"微信小程序已经成为市民运动的数字化全能助手。点点手机,登录这一小程序,赛事报名、健身地图、体质测试等都能一键搞定。目前,这一模块已经在杭州"城市大脑"APP上线,这也意味着,杭州体育的数字赋能提升体育智慧化水平再上新台阶。它不仅为杭州的"城市大脑"新增了体育健身场景,填补了场景空白,也为体育数字化进程增加了新的注解,帮助市民解决健身去哪儿和如何科学健身等问题。登录杭州"城市大脑"APP下端"场景"的"体育健身",就能找到"AI动杭州"的相关服务,目前共有"健身地图""体育大讲堂""赛事报名""健身指导视频""百姓健身房""培训报名""体育场馆"等几大板块。

"AI动杭州"也在模块设计方面有着诸多杭州特色,市民"共享"学校操场、体育场馆等,用户登记校区后即可扫码入校锻炼。"体育大讲堂"汇聚杭州市体育局主办的体育健身公益讲堂,通过线上报名、线下实践教学的方式,让市民学习科学锻炼方法,提高生活、生存、急救、维护健康的能力。"培训报名"能根据用户定位,推荐周边的体育技能培训班等,让用户培养兴趣爱好,掌握一技之长。"健身指导视频"指导市民群众科学健身,有效提高锻炼效果。

针对杭州亚运会的举办,流程简化是降低操作门槛、打破"数字鸿沟"、提升出行体验的关键一环。在此基础上,杭州亚组委、杭州市文化广电旅游局与杭州市民卡公司、支付宝、博物文化、深大以及微巴士等单位合作,"一码通"应运而生。在融合健康码和行程码的基础上,该系统整合了景区入园、文博场馆预约、公共交通出行等各类应用场景,串联起各类消费和权益,为游客提供"一码通行"的便捷服务。启用后,用户不需要在多个APP或小程序中来回切换,只需通过支付宝搜索"亚运",进入"智能亚运一站通"平台即可领码,体验"一码通游、一码通城"的"未来旅游"生活。

（二）智慧医疗

1. 医学检查检验结果互认。针对医学检查检验结果区域之间、医院之间不互认、难共享问题，杭州通过加强政策协同保障，形成部门联动机制，解决"不愿认"的问题。加强信息基础建设，开发统一互认系统，解决"不能认"的问题。加强医疗质量控制，制定统一互认标准，解决"不敢认"的问题。

又如余杭区首家"数智健康驿站"，集健康自测、互动体验、远程问诊、自助服务于一体。健康驿站配备了健康药房自助机、健康自测仪、触摸点播健康宣教机、红十字一体机等各类服务健康仪器。"数智健康驿站"是余杭街道加强乡村医疗建设，不断深化"三服务"工作的一个缩影。为了进一步完善乡村医疗服务，余杭街道还引进了浙江大学良渚实验室的医学资源和专家人才入驻"禹上稻乡"作为医疗力量支撑，开展健康医疗、科研合作、休闲健康、教育培训等合作，让村民和游客们在村里也能享受到优质医疗资源。

2. "智慧医保"系统。该系统将解决信息系统碎片化、标准不统一、业务功能差异大等制约医保高质量发展的瓶颈和痛点，实现医保结算智能化、基金监管智慧化、医保参数标准化、工作程序规范化、决策分析精准化，全面形成医保报销全省"一张网"，真正实现"一网通办"。一是实现了医保目录、疾病诊断、医保医师、医保药师等15项信息编码全国统一，有助于构建医保大数据，提升医保治理水平。二是实现数据全省覆盖，帮助梳理发现省内重复参保人员，进行停保处理，为国家节约医保转移资金。三是系统全贯通，保持医保平台运行高并发不中断。杭州市的医保政策走在全省前列，已实现市级统筹，所有参保人员都能享受到公平、统一、可及的医保待遇。

3. 智慧病房让"数据陪"代替"家属陪"。为了给患者提供更优质的整体化智慧医疗服务，杭州市响应"健康中国"战略，推进智慧医院建设，从患者实际需求出发、以病人为中心，打造完成特色床旁服务系统，通过智能化的终端设备，让患者就医更便捷、舒适。"智慧病房"还包罗多重智能化应用，比如智能电子床头卡代替了传统手写卡，随病情及医嘱变化，随时更新信息；病人只要躺在智能床垫上，各项生命体征便会自动上传至数据库；病房门口的交互屏支持一键呼叫及报警解除等。此外，智能数字化护士站设有中央智能大屏，实时呈现患者信息、医嘱信息、手术信息、护理计划与执行情况；智能语音呼叫系统，实现护患之间可视对讲等。

（三）智慧养老

2021年初，杭州试行《杭州市养老服务电子津贴"重阳分"使用管理办法》。

养老服务电子津贴"重阳分"是杭州市推出的老年人享受政府购买养老服务的电子权益,依托"互联网＋养老"系统平台,对符合条件的老年人按月发放"重阳分"至老年人本人社保卡(市民卡)养老服务专户中,老年人购买养老服务可用"重阳分"结算。电子津贴"重阳分"的使用,切实减轻了老年人的养老经济负担,同时也有效满足了老年人日益增长的多样化多层次的养老服务需求。

西湖区推出"一键养老"的数字服务,手机点点即可解决老年人高频需求场景和生活关键问题。比如患心脏病的老人通过佩戴一个"单道心电记录仪",即可24小时监测心率;患有高血压的老人则每日定时监测血压,数据即可实时传送至平台。老人们只需在手机上下载APP,就能24小时随时连线心血管疾病专业医生,及时对身体情况作出预判,并提供就医用药指导和帮助。针对老年居民的突发情况,智慧平台运营中心也有两套处理方案——轻度情况下,报警机制启动,中心会根据监测器定位,上门查看老人病情,现场远程连线专业医生给出指导意见;情况较为严重时,该中心会第一时间拨打120,帮助老人及时就医,同时即刻通知老人的家属。

近年来,针对老年人口规模大、养老服务地域广、养老服务需求多等特点,萧山区民政局打造了萧山区智慧养老信息化系统。该系统是以数据为生产要素,依托一体化智能化公共数据平台,融合卫健等19个部门数据,集数据治理、应用协同等功能于一体的区县级智慧养老系统。整个系统犹如一个"智慧大脑",涵盖了多个具有萧山元素的特色场景,包括"安居守护一件事""家庭床位""上门服务""主动关怀""区域指标""智慧助餐""医养结合""时间银行""e键乐养""养老监管"等。

富阳区以数字化改革为牵引,将各类养老服务系统数据统一归集,充分整合服务对象、服务资源、服务记录、服务评价、结算资金等相关数据资源,开发智慧养老综合平台和数据展示平台,通过大数据分析技术,实现养老服务闭环管理,切实为老年人提供更便捷、更精准、更高效的智慧健康养老服务。

数字化手段也被应用于余杭区老年人助餐服务中。该区采集老年人身份证、市民卡、长者卡、人脸等信息,进行"一人一卡一码"绑定集成。在全区范围内所有养老助餐服务点,老年人刷脸、刷卡就可以享受养老助餐服务,解决了他们不会用、不敢用、不想用智慧设备的难题。

案例:"湖数通·掌上社工"助力基层治理

在全省数字化改革的背景下,湖墅街道创新打造"湖数通·掌上社工"多跨应用场景,助推实现社工工作"一掌通办"、居民需求"一掌通达"。目前,"湖数通·掌上社工"已上线实有人口三级驾驶舱建设,全面排摸梳理25个小区、304个楼幢、720个单元、12795套房屋数据,制定人口地址信息与房屋信息的匹配规则,完成7个社区29018名常住人口,12229人流动人口的入格上图。有了数据的支撑,社工扫楼也避免了吃"哑巴亏"。人口变动的情况在地图上布点一目了然,社工上门核实情况后当场做线上修正和反馈。"不仅实时掌握人口数据情况,还能实现留痕,再也不会'有理说不清'了。"社工小李很是感慨。现在"掌上社工"自动比对前期数据,自动生成本月报表,有了大数据提前"阅卷把关",报表数据统计分析出错的情况将不复存在。截至2021年10月,"掌上社工"已完成养老、经济、文化等条线减表103张,纠错纠偏"互联网+养老"等业务系统数据100余人。"湖数通·掌上社工"通过搭建社区"微服务""跑零次"平台,实现"关键小事"指尖速办。如今,居民可通过"掌上社工"进行报修,相关信息直达物业,维修报价单一目了然,物业维修后居民可对服务进行点星评价,彻底将社工"解放"出来。

(四)数智食安

临安区利用 AI 赋能食品安全管理。临安区市场监管局监制的"阳光餐饮"二维码,以项目化、清单化方式全面实施"阳光餐饮"智慧共治模式。消费者扫码就可以看到饭店后厨的实时监控画面。监控画面下方还配备有"食安码",顾客通过辨别红绿码就可以认证商家的食品安全状况。紧挨着的"红黑榜",展示商户的信誉状况,如曾有不良记录,会显示"黑榜"图标。此外,消费者还可查阅商家的每日台账,确认餐具是否已消毒、后厨人员是否持健康证上岗、食材都是从哪里采购过来的,并在线匿名或实名发布相关评价。市场监管部门也可以通过监管端,实时监督商家落实每日台账,凡没有完成每日台账"打卡"的,监管发出督查提醒后企业端会亮起"红点",直到商家按要求完成提交"每日台账"。综合体内还设立了三合一"蓝卫士"服务站,由市场监管、社区和第三方社会监督机构派驻专员长期驻守,受理咨询和投诉举报。站内的"阳光餐饮"电子展示屏,滚动循环播放每月检查结果。"一码安"数字应用场景除了网格社工巡检端、店家自主整改端、职能部门处置端,还有一个居民查看端。换句话说,居民也可以通过扫商家的这张"数字身份证",随时查看店铺得分、风险等级等店铺基本情况,还能在意见栏反映店铺相应问题,帮助店铺自我完善,协助街道更好地管理。

(五)数智教育

民之所盼,政之所向。2021年10月,拱墅区教育局开发了"入学一点通"小程序,正式在"浙里办"APP上线,家长们关心的入学问题都可以一站式得到解答。这项举措在家长和学校间架起了一座信息桥梁，很好地打破了孩子入学的信息壁垒。除了服务好家长，让入学信息更畅通，拱墅区教育系统也将利用好大数据，更好辅助教育决策。当前公安部门的户籍信息已经与该程序打通，以前学校每年招生前都要人工进行多轮生源摸底，现在有了大数据，学校可以对本学区的潜在生源有一个大致判断，从而为接下来的招生工作提供参考。

(六)数智就业

2021年9月，国内首个东西部劳务协作数字化平台"杭广共富云"启动。平台上线了杭州广元两地的就业服务、创业服务、技能培训、公益行动和电商助农等五大功能板块，将有效解决就业创业服务"最后一公里"的难题，保障当地居民群众足不出户就能在驿站或平台上精准获得两地真实可靠的就业、创业等相关信息，在"云"上实现求职登记、在线面试、在线签约、创业辅导、技能培训、公益帮扶等功能。杭广两地依托"杭广共富云"平台，加快推动劳务协作数字化、产业化、品牌化发展。全力加快平台建设，设立线下就业驿站、城市社区体验中心和线上智慧终端，为广大求职者和企业提供定制式、互动式、体验式的全周期服务，推动平台服务网络城乡全覆盖。充分发挥平台辐射作用，全力为广元市务工人员和群众提供就业指导、技能培训、维权救助等公共服务，助力外出就业、返乡创业，在乡村振兴、共同富裕的新征程上共续山海情、携手谱新篇。

三、数智助力强化基本公共服务的改进思路

公共服务是政府基本职能之一，是满足人民美好生活的必需品，获取公共服务是公民的基本权利。公共服务供给体现了发展的根本目的。由于公共服务涉及普通群众的生活需求，一般而言，政府层级越往下，公共服务的职能越强化。杭州市在基本公共服务均等化上做出了巨大努力，取得了很大成效。但公共服务一个特征就是动态性，它需随着社会发展矛盾的变化而不断变化，又需根据社会需求及技术能力变化而变化。同时，杭州市基本公共服务在精准救助、食品、环境、公共安全以及医疗、教育等方面还存在一些短板。这就需要我们进一步强化基本公共服务，满足城乡居民不断增长的新的基本需求。

(一)牢固确立公共服务保权利、保底线、保弱势的基本理念

1.保权利。更高水平的全面建成小康社会目标要求我们更大力度来保障人民群众基本社会权利，如工作权、教育权、健康权、财产权、住房权、晋升权、迁徙权、名誉权、娱乐权、平等的性别权等，还要保障人民群众对社会政策制定的知情权、咨询权、听证权、建议权、监督权。完善社会政策的制定程序，让相关社会群

体有充分的参与和表达的机会,以维护民众利益。改进公共事务决策程序,采取民主恳谈、参与式政策分析等形式,构建新的决策模式,推动政策过程的范式性转变。

2. 保底线。采用底线公平模式,加强社会就业、社会保险、社会救助、社会福利、社会慈善五个方面的社会保障,重点发展教育、医疗、文化、体育等社会事业,不断完善公共交通、供水供电、通信网络、污水垃圾处理等基础公共设施。政府需要根据最低公平的原则制定各项生活保障与公共服务的最低提供标准,并通过多级政府分担经费保障地方政府有提供最低标准服务的能力。

3. 保弱势。加大对底层群众、弱势群体的保障服务。通过实施积极的就业政策,完善社会保障体系,发展社会福利,加大精准扶贫救助力度,着力改善中低收入群体生活状况。给弱势群体以实际的扶助,不仅是在人力、财力还是在精神上。对困难群体进行制度化支持,不让一个人在全面小康进程中掉队,避免他们被边缘化,保证他们能够过有基本尊严的生活。

(二)完善公共服务的制度与机制

1. 建立均等化基本公共服务制度体系。切实保障和改善民生,是保障人民群众基本社会权利的重要内涵。民生问题,说到底就是权利问题。应当用法治方法、法治手段推动民生问题的解决,推进教育、医疗、社保、就业等方面的基本公共服务均等化。完善基本公共服务均等化规划,明确基本公共服务的重点领域和相关标准、明确相关政策。加大基本公共服务投入力度,加快社会保障、社会就业、收入分配、医疗卫生、城乡教育、住房保障等各项社会事业发展,积极构建公共服务平台,加强安全生产监督管理、食品药品安全、环境保护。各级政府应继续以就业促进工程、社会保障工程、教育公平工程等十大基本公共服务均等化工程为载体,继续加强组织领导,着力深化完善,扎实推进社会保障和改善民生服务管理工作。强化督查总结,确保各项任务推进有力、落实有效。深化收入分配制度改革,调整分配结构,让更多的劳动者共享改革发展成果。尤其是在再分配阶段,采取税收改革、加大转移支付力度、加强基本公共服务保障等措施,扭转收入差距扩大的趋势,刺激社会总需求增长。

2. 构建以政府为主导、企业和社会组织共同参与、人人共享的基本公共服务体系。更加注重政府公共服务职能,把更多的力量放在发展社会事业和解决民生问题上,构建公共服务体系,满足群众多样化的公共服务需求。大力推进城乡社会事业发展,促进教育、医疗卫生、文化、就业、住房等基本公共服务均等化,改善重点群体的公共服务,逐步缩小城乡之间、群体之间的基本公共服务差距,努力实现基本公共服务覆盖城乡、区域均衡、全民共享。加强城乡公共设施建设,为社会公众生活和参与社会经济、政治、文化活动提供保障、创造条件,努力建设服务型政府。

3.关心关爱弱势群体。加强对失业下岗人员、流动人口、未就业的大学生、残障工伤职业病人群、离退休人群、破产企业人群、文盲无业人群等弱势群体,刑释解教人员、流浪人员、闲散青少年等特殊人群的管理服务。他们既是弱势群体,又是酿发事端的高危群体,要让他们弱有所助、急有所济、危有所帮、老有所安,才利于和谐社会建设。

4.建立健全全民统一的基本公共服务体制。破除城乡分割、身份分割和地域分割的社会福利碎片化格局,建立健全全民统一的基本公共服务体制。要根据社会政策的统一性原则,将目前各种分割林立的制度政策进行整合并轨,实现统一制度、统一规范、统一标准,消除目前财权不充分的属地化基本公共服务供给体制的弊端。

5.健全完善公共资源配置机制。充分发挥市场主体和社会组织应有的活力,推动政府委托、公助民办、购买服务等方式支持社会组织参与公共服务生产供给。充分听取利益相关方的意见,给民众充分表达的权利,尤其要重视基层群众与弱势群体在公共政策制定过程中的声音,为社会治理创新提供政策保障支撑。

6.完善公共财政体制。建立财政支出优先满足基本公共服务需要的保障机制,确保新增财力 2/3 以上用于民生。改革完善财政转移支付制度,增强基层公共服务供给能力。探索社会力量参与公共服务的有效方式,放宽基本公共服务领域投资准入限制,对公益性事业和经营性产业进行分类指导;探索公共服务项目经营权转让机制,采取 BOT、公私合营等方式向社会资本转让全部或部分经营权;探索民间投资公共服务的财政资助机制,灵活采取购买服务、贴息补助等多种方式。将社会建设资金纳入各级财政预算予以保障,为实施规划和完成目标任务提供有力的财政资金保障。综合考虑经济社会发展和财力状况,逐步加大社会建设专项资金投入。发挥财政资金引导和推动作用,不断挖掘社会资源,积极引导和支持民间资金和力量参与社会建设。

7.完善评估监督机制。实施民生保障服务评价制度,开展民生保障水平监测评价,制定评价指标体系和评价方案,评估结果以适当方式向社会公布。鼓励多方参与评估,积极引入第三方评估。完善监督机制,加强对民生保障项目和重大过程的监督和检查,形成各负其责、逐层逐级抓落实的推进机制。健全民生保障预算公开机制,增强预算透明度。健全问责机制,强化激励约束,完善政府部门年度目标责任制考核办法,将民生保障工作评价结果,纳入各级政府领导干部政绩考评体系。建立民生服务设施建设质量追溯机制,对学校、医院、福利机构、保障性住房等建筑质量实行终身负责制。

(三)不断拓展基本公共服务内容,积极创新公共服务供给方式

1.更加重视扩大基本公共服务的内容。随着基本公共服务体系的健全,公共服务需求重点也在不断变化。顺应这一趋势,及时扩大基本公共服务的内涵,建立公共服务清单。加大对公民生命与财产安全的保障,加大基本安全服务力度。在当前时期,更需加大食品安全保障力度,让城乡居民真正吃上放心食品。这项公共服务还存在很大提升空间,有法不依,执法不严情况还时有出现,法律法规尚不完善,这些都需要加大制度供给,加大执法力度,坚决遏制食品安全乱象,保护居民身体与生命安全。环境安全保障服务也需进一步强化。在社会保障领域,需加大精准及时救助力度,建立即时应答机制,出现一个,救助一个。另外需根据收入水平、居民需求的变化,及时调整公共服务的内容。

2.积极创新公共服务供给方式,发展和鼓励社会力量提供公共产品与公共服务。进行公共服务市场化改革,使公共服务提供和生产相分离,鼓励生产主体多元化,政府部门、私人企业和社会组织都可以成为公共服务生产单位,发包单位和消费者可以围绕多个主体自主选择,使原来的政府和服务对象两方关系演变成为政府、服务对象、服务承包方三方关系。政府从直接生产转变为间接生产,政府部门或主管单位充当服务的规划者、组织者、调控者和监督者,而不直接生产公共服务,具体的生产职责通过市场的方式交由私营部门和社会组织承担。政府成为发包方后,主要通过服务外包的方式向市场或社会主体采购服务,更多地从服务对象角度出发,考核、评价、督促服务承包方改进提高服务水平。推进政企、政事分开,加快社会事业单位和城市公用事业单位改革转型步伐,为公共服务市场化改革提供配套支持。放宽基本公共服务领域投资准入限制,对公益性事业和经营性产业进行分类指导。大力发展社会服务产业,如旅游、文化、职业教育与培训、养老、体育健身、家政等发展社区养老服务,扶持养老机构建设。鼓励、扶持民营企业、社会中介组织参与公共服务供给,逐步培育出一批有能力、有意愿的优秀公共服务承包商。

3.大力推进公共服务标准化建设。2022年1月,《浙江省基本公共服务标准》(2021年版)出台,现在需要加紧落实这一制度,紧扣我国社会主要矛盾变化,聚焦我省高质量发展要求,抓住人民群众最关心最直接最现实的利益问题,发挥标准化的统一、规范、优化、协调等作用,抓重点、补短板、强弱项,促进基本公共服务供给质量和水平持续提升。强化制定基层功能配置标准,聚焦强基层、补短板、托底线,把重点放在老百姓家门口看得见、摸得着、用得上的公共服务项目上,增强城乡居民的获得感和满意度。在推进基本公共服务标准化建设中,更加注重听取民意，吸纳民智，围绕基层基本公共服务功能配置标准实施情况，采用实地考察、群众访谈、网上评估等方式，探索建立基本公共服务标准化评估工作机制。鼓励各级政府及公共服务供给主体加强创新探索，进一步完善各级各类基本公共服务标准体系，以标准化手段优化资源配置，规范服务行为，提升服务质量，促进基本公共服务普惠化、均等化、便捷化和可持续发展，不断增强人民群众获得感、幸福感和安全感。

第六章　数智赋能城市治理

一、数智赋能平安建设

党的十九届四中全会明确提出"加快推进市域社会治理现代化"，"市域社会治理"这一概念首次出现在党的纲领性文件中。当前基层社会治理领域还存在基础不够扎实、区域之间工作不平衡、全民参与共治共享的整体格局尚未形成、社会治理创新盆景多风景少等问题。从面临风险挑战看，经济问题引发的基层不稳定因素增多、基层矛盾纠纷增量大燃点低、安全生产消防安全隐患居高不下、外来流动人口管理存在漏洞、重点人群稳控压力不断增大。以问题为导向，就是要紧盯当前基层社会治理中这些重点难点，加快推进"基层治理四平台"建设和都市版"枫桥经验"，进一步夯实基层治理基础，建立基层社会治理现代化体系核心，推动社会治理从封闭向开放转变、从粗放向精细转变、从单元向多元转变。

党的十九大报告提出，进入新时代，我国社会主要矛盾已经转化为人民日益增长的美好生活需要和不平衡不充分的发展之间的矛盾。具体到基层平安领域，表现为群众对公平正义、安全稳定等方面有了新的更高需求。我们应该从新时代主要矛盾和需求变化出发，牢固树立需求导向，把依靠群众解决群众身边问题作为工作着力点，尊重人民主体地位，把都市版"枫桥经验"扎根于群众中。要引导群众增强自主意识，激发群众内生动力，实现民事民议、民事民办、民事民管，实现政府治理与社会自我调节、居民自治良性互动，要在教育引导群众主动参与上下功夫，更好实现自我教育、自我管理、自我服务。

近年来，杭州市从中华"和合文化"中得到启示，探索形成了以"党建统领"为塔尖、"四化支撑"(社会化、法治化、智能化、专业化)为塔身、"三治融合"(法治、德治、自治)及"文化引领"为塔基的"六和塔"三层治理架构。杭州利用该架构凝聚合力,开展重点问题整治、推动矛盾调解中心建设、打造数字法治系统,构建起共建共治共享的大平安格局。

(一)"小脑十手脚"整体智治模式

借鉴杭州市社会治理的"大脑",西湖区三墩镇搭建了"一体化智治平台",通过智慧党建、智慧执法等应用模块形成"小脑",有效提升治理效能。而"手脚"则由综治、矛盾调解、网格三支队伍形成,将基层治理的触角深入村社、小区。不仅打通了部门与基层的壁垒,形成线上与线下的互动,而且也为预测、预警、预防提供精准的数据分析,真正实现治理资源的上下贯通与横向集成。经过一年多的实践,三墩镇实现全年无重大刑事案件、无重大群体类事件、无重特大消防安全生产事故,119消防报警量、刑事案件量、"黄赌毒"情况、信访量都同比下降14%以上,收效明显。

(二)"最多录一次"

2020年以来,下城区围绕为基层减负,深入调查研究,梳理出社工表单工作存在着业务多表、数据多源、录入多端、填报多次等重复性的痛点问题。为此,下城区依托"基层治理四平台",发挥杭州"城市大脑"中枢、区级枢纽和街道节点的互联互通基础优势,用数字化改革"V"字模型进行业务梳理、任务分解和综合集成,探索基层数据采集"最多录一次"场景创新,实现"一头录入,多方共享",数据"多元归一"。电脑端系统可"一入口"登录,避免了多平台、多账号、多密码的问题;移动端依托"浙政钉"接入"基层治理四平台"模块,确保数据简便录入、实时更新、高质鲜活,解决了"纸质收集、系统复录"的弊端,努力让社工"走访即录入"工作方式成为现实。

(三)"红茶议事会"

拱墅区小河街道通过"红茶议事会"开展基层治理,在老旧小区改造、公共部位管理、党建引领三方协同等工作中发挥积极作用,"红茶议事会"在大运河畔的居民中知名度越来越高。小河街道根据数字化改革要求和"互联网十"新常态,在"城市眼·云共治·小河网驿"基层数智治理平台的基础上,推出了"红茶议事会"2.0版,用大数据收集、分析、厘清群众关切的民生问题,利用现代科技平台让更多专业人士、热心市民参与到问题的协商调处中来,用数智全流程的协商闭环,确保"一事一议"各环节成果落地。

街道召开议事会之前,通过居民信箱、网络舆情、信访数据等多维度收集居民关心关注的问题,系统自动对民意大数据进行分析,提取关键词并筛选出焦点问题,从而生成"红茶议事会"议题,使得每期的"红茶议事会"有事可议,并且所议之事都是居民真正关心并迫切需要解决的实际问题。通过大数据感知议题，避免了议事走向形式化，让议事主题更具"烟火气"、更接地气。

（四）下沙"聚沙智"

钱塘区下沙街道联合杭州钱塘华数数字电视有限公司，围绕"数智杭州·宜居天堂"建设目标，以深化基层治理、提升城市管理、改善民生服务为核心，以数据共享、部门协同、体制创新为保障，聚力打造了"聚沙智"数字赋能社会治理平台，并取得了阶段性成果。"聚沙智"数字赋能社会治理平台以综合治理为核心，以民生关怀、基层治理为重点，以"数据一张表，作战指挥一张图"为理念，结合前端智能感知设备与后端智能分析算法，以及一整套完善的流转运行机制，优化网格资源配置，实现基层社会治理"件件有人管、事事有闭环"，为百姓办实事，为街道工作人员基层治理工作提升效能。该平台包含"数据驾驶舱""统一作战指挥平台""智慧治理""民生服务""智慧政务"五大板块，自投入运营以来，在统一指挥作战、民生服务、智慧治理、事件流转机制方面为街道工作人员在信息获取、数据提取、事件处置、闭环管理上提供了强有力的保障和支持。

（五）矛盾调解和信访

（1）径山镇"三源融合"调解。在基层矛盾调解工作中，常常遇到村民意见难统一、调解协议效力差等问题。为此，余杭区径山镇编织了一张覆盖全镇辖区范围的"平安网"，以（警源、诉源、访源）"三源融合"治理为驱动，打造了由 1 个镇矛调中心、3 个调解工作站、若干个调解组织和调解网络组合而成的"1＋3＋N"工作体系，并依托微法庭、村级调解组织、法律服务志愿者等力量，确保警情、诉讼、信访矛盾源头调处化解"最多跑一地""解决在源头"。截至 2021 年 9 月，该镇信访总量同比下降 50％以上。不仅如此，近年来，径山镇以数字赋能来提升治理效能，全面创新数字治理，通过搭建"智慧小镇""智慧城管"等信息平台，开发"径山客"小程序，推出"安小径"公众号，打造"径山茶多分"便民互动网络平台，鼓励村民网上办事，不断提升全域治理现代化水平。依托"云上径山"数字驾驶舱，径山镇将深入推进科办、部门业务和村社区域数据归集上云，加快打通智治"最后一公里"。（2）运河"智慧信访"赋能基层治理。以往群众来信来访来电的办理方式大量采用纸质线下流转，既影响办理时效，也存在信访问题研判不全面、预警不及时等负面因素，为解决群众问题带来诸多阻碍。拱墅区运河街道以"智慧＋治理＋高效"为理念，在全区率先合作研发推出"智慧信访"系统，登记受理信访投诉的效率大幅提升，将节省的时间用于对责任单位受理办理情况进行巡查和调度，确保群众合理诉求解决到位。该系统是将人工智能 AI 技术与流程自动化 RPA 技术融合，实现信访签收、分派、办理、跟踪及反馈全流程线上化、智能化，实时自动汇总信访数据，智能预警、智能分析，实现信访工作数据化运行、电子化留痕存档，为信访件办理和流转提供规范性辅助。(3)"浙江解纷码"。2021 年 7 月，浙江省委政法委正式发布"浙江解纷码"数字法治应用程序，群众只需扫码即可通过"浙里办"APP 等进入"浙江解纷码"受理入口，线上申请纠纷调解业务。一场"你不用来，我不用去"的线上调解，让各方当事人感受到了便利，也免去了可能产生的诉讼费用。对当事人不在同一个地方的案件，线上调处矛盾纠纷具有较大优势，既可以解决约不到一起的问题，又能减少当事人的时间与金钱成本。同时，由于系统在调解过程中会同步录音录像，也可以很好地固定证据材料。

二、数智赋能防疫治理

2020 年初，突如其来的新冠肺炎疫情是对城市治理能力的一次大考。杭州健康码在支付宝率先上线，首创"红、黄、绿"三色动态健康码模式。看似简单的健康码，使城市运行管理拥有了可靠有力的数据支撑，更是数智赋能防控疫情的最好体现。杭州亦在众多治疫场景中开展了数智探索。

(一)"数字社工"应用

"数字社工"背后蕴藏着多种技术手段，依托中国移动智慧中台，基于磐匠IPA 平台和九天人工智能算法引擎，并融合了 5G 消息、AI 语音、闪信等信息强触达前沿技术。它通过 5G 消息将流调需求触达至用户，引导用户填写行动轨迹和个人信息。随后通过 OCR 识别技术甄别出未填写或未触达用户，接着对这些人员进行 AI 语音电话通知填写，对于二次触达后仍未填写的人员，借助闪信霸屏消息进行最终强触达提醒。完成上述流调步骤后，"数字社工"会最终生成已填写的流调信息表和未填写的人员联系方式两张表，为社区提供及时、准确的第一手人员活动轨迹信息，便于社区安排后续的上门走访和检疫隔离措施。"数字社工"搭配设计器、执行器、管控台三大组件，包含业界主流开发工具包，能满足绝大部分的机器人流程自动化的开发要求，且设计器通过托拉拽形式进行轻量化敏捷开发，能够保证"数字社工"的快速开发和上线。

AI 能够批量、主动、自动展开任务型对话，在规定时间段内批量拨打指定电话号码，用真人语音的形式与被调研人员进行沟通，代替人工完成流调任务，不仅大大提高了流调效率，节省了宝贵的人工资源，也为相关部门科学评估疫情动态，采取正确的防控措施提供了重要的数据支撑。在高效完成流调随访任务的同时，"数字社工"还能够将通话内容转化为文字进行保存，并且能够使用属性、标签等信息生成精细、准确的数据报表,数字化助力疫情防控。此外,"语音交互智脑"在政策活动通知、慰问关怀、满意度调查、人口普查、信息核实回访、居民咨询等工作中也发挥着重要的作用。

（二）杭州东站的疫情"防护墙"

为严格落实和强化疫情防控各项措施,东站加强值守,多措并举,通过"数字+服务",为广大群众筑牢疫情"防护墙"。杭州东站搭建了"数字舆情风向标"管理系统,该系统可实时抓取微信、微博、新闻媒体等舆情信息,分析梳理相关投诉建议,并将其转化为主动服务的需求清单。通过这个平台,可以从群众视角发现管理盲点,而不是站在管理者的角度去看去思考,实现"民有所呼,我有所为"。比如,旅客留言说到换乘问题,为了方便旅客,杭州东站便及时联合铁路部门做好宣传和告知。又如,有人反映地铁站信号差,健康码刷不出来,东站在到达层各出口处为旅客提供免费 WiFi,确保旅客出示健康码时网络顺畅。同时,配备15 台"健康码 ETC",实现"人、证、码"三合一核验,直接刷居民身份证即可显示健康码,为无法使用手机出示健康码的旅客提供便利。在出发层、到达层、东西转换大厅、出租车通道、航站楼、长运、公交等重点区域醒目位置,东站还张贴了"消杀码",旅客可通过扫码,一键获取区域的消杀情况。根据前期在服务管理中遇到的问题,东站制定了疫情防控志愿服务方阵点位图,在东、西区的商业区、转换大厅、地铁安检出口、微笑亭等 8 个重要点位 24 小时驻守工作人员,劝导旅客规范佩戴口罩,检查监督商家及运营单位(测温、亮码、戴口罩)"三个 100%"的落实情况,另外,东站持续优化"三级联动、站地协同"的联防联控机制,持续做好卫健部门驻点值守、志愿力量精准增援,实现与铁路、公安、卫健等部门密切配合、共享信息、全面覆盖。

（三）基层疫情防控的数智创新

拱墅区康桥街道推进"三合一"疫情检测系统,即通过人脸识别、身份信息验证、健康码后台比对、测温等举措,真正实现快捷验证,方便居民生活,极大提升了小区出入口通行效率,有效缓解早晚高峰的拥堵现象,节约了社区和物业人力,为基层减负,为疫情精密智控提供了有力保障。这套设备是在支付宝大数据的支持下,真正实现"不亮码,不带证件、不采集人脸"。未注册支付宝的人员,也可以扫描身份证完成健康码核验。后台数据采用区块链加密存储,既保护用户隐私,又能在必要时追溯人员流动痕迹,帮助政府迅速决策,一旦发现疫情,能在最短的时间阻断传播路径。

余杭区五常街道"小邻通"居民在线服务系统界面显著位置,有"找物业""找社区""找街道""找警察"等应用,对居民需求进行了细分。"小邻通"提供了更直接的沟通渠道和联系方式，数字化平台搭建起政府与居民直接沟通的桥梁，让政府部门减少了重复劳动，从而为居民提供更精准的服务，居民也能在突发事件中更安心，感受到政府是自己最坚实的后盾。有求必有应，这样才能"供需平衡"。遇到突发事件管控人员及志愿者可迅速集结，分头加入各自负责的单元楼群组，系统则自动将诉求提交给对应的管控人员或志愿者，协助问题高效解决。

三、数智群团建设

2021年4月，杭州市"数智群团"系统上线，率先开启"大群团、开放式、直达性"效能变革，交出了一份具有鲜明杭州辨识度的数字化改革群团答卷。杭州群团组织一直不乏数智基因与成熟经验。比如滨江区"数智滨团"，市妇联"家和智联""中国（杭州）知识产权·国际商事调解云平台"等等。然而，在推动群团工作高质量发展的进程中，制约与短板仍然存在，群团组织人员力量、阵地资源、信息沟通亟待有效整合。杭州成立由市总工会牵头、15个群团组织共同参与的数智群团建设工作专班，打造了以"1＋5＋1＋N"为主体架构的"数智群团"系统，包括1个一体化数字驾驶舱、5大协同管理系统、1个群团公共服务平台和N个重点应用场景。其中，一体化数字驾驶舱是群团系统数字化集成展示和综合分析平台，具备数据实时抓取、深度分析、动态呈现等功能。五大协同管理系统即组织共建系统、阵地共拓系统、活动共推系统、资源共享系统、风采共展系统，以群团资源数字化和跨部门数据归集共享为侧重，打通群团组织与政府部门、社会组织、企业等数据壁垒，实现群团资源整合、力量融合、工作聚合，推动群团由"群"向"团"转变。公共服务平台是数智群团服务端，通过对群团资源和服务的数字化、集成化，打造群众爱用管用的群团集市。

同时，"数智群团"系统还按照"大场景、小切口"的思路，聚焦群众和基层群团组织的高频需求，上线了一批跨群团、跨业务的综合应用场景，包括以区域化群建为重心的群团共建应用、以凝聚社会力量为目标的群团重大活动共推应用、以网络化动员能力为核心的群团动员应用、以响应群众呼声为要求的"你呼我应"应用、以畅通社会参与渠道为重点的"我要参与"应用等，真正让"数据多跑路，群众少跑腿"，以数字化推动群团工作流程再造、规则重塑、功能融合和服务直达，进一步提升数智群团服务黏性和群众获得感。市民由支付宝搜索"数智群团"、进入"群团集市"，即可快速使用各群团提供的生活服务、维权帮扶、公益救助等应用，查找身边的阵地资源与各类活动安排，了解各群团的重点工作与特色做法，群众、企事业单位、社会组织等也可以在这里发起活动，经审核后同样可以展示。兜底性服务应用"你呼我应"，对接群团组织与用户的个性化咨询，实现群众有需求、群团有回应。"百姓助联汇"依托社会救助"一件事"工作机制和大救助信息系统，积极整合职能部门、救助单位、社会组织资源，首创"公益资源一站联、救助平台一网联、幸福清单一码联、项目社工一岗联、慈善超市一卡联"五联机制，着力解决群众最关心、最直接、最现实的问题。

案例：临安青山湖党群超市圈

2020年以来，为积极贯彻落实中组部打造党群服务中心"15分钟服务圈"要求，青山湖科技城创新推出以企业和党员群众为服务对象的党建品牌——10分钟"党群超市"圈，即以科技城党群服务中心为圆心，以"10分钟"车程为服务半径，把100余项服务、活动清单摆上"党群超市"货架，为300余个党群组织、千余家企业和各类人才提供从工作到生活全方位的服务。每年年末，科技城党群服务中心就为下一年党群服务中心的活动方案多方对接资源，设计活动方案，并通过青山湖"云党建"网店提前发布预告。需要参加活动的，扫"党群超市"服务码，即可预约报名。2021年以来，"党群超市"面向不同层面、不同性别、各个年龄段的各类主题活动排得满满当当：面点、甜点制作，应急救护知识，垃圾分类，法制讲座，健康知识讲座，企业安全生产，消防安全，交通安全，少儿培训，党建参观，瑜伽，插花，舞蹈，书法，茶艺，化妆，演讲与口才，亲子课程，"小候鸟"暑期主题活动……

2021年，作为建党百年的特殊年份，大小活动更是多达300余项。除了举办旨在丰富业余生活、颐养性情、陶冶情操的各类主题活动，"党群超市"里还有名目繁多的各种服务项目，以"连锁超市＋网店""超市服务员＋网店快递员"的模式，开展送服务上门，为企业职工和群众解决急难愁盼之事。"党群超市"的"连锁超市"就开在科技城旗下的"五大中心"（分别是：企业服务中心、科技与人才服务中心、建设管理中心、招商服务中心、社会治理中心）。每个月的25日，科技城的全体机关党员，都会与企业服务中心的"超市服务员"们联合开展企业走访活动，了解企业诉求，帮助解决企业在生产或发展中的困难和问题；人才服务中心"超市"则会定期举办人才沙龙，涉及人才资格认定、政策补贴申领、人才项目申报、子女读书就学等方面的事务，由"超市服务员"们提供跑腿服务；招商服务中心"超市"则负责给新入驻的企业建立临时党支部或联合党支部，让初来乍到的党员们有一个临时安顿的"家"……

四、乡村治理整体智治

创新乡村治理体系,实现乡村善治是推进国家体系和治理能力现代化的重要基石。"数智"是杭州的重要特点,也是杭州的优势所在。按照杭州"十四五"规划,数字技术将会被广泛而深入地运用于产业、治理、民生等诸多方面,成为杭州高水平打造"数智杭州·宜居天堂"重要牵引。在这一背景下,大力推进数字乡村建设、实现数字赋能乡村振兴,也必然成为"十四五"杭州全面推进乡村振兴的一条重要逻辑。从推进的具体思路来看,数字赋能乡村振兴首先要从乡村数字新基建入手,全面提升乡村信息基础设施水平,推进乡村山水林田湖草等自然资源、集体"三资"、乡村"人房企事"等基础信息资源的数字化管理。在此基础上,数字赋能乡村振兴应重点体现在三大领域。一是数字赋能乡村产业振兴,突出表现为推进数字技术与农业全产业链深度融合,推进农产品生产、加工、销售以及乡村旅游服务业的数字化改造和转型;二是数字赋能乡村有效治理,突出表现为按照"整体智治"理念,以"一基两擎三集四平台"为基本框架,加快数字治理应用场景开发,实现乡村治理理念、手段、方式的智慧化;三是数字赋能乡村公共服务,突出表现为以深化"最多跑一次"改革为引领,全面推动数字服务与乡村生活相融合,加快推进乡村医疗卫生、文化教育、居家养老、社会救助等领域的数字化转型,提升农民获得感和幸福感。

杭州坚持走乡村善治之路,形成了具有杭州特色的乡村治理体系。一是党建引领聚合力,着力增强基层党组织的政治领导力、自身战斗力、群众组织力,不断筑强乡村治理"主心骨"。二是自治为基增活力,落实好民主选举、民主决策、民主管理、民主监督"四个民主",激发村民自治积极性主动性。三是法治为本强保障,扎实做好普法宣传、民主法治村(社区)创建、法律服务等工作,引导乡村干部群众"办事依法、遇事找法、解决问题靠法"。四是德治为先树新风,实施乡风文明培育行动,加强农村文化引领,发挥道德模范作用,让社会主义核心价值观在乡村落地生根。五是整体智治破难题,全面推进乡村自治、村务监管、平安治理、为民服务数字化,实现乡村"治理"变"智理"。六是制度赋能管长远,不断健全党建引领、村民监督、干部激励、要素保障机制,为乡村振兴提供有力支撑。要以乡村善治为抓手,创新提升乡村产业业态,持续开展"绿水青山就是金山银山"生动实践,构建完善共同富裕体制机制,加快把"农业强、农村美、农民富"的美好愿景变为现实。

数字鸿沟将重新拉大城乡差距,还是通过数字赋能促进城乡共同富裕,是近年来政、商、学界担忧、关注和讨论的热点。乡村人口分散且教育程度较低,产业技术水平低,加之我国的小农经济特征,很难发挥数字技术的效能。阿里巴巴集团将钉钉、菜鸟、高德导航等数字化业务植入,以数字赋能实现实体产业效率提升和振兴,助力农业、文旅业绿色化发展,形成乡村基层共建共治局面,促进党群和谐氛围。这是互联网企业利用其数字化商业生态推动共同富裕的乡村振兴新模式,值得大力推广。而作为绘就共同富裕大场景下新时代美丽乡村新图景代表之一,杭州也在上下聚力,将美丽乡村建设成为农民幸福生活的美好家园、市民旅游休闲的理想乐园、大众创业创新的希望热土、浙江共同富裕的展示窗口,努力为全国推进乡村振兴和全体人民共同富裕贡献更多的浙江力量。

案例:临安区"天目云农"数字乡村建设

　　临安打造的"天目云农"数字化应用场景,实现数智种植、数智灌溉、数智施肥和数智收割全景在线,确保粮食功能区快速完成"非粮化"整治、监管,全部退林还耕,恢复种植水稻小麦等粮食作物。该平台归集全域涉农数据,目前已打通18个部门。在完善信息基础设施方面,全区建设4G基站3000余个、5G基站997个,开发智慧农村总平台和60多个个性化子平台,平台产品和高速宽带惠及近5万户家庭。通过数字化平台,临安普遍推进美丽田园建设,打造了一批智慧农业示范区和农旅结合网红点。以天目山镇为例,当地搭建了农业全产业链服务平台,并结合本镇水稻种植面积提升育秧烘干中心和种子种苗繁育基地建设,开展优质稻米精深加工,"线上线下"推出农耕体验和土地认养计划,建设农产品展销直播中心,实现产学研结合、一二三产业深度融合发展,目前天目山镇数字田园共享经济已走在整个临安前列。不仅如此,紧紧围绕村民"急难愁盼"问题,当地着力提升住房安居、普惠金融、医疗卫生等各领域服务保障水平。如在住房安居方面,临安创新农房全生命周期综合管理服务应用,实现农房审批办证"零材料"、建房监管"零盲区"、贴心服务"零距离"、安全管理"全覆盖"。

五、数智政府建设

　　数字化改革最早只是从政务服务开始,逐渐涵盖了政府履职的六大领域(经济调节、公共服务、市场监管、社会管理、环境保护、政府运行),后又拓展到五大领域(党政机关整体智治、数字政府、数字经济、数字社会、数字法治),如今更是一体化、全方位、各领域推进。数字化改革难点痛点都在基层,很多的创新的想法也来自基层。数字化只是一种手段,改革才是落脚点,治理体系和治理能力现代化才是我们的目标。

在数字化改革过程当中,政府部门的出发点是惠民利己、好用管用,最终要实现的是服务两端、大道至简。例如2020年推出的"亲清在线"就是通过数据的赋能、业务流程的协同、场景化的设置,为企业提供"一键直达"的服务。这就是在原来政务服务上实现了跨越式的升级,让政府和企业、企业和社会共享数字红利。"数智杭州"平台能将种类繁杂的各项业务办理情况进行智能数据分析,并绘制成一目了然的图表,这一强大的功能极大程度上提高了政务数据应用水平。例如"亲清余杭"能辅助政务服务,把分析出的问题落到行动中,最终解决问题,其中的"智能机器人"能通过汇集政策,补充知识库的自我学习,实现人机交互,在线答疑。

(一)电子签章"e 签宝"

随着政务服务场景的推广和"最多跑一次""掌上办理"的模式推出,更多的电子印章需求由政府内部审批盖章,延伸到政务服务场景下的个人和法人签章的外部需求。随着各地政府数字化转型工作的不断推进,政务信息化的架构正在经历新的变革,包括对政务信息化管理架构、业务架构、技术架构的重塑。架构的重塑直接影响了像电子印章平台这类系统,模式上也正在实现由分散向整体转变、由单部门办理向多部门协同转变、由一次性建设向持续运营转变。"十四五"规划要求推广应用电子印章,提出了"五电体系",包括电子证照、电子合同、电子签章、电子发票和电子档案。数字化转型对生产方式、生活方式、治理方式发生了改变,电子签章是数字化应用,是数字化转型的非常小的切口,能够撬动数字政府、数字经济、数字社会领域的大量业务场景,是数字化转型的有力抓手。"e 签宝"新技术的融入,让行业进入"智链时代"。电子印章将全流程证据上链,构建从申领到使用,从使用到司法诉讼的闭环。解决传统电子印章制发、应用和司法各环节割裂的问题。"e 签宝"建设的区块链电子签章公共服务平台,施行"1+2+N"行动计划,在政务服务中真正实现零见面审批、一次都不跑,在商业场景中推动企业将更多的工作从线下搬到线上,加速城市产业数字化转型进程,优化城市营商环境,赋能政府监管决策。平台在优化政务民生与优化营商环境领域提供丰富的服务场景,具体有企业商事、网上授税、人力社保办理、公积金办理、企业年报、网上招投标、不动产网上登记、土地出让(云上供地)、房屋买卖"云签约"、线上行政审批、水电煤开户缴费、电子劳动合同(备案)、电子旅游合同(备案)、行政处罚等等。

(二)不动产登记

杭州市以开展不动产登记地方立法为契机,全面贯彻落实上位法要求,着力构建具有杭州特色的土地、房屋登记制度,固化"放管服"改革及优化营商环境的实践经验,进一步发挥数字化改革对不动产登记的"数智赋能"作用,推进服务模式创新、流程再造、系统重塑,更好地方便企业和群众办事,成为"数智杭州"建设的又一个标志性成果。其中,重点打造"购房一件事"跨部门多业务协同掌上办应用场景,具体包含以下部分:(1)打包服务。将群众眼里与"购房"相关联的多个高频办理事项打包为"一件事",实行统一入口、一网全办。(2)提速服务。将申请和审批都搬到线上,实现随时随地在线"掌上办理",享受足不出户的"身边服务",全程无纸化、零次跑,最快可提速50%以上。(3)信息服务。全流程透明可视化,用户可随时登录、在线查询各环节办理状态,并可一网通查全市预售楼盘全量信息和存量房源挂牌信息。(4)陪同服务。房管部门和两家试点银行(杭州联合银行解放路支行、工商银行杭州分行)将全程跟踪运行情况,一对一提供陪同办理服务。

(三)"身份证电子化"

让数据多跑路,让群众少跑腿,这是"放管服"改革核心内涵。为了让两地之间个人信息对接更直接更充分,窗口单位的"后台"支撑就更为重要。"门难进、脸难看、事难办"固然已成历史,精细化服务则须更进一步,条块割据、信息"孤岛"要扫除,"如何证明我妈是我妈"更要坚决杜绝。杭州市以身份证电子化为撬动,加快推进电子证照扩大应用领域和全国互通互认,实现更多政务服务事项网上办、掌上办、一次办。事实上,国务院办公厅之前就发文提出,到2022年底前基本建立全国一体化政务服务平台电子证照共享服务体系,企业和群众常用证照基本实现电子化,与身份证电子化的相互补充,必将支撑起中国改革加速发展的个人信息基本盘。推进身份证电子化,既需大刀阔斧,也要缜密行之。李克强总理提到,"我们也要为那些不用智能手机的人,特别是老人提供便利,还要保障公民的信息安全和隐私。"①坚持分类指导,坚持化繁为简,由易入难,稳步推进,照顾到最广大多数人的利益需求,赢得最广大多数群众百姓支持,才能让这项重大改革举措行稳致远。

案例:建德"数智之路"的探索

建德市开发了"村级工程'一件事'智慧监督系统",综合分析近3年涉及村级工程领域的违纪违法案件和信访举报件,梳理形成8大类易发多发

---

① 李克强总理:今年要实施身份证电子化[A/OL].中青在线,http://news.cyol.com/gb/articles/2022-03/11/content_eAoZPh4PO.html.

问题,进行风险精准把控;"城乡供水数字化平台"聚焦城乡同质饮水和城乡供水安全,强化城乡供水工程行业监管服务,利用数字化手段集成创新,构建"一库、一图、一网"全覆盖的城乡供水数据库;"建德智慧治气平台控制中心"实现重大项目管理全过程动态督查,构筑智能化"蓝天防线"等一系列全新的数字化应用场景,实现便民利民。

2021年,建德为全力拥抱数字化改革,提出"15234"工作法。其中,"1"是指一个工作目标,"一年出成果、两年大变样、五年新飞跃",引领数字化改革工作;"5"是要以年度任务清单、月度工作清单、每周计划清单、场景深化清单、试点争取清单等"五张清单",来分解数字化改革任务。"2"则指两大载体,构建专班运作机制与全市"晾晒比拼"机制,推进数字化改革见效;再强化例会机制、通报机制、督查机制等"3"项机制保障数字化改革落实,力争通过"一体化"协同、"一件事"集成、"一揽子"创新和"化整为零"多点突破"4"个方面,创新数字化改革亮点。到2021年底,建德将初步建成一体化智能化公共数据平台,实现"数智建德"总门户与党政机关整体智治、数字政府、数字经济、数字社会和数字法治5个综合应用功能全上线,推出10个以上创新应用场景。

六、杭州"互联网十"城市治理的主要做法

《中共中央 国务院关于进一步加强城市规划建设管理工作的若干意见》强调推进城市智慧管理,促进大数据、物联网、云计算等现代信息技术与城市管理服务融合,提升城市治理和服务水平。近年来,杭州积极实践"互联网十"行动计划,通过市级引导、市区联动,大力推进移动互联网、物联网和云计算等新一代信息技术在城市治理中的广泛应用,以"智慧城管"平台为主体,综合手机客户端、微信、微博、QQ等为辅的"一主四辅"载体,打造管理、服务、宣传、运营、互动等"五位一体"的城市治理"互联网十"新模式。

(一)"互联网十"管理,提升管理工作能力

杭州不断探索政府、社会、市场三方之间的合作关系,通过融合门户网站、微信、手机客户端等资源,鼓励市民发现并上报城市问题,发现问题手段不断社会化、丰富化。通过微信、微博、QQ等方式,及时发布城管实事工程信息,对市政设施改善、防洪排涝、排水管道抢修等城市问题进行全面监管、高效处理、及时反馈,提升了城市治理的应急响应能力。杭州市城管委为提高城市治理效率、创造城市服务体验,利用互联网倾听民意、服务民生,研发了"贴心城管"手机客户端,

使城市治理服务智能化、科技化,市民可随时随地与城市管理部门进行互动。

(二)"互联网＋"宣传,增强社会影响力

为使市民获得城市服务体验,杭州市城管委与本地主流报媒、电视频道及各类新媒体等协同合作,开展了推广报道工作,并得到了广泛关注。相关创新成果被新华社、人民网等 10 余家全国性媒体报道或转载。时任深圳宝安区委书记黄敏曾在《南方都市报》报道中表示要借鉴杭州"智慧城管"的做法,杭城社会影响力得以体现。

(三)"互联网＋"运营,推动全民共管进程

杭州市城管委引入互联网思维,运用市场化手段,探索建立健全运营机制。通过进一步完善功能体系和增值服务体系,进行常态化宣传,提高了市民参与城市治理的积极性,打造了"全民共管"的社会治理体系。通过手机客户端开展"骄傲环卫人""最美城管人"等活动,在微信和微博公众号中发布公益信息、环保常识、光荣事迹等,宣传杭城动态,传递城市正能量。

(四)"互联网＋"互动,促进应急指挥保障

利用互联网平台,简化城市治理的互动和沟通链条,通过信息的快速传递,在同一平台上实现快速互动、动态监管和实时服务,促进了更加快速、精准地实现应急指挥。通过应急指挥平台共享气象和视频监控信息,监控雨水情信息,在防汛抗台、抗雪防冻及重大活动保障期间,合理调配现场人员、物资、设备,确保应急处置科学高效。

第七章　杭州市域社会治理基本经验及启示

市域社会治理要求充分发挥市一级党委政府的作用,通过优化市域社会治理组织体系,提升市域社会治理核心能力,形成"市—区(县、市)—乡镇(街道)"上下联动协调,党委、政府、社会、公众等多元主体合作共治的社会治理新体系,继而在全市域范围内构建形成共建共治共享的社会治理格局。城市是国家政治、经济、文化、教育和信息化建设的基础性平台,是人类生产、生活的重要空间。市域与县域相比,城市治理对象更加多样、风险更大、资源更丰富,一些复杂问题解决更需要市域层面统筹推进。那么在市域社会治理现代化的探索过程中,如何在新的历史起点上加强和创新社会管理,确保社会既充满活力又和谐稳定?面对这一历史课题,我们党给出了科学答案:"党委领导、政府负责、民主协商、社会协同、公众参与、法治保障、科技支撑","最大限度激发社会活力、最大限度增加和谐因素、最大限度减少不和谐因素"。杭州市创造性地把中央精神与地方实际相结合,坚持创新社会治理与加强社会建设、提高文明水平"三位一体"的总体思路,使创新社会治理的实践富有成效、兼具特色,对于我们进一步加强社会建设、创新社会治理富有启发意义。

一、加强基层社会治理工作是国家治理体系和治理能力现代化的关键

推进基层社会治理现代化,是一项整体性、系统性、探索性都非常强的社会工程。基层是社会治理的基础,加强基层社会治理工作是国家治理体系和治理能力现代化的关键,也是杭州打响全国最安全城市品牌、推进世界名城建设的基础性工程。我们要从四个维度上进一步提高对加强基层社会治理工作重要性的认识:

（一）加强基层社会治理工作，是全面构建城市基层党建新格局的题中之义

办好基层的事情，关键靠党，其根本在于加强基层党组织的领导力、凝聚力、战斗力。杭州市委出台了《关于加强新时代城市基层党建工作的意见》，对推动街道、社区职能向公共服务、公共安全、公共管理转变作出了明确规定，在探索城乡基层社会治理新实践上迈出了重要一步。用党的建设来引领基层社会治理工作，是总结提升推广新时代都市版"枫桥经验"和G20杭州峰会维稳安保工作经验的重大突破，不仅有利于完善党委领导、政府负责、民主协商、社会协同、公众参与、法治保障、科技支撑的社会治理体制，而且也有利于重塑城乡基层治理结构，促进转型升级，夯实基层基础，不断提升基层社会治理能力。

（二）加强基层社会治理工作，是总结提升推广新时代"枫桥经验"的基本内容

浙江是"枫桥经验"的发源地，要对新时代"枫桥经验"进行总结、提炼，推动其由促进乡村治理体系建设向促进城镇、社区治理体系建设延伸。杭州通过开展全科网格建设、三治融合、社会组织参与、在线矛盾纠纷多元化解、雪亮工程建设、社会心理服务体系建设等"六大工程"，让"枫桥经验"在杭州这座城市里落地生根，焕发崭新的生命力，努力打造具有杭州特色的都市版"枫桥经验"鲜活样本。

（三）加强基层社会治理工作，是推进社会治理体系和治理能力现代化的必然要求

党的十九大提出要构建共建共治共享的社会治理格局，推进社会治理体系和治理能力现代化，其重点和难点都在基层。当前，我国基层社会利益关系日趋复杂，社会阶层结构分化，"无边界社会"特征凸显，互联网影响日益加深，安全风险跨界性、关联性、穿透性日益增强，给做好新时代基层社会治理工作带来新挑战。深化"基层四个平台"，推进新时代"枫桥经验"六大工程建设，根本目的在于固本强基，更好地推进资源整合、重心下移、力量下沉，并以此为牵引，带动和提升基层社会治理整体水平，实现矛盾隐患不上交、不转移。

（四）加强基层社会治理工作，是促进乡村振兴的重要抓手

党的十九大明确指出，"三农"问题是关系国计民生的根本性问题，必须始终把解决好"三农"问题作为全党工作重中之重。基层社会治理工作在乡村振兴中不仅起到"保驾护航"的作用，还起到"助推加速"的作用。没有强有力的基层治理能力，乡村就没有稳定的发展环境，乡村振兴就只是纸上谈兵，杭州世界名城

建设、全省"两个高水平"建设也会深受影响。我们要积极改变思维角度,自觉将单一、被动的"保障发展"观念转变为多元、主动的"促进发展"观念,以加强基层治理为突破点,健全自治、法治、德治、智治相结合的乡村治理体系,用强大的基层治理之手,助推乡村振兴走上快车道。

二、杭州创新社会治理的特点

(一)坚持"共享"

强调共享改革发展成果,是杭州创新社会管理实践中的一个突出特点。杭州高度重视民生建设,把民生建设作为创新社会管理的基石,采取一系列措施推动民生改善,充分体现了广大人民共享改革发展成果的理念和公共服务均等化的原则。

杭州本着"取之于民,用之于民"的精神,加大教育、医疗、社保、就业等公共服务领域的开支,为人民共享发展成果提供物质基础;加快城乡、区域协调发展,为人民共享发展成果提供均等公共服务;加快完善就业和社会保障体系,为人民共享发展成果提供社会"安全网";加快建设法治政府和服务型政府,为人民共享发展成果提供组织保证。这些主要措施,提升了城市财富积累与民生幸福要求的同步性。从提升农民富裕程度到服务外来人口,从提升教育质量到加快文化建设,杭州始终坚持经济、社会和民生并重,把提供基本的生存福利均等化作为民生建设的一个重要方面,把促进共同富裕理念融入各项具体工作中。

(二)提升"共识"

在社会大变动、大变革的时代,利益分化、主体多元,在给社会带来活力的同时,也使共识难以达成,而共识的缺失就会增加分歧,继而导致社会治理困境。人的活动总是受一定的价值追求支配的,这就需要在社会交往中提倡必要的共识,以便分辨什么是有意义或可以做的,什么是没有意义或不能做的,从而做到分清是非、好坏、善恶、美丑。一个社会如果没有共识,社会利益就难以得到整合,就会出现相互掣肘、离心离德的混乱情况,甚至会导致社会动荡和解体。

杭州正处于一个全面改善民生、共享发展成果的新时代。在物质生活比较富裕的前提下,健康向上的精神生活越来越成为人们的向往和需求。因此,社会治理创新已经不能仅仅局限于物质的层面,还要重视以文化认同、价值认同为核心的精神层面。杭州有着悠久历史和文化魅力,增强文化认同、提升价值共识已成为杭州创新社会治理的重要选项。面对多元复杂的社会结构、面对经济快速发展对价值体系重构的呼唤,杭州以"我们的价值观"构建活动为载体,在学习中倡导健康文明的生活方式,弘扬社会主义核心价值观,增进社会各界的沟通和交流,促使核心价值体系转化为整个社会所普遍认同和遵守的行为规范,积极塑造各社会阶层都能普遍接受的共同价值观。

(三)促进"共赢"

当下我国社会中存在着不同的利益群体,当这些群体之间的利益差别和利益矛盾被控制在一定限度之内时,社会处于和谐状态;反之,社会就有可能出现不稳定。因此,社会治理的重要内容之一,就是必须统筹协调好各方面的利益关系,妥善处理各种利益矛盾。"共治"使利益攸关方能够达致"共赢",而不是"共伤"。杭州在社会治理创新过程中,能够兼顾各方面利益,充分顾及各类不同人群的利益,为社会各利益群体提供表达意愿的制度平台,使多元社会中的各种利益需求,通过正当、规范的渠道尽可能充分地聚集到党和政府的决策过程之中。杭州市尤其关注弱势群体,使他们的利益诉求能够得到有效表达、正当权益得到有效维护,努力防止和克服"社会拒人、权利亏人、心理贬人、文化伤人"的情况发生。"我们圆桌会""杭网议事厅"等平台,使各阶层在话语权上实现了平等,更好地兼顾了多元利益诉求。对构建和谐劳动关系的重视,使企业家与员工呈现正相关关系,良性互动、互助共赢局面得以形成。

三、杭州创新社会治理的经验

随着改革开放的深入,我国工业化、城镇化、市场化、信息化、国际化进程不断加快,体制转轨与社会转型全面推进,社会结构、社会组织形式、社会利益格局、社会价值理念等都已经并继续发生着深刻的变化,这给传统的社会治理模式带来了新的挑战。杭州有"G20杭州峰会维稳安保经验"和新时代"枫桥经验",应该在创新落实上走在前列。"G20杭州峰会维稳安保经验"的核心是在现代城市通过党建引领、广泛发动、群防群治、智慧支撑,实现法治、德治、自治三治融合,推动社会治理水平提升。新时代"枫桥经验"的核心是尊重人民主体地位,发动群众,依靠群众,就地解决矛盾,实现"矛盾不上交"。从这个角度看,两个经验的理论逻辑和精神内核是共通的,合在一起可以说是都市版"枫桥经验",即以城市党建为引领,以三治融合为依托,以科技运用为支持,坚持依靠群众、发动群众、共治共享,实现城市基层社会矛盾的有效化解、社会治理水平的长效提升。对都市版"枫桥经验",要认清其在新时代社会治理,特别是城市社会治理中的重要价值,更深入地研究完善,率先打造都市版"枫桥经验"杭州样本,为全省乃至全国作出示范。

杭州创新社会治理"三位一体"的总体思路和具体实践,科学把握了创新社会管理、加强社会建设、提升社会文明的关系,实现了三者的统一。纵观整个中国的发展,杭州在许多方面是引领潮流的,其经济的繁荣、治理的有效、文化的品位、较高的生活质量等都展现了新文明的迹象,蕴含了新文明种子的萌芽,甚至让人联想这是否代表了中国的未来。杭州的声音让人关注,杭州的智慧令人期待,杭州的答案给人启迪。

(一)把以民生建设为重点的社会建设作为社会治理创新的坚实基础

加强社会建设、改善民生是加强社会治理的坚实基础和可靠后盾。中国社会正处在转型期,社会矛盾多元、多样、多发。面对错综复杂的社会矛盾,绝不能头痛医头、脚痛医脚。加强和创新社会治理,不能简单地就事论事,就治理抓治理,而要着眼全局,立足长远,标本兼治,源流并举,才能为社会和谐奠定稳固的基石。住房难、上学难、看病难、就业难……这些是百姓反映强烈的话题,也是影响社会和谐的大事。社会治理的难易与社会建设的强弱密切相关。在实践中,社会治理中的矛盾和问题,很大一部分源于社会建设的滞后和空白。

杭州在创新社会管理实践中,集中力量解决关系人民群众生存发展的最现实问题,使广大人民群众日益增长的物质文化生活需要得到最大限度的满足。解决事关群众切身利益的衣食住行问题,实现社会公平正义,让改革发展的成果惠及所有人,使广大民众精神状态好、心气顺,社会治理的科学化水平也得到快速提升。必须加快推进以保障和改善民生为重点的社会建设,把保障和改善民生作为加快转变经济发展方式的根本出发点和落脚点,完善保障和改善民生的制度安排,坚定不移走共同富裕道路,使发展成果更好惠及全体人民。

(二)把提升社会文明作为社会治理创新的推进重点

社会文明与社会治理是正相关关系。社会文明的提升,能够促使社会治理规则从他律变成自律,能够使社会治理从"他管"变成"自理",人们的认同感、参与度都会得到提升。因此,加强社会建设、创新社会治理,不应限于加强社会建设和社会管理的法律、体制、能力建设,而应充分发挥社会主义核心价值体系的导向作用、引领作用,奠定共同的思想基础,形成共同的价值追求。

杭州在推进社会治理创新过程中,一方面坚持依法管理、科学管理、人性化管理,协调社会成员间的经济关系,另一方面强调文化认同和道德约束,关注社会成员间文化关系、道德关系,使社会治理走进文化层面。通过开展"我们的价值观"主题实践活动,用群众耳熟能详的语言、喜闻乐见的形式进行社会主义核心价值体系的宣传和普及,使广大社会成员能够体认共有的文化血脉、共同的价值追求、共同的思想基础,结成更为牢固的文化共同体,使社会精神生活更加和谐,社会文明得以提升,社会治理成为更加自觉的过程。

（三）把体制机制建设作为创新社会治理的核心抓手

体制机制创新是社会治理创新的核心。社会治理不是动员口号,也不是社会运动,而是一项事关长远和全局的基础工程,不能"头痛医头,脚痛医脚","出了问题才管",缺乏主动性、系统性和长效性。因此,加强和创新基层社会治理,必须以体制机制创新作为保障,以实现社会治理和服务的常态化、机制化。只有体制机制创新了,社会治理创新才是可持续的、有生命力的。杭州在创新社会治理的实践过程中,立足省情市情,不再"摸着石头过河",而是着重体制机制的顶层设计,创新"管什么""谁来管""怎么管",形成一整套长效机制。在"管什么"方面,积极推进政府服务创新,制定城市重大工程建设社会参与机制,完善权力阳光运作机制等,实现从"大政府、小社会"到"小政府、大社会"的角色转换;在"谁来管"方面,积极完善以党委、政府、社会组织和公众为管理主体的社会治理格局,加强和创新党委领导、政府负责、社会协同、公众参与的内容和形式;在"怎么管"方面,积极完善各种社会互动机制,形成科学有效的利益协调机制、利益诉求表达机制、矛盾纠纷排查调处机制、权益保障机制等,统筹协调各方面利益关系,加强社会矛盾源头治理。

（四）把数智化作为创新社会治理的重要路径

杭州在数字化社会治理方面积极探索,2016 年启动"城市大脑"项目,推出《"城市大脑"智慧城市建设计划》,期望将杭州打造成一座能够自我调节、与人互动的城市,包括阿里云、富士康、依图科技等 13 家企业参与建设。目前,杭州"城市大脑"已建成完整的数据资源管理体系和中枢系统,整合 69 个单位 1547 亿条数据。2020 年底,已有 1.22 万个接口接入"城市大脑"中枢,累计协同次数 35.7亿次,中枢迭代了五个版本,开展了"一码解纠纷""统一地址库""数字驾驶舱""街区治理"等实践探索。杭州"城市大脑"探索与"基层治理四平台"相融合,不断推进社会治理领域的数字化改革。对标省会城市示范领跑的标准,全力抓好"四个平台"建设,努力构建起权责清晰、智慧集成、扁平一体、运行高效的基层治理运行管理机制,在街道职能优化、平台智慧运行、全科网格基础、工作力量下沉等各个方面走在全省前列,作出示范表率。要纠正"唯数字论"的倾向,更多地把群众是否满意、是否知晓、是否参与作为工作评价标准,切实提升人民群众的安全感、幸福感、获得感。杭州"城市大脑"建设在公共数据平台,数字政府、数字经济、数字社会和数字法治等综合应用上都形成了特色场景并取得了显著效果。在网上办规范化、程序化以后,要进一步解决清单以外的非常规问题,做好问情于民、问需于民、问计于民、问绩于民,并形成可操作的普适性工作机制。

四、杭州创新社会治理的启示

杭州努力探索符合自身特点的社会治理新路，富有创见，取得实效，贵在"五个坚持"，是社会治理创新的一般性原则，具有一定的普适性。

（一）坚持以人为本，促发展、惠民生，切实解决群众的利益诉求

以保障和改善民生为重点，着力解决好人民群众最关心最直接最现实的利益问题，这是社会建设的核心内容，也是社会治理的重要依托。加快以改善民生为重点的社会建设，回应老百姓普遍关心的热点难点问题，积极解决教育、就业、收入分配、社会保障、医疗卫生等直接关系人民群众现实利益的问题，努力使全体人民学有所教、劳有所得、病有所医、老有所养、住有所居，这是党和政府的郑重承诺，应成为各级政府的具体行动。

杭州把维护好、实现好、发展好人民群众的根本利益作为创新社会治理的出发点和落脚点，加快推进以保障和改善民生为重点的社会建设，不断完善保障和改善民生的制度安排，加快发展各项社会事业，推进城乡基本公共服务均等化，把更多的钱花在老百姓身上，有条不紊地推进民生工程，为社会治理奠定坚实的体制基础、工作基础和群众基础，这是对中央精神富有创造性的落实。

（二）坚持群众路线，相信群众、依靠群众、服务群众

群众始终是我们党的力量源泉，是社会治理的根本。回顾党的奋斗历程，党的事业之所以能不断取得胜利，最重要的一条，就是坚持党的群众路线，最大限度调动社会各阶层、各方面的积极性。社会治理在某种意义上就是做群众工作。群众工作是社会治理的基础性、经常性、根本性工作。今天，面对社会治理领域的新课题，我们既要坚持党委领导、政府负责，也要充分尊重人民主体地位，发扬民主，实现社会协同、公众参与，最大限度地激发社会活力。我们只有坚持全心全意为人民服务的宗旨，坚持一切为了人民、一切依靠人民，不断提高社会治理科学化水平，才能走出一条符合人民意愿、具有鲜明中国特色的社会治理之路，才能建立完善中国特色社会主义社会治理体系。

杭州树立多方参与、共同治理的理念，既充分发挥党委在社会治理中总揽全局、协调各方的领导核心作用，又加强与群众的沟通互动，培养群众的参与协商精神，问政于民、问需于民、问计于民，实现"大家的事大家来办"，增加社会治理的科学性、针对性和有效性，形成推动社会和谐发展、保障社会安定有序的合力。一方面，克服党委、政府在社会治理中包揽一切的做法，力求"到位不越位、正位不错位、补位不缺位"；另一方面，坚持一切为了群众、一切依靠群众，相信群众、

组织群众、依靠群众,探索群众主动参与社会治理的机制和途径,鼓励和支持社会各方更多、更积极、更有效地参与社会公共事务治理,增进社会各方沟通交流,推进各种社会力量在社会治理中的协同互动,形成社会治理人人有责、人人参与、人人共享的生动局面。

(三)坚持立足实际,在把握和尊重客观规律的基础上推进创新

推动社会治理,需要发扬改革创新精神。各个地方各具特色,经济发展水平、人文历史状况都有很大不同,社会治理创新没有现成的"模板"可以套用。借鉴经验不等于照抄照搬,中国40多年来的改革开放之所以取得巨大成功,与敢于打破常规、创新发展有着密切关系。创新社会治理的新征程,同样需要大力发扬改革创新精神,但同时改革创新精神不能脱离实际。基于客观实际的改革创新,是对规律的认识和把握。规律是客观的,不以人的意志为转移。在社会治理创新中,按规律办事,就是尊重社会建设的规律、社会发展的规律。

杭州社会治理取得了创新性发展,同样在于正确处理改革创新与实事求是的关系,既坚持改革创新,又脚踏实地,既不好高骛远,也不裹足不前。杭州在推动社会治理创新过程中,从内外两个积极性的实际出发,一方面紧紧抓住党中央、国务院和省委省政府的相关精神,另一方面利用自身优势,结合自身特点,采取了一系列措施,推进社会治理,取得了良好效果。杭州从实际出发的社会治理创新,对各种意见、设想和方案进行多方面的分析和比较,所作出的决定考虑了多种因素,相当程度上避免了主观主义、教条主义和经验主义。

(四)坚持社会治理数智化建设

新发展阶段的新要求、浙江改革面临的新任务、亚运会对杭州社会治理的高标准严要求、数字技术的发展等,对杭州社会治理数字化建设提出了更高要求。杭州市持续优化系统架构,打造了一批立足市场有效、政府有为、社会有序、治理有方、群众有感,具有全国影响力的特色场景,推动数字政府各领域改革不断走向纵深,努力在全省数字政府建设中展现头雁风采。在数字社会治理方面,运用系统观念、系统方法和数字化手段,从"制度""治理""智慧"三个维度推动"四平台"与"城市大脑"的全方位、系统性、重塑性改革,建立整体智治的治理体系。统筹协调"四平台"与"城市大脑"融合,开展多跨协同改革,推进办事模块化、系统化集成,通过技术化、数字化、内部化等方式,提升整体效能。从权责匹配、资源配置、激励机制、平台架构、治理规则、应用模块、治理生态以及制度建设等方面,建立整体智治视角下的基层数字治理体系。杭州的数字化改革与行政改革、流程再造、制度重塑相结合,并非单纯的软件堆砌,具有较强的创新价值。

(五)坚持党建引领基层社会治理创新

杭州把巩固党的执政基础作为贯穿基层社会治理的一条红线,探索党建引领基层社会治理的有效路径。一是要强化政治引领,加强和改进街道社区党组织对城市基层各类组织和各项工作的领导,注重发挥统一战线成员和新的社会阶层人士等作用。二是要强化组织引领,发挥党组织凝聚各类组织的核心作用,健全街道社区党组织领导基层群众性组织开展工作的各项制度,积极把党组织的主张转化为群众的自觉行动。三是要强化能力引领,发挥党组织在做好群众工作、化解各类矛盾、促进和谐稳定、加强社会治理等方面的独特优势,切实提高基层治理的能力水平。四是要强化机制引领,健全党组织领导下的居民自治机制、群团带动机制、社会参与机制、共建共享机制,推动基层党建制度与基层治理机制有机衔接、良性互动。五是鼓励大胆创新促提升。充分发挥"基层治理四平台"作用,带头运用现代科技手段,把平台打造成为事件发生、流转、处置、反馈、考核等的一体化系统。同时,积极引导、鼓励基层因地制宜开展基层社会治理创新,通过开展试点、推广经验、形成制度等程序,把凡有利于发现基层矛盾隐患、有利于促进问题妥善解决、有利于提高工作效率的好经验,都固化、升华、推广为全市性的基层社会治理工作方法,努力形成以点带面、全面提升的生动局面。六是要加大对基层社会治理工作的投入力度,进一步落实人财物保障,争取将调解工作经费、专职网格员报酬、信息采集上报"以奖代补"、政府购买服务等列入财政专项经费。要优化整合各类人才队伍建设专项资金,大力支持社会治理人才的培养、开发和引进。七是要通过放宽门槛、强化政策扶持等举措,支持、鼓励和引导社会各方积极参与基层社会治理。

加强社会建设、创新社会治理,是党中央全面把握国内外形势,从党和国家事业发展全局出发作出的一项重大战略决策。杭州市结合社会治理领域出现的新情况、新挑战,坚持加强社会建设、创新社会治理、提升社会文明"三位一体"的总体思路,着力形成具有地域特色的社会建设和社会治理体系,为科学发展、转型升级、富民强市营造了良好的社会环境。其做法和经验,为全国其他地方有效协调社会关系、规范社会行为、解决社会问题、化解社会矛盾、促进社会公正、应对社会风险、保持社会稳定,提供了重要借鉴。

第三篇
县级服务型政府建设与县域社会治理

　　自古以来，"郡县治，天下安"是国家治理者的共识。特别是在当前我国实行分税制的情况下，县级政府需要承担大量的基层公共服务、公共物品供给职能，其中就包括公共卫生、基础教育、农村金融、公共安全和社会保障等近年来引发强烈关注的领域。也正是在这个意义上我们称之为"准"基层政府。县级服务型政府改革已成为我国下一步改革的关键点。

第八章　县级服务型政府建设

我国建设服务型政府已经有 20 余年,取得了骄人的成绩,尤其是县级服务型政府建设颇为引人瞩目。从政府提供服务的角度上讲,县级政府处于中国"准"基层政权的特殊位置,是全国服务型政府建设的重点和突破口。因此,服务型政府在县一级的建设是判定我国服务型政府整体建设成功与否的试金石。目前我国的县级政府治理改革虽然已经有了长足进步,但相对于整个政府体系的总体改革要求仍然有较大差距。

一、建设县级服务型政府的意义

近年来,由于建设理念、财政状况、旧有体制等因素的综合作用,县域社会中产生了严重冲突,基层矛盾尖锐。按照公共行政学理论,不同层级的政府应该具有不同的职能重点。在 1957 年发表的《地方政府功能的有理范围》一文中认为,地方政府较于中央政府,其更接近"顾客",因而对所管辖地区的居民"顾客"的效用函数和公共产品需求数量更为明晰。奥茨在《财政联邦主义》一书中也异曲同工地指出,对于某种公共产品来说,与其让中央政府向全体选民提供任何特定的并且一致的产出的公共物品,不如将此权力让渡给地方政府,因为地方政府为其选民提供公共物品更容易达到帕累托最优。分散化决策理论认为,地方根据自身情况作出差异化公共服务提供的行为将有利于实现最大化社会福利,而集中决策则可能降低这种社会福利。西方建设福利国家的经验是,除了具有全国性的公共产品或具有规模效应的公共服务外,其他公共服务应尽可能地下沉到较低层级的政府中去。二战以来,西方福利国家提供公共产品和公共服务的职能已经大部分下放到地方政府,准确地说,西方的"福利国家"更接近于"福利城镇"。20 世纪 80 年代以来的西方国家地方政府再造理论与实践,为我国县级服务型政府建设提供了重要的理论支持与难得的经验参考,也使得我们清楚地认识到我国县级服务型政府建设的重要意义。

首先,县级服务型政府的建设是社会主义市场经济发展到当前阶段的内在要求。当前我国正处于社会、经济、文化、政治体制等转型的关键时期,各级政府都面临着行政体制改革深化、政府职能转变的重大历史课题。随着生产力的不断发展,社会主义市场经济体制的逐步建立与完善,必然要求有与之相应的运转和谐、行为规范、廉洁高效、公正透明的行政管理体制。在当前的社会主义市场经济条件下,政府的职能范围应该是有限的,政府的"看得见的手"只能用于纠正市场失灵、弥补市场缺陷造成的损失,以及为公众提供市场所不能提供的或不能有效提供的公共物品和服务,维护市场经济秩序,制定公平的市场"游戏规则"并予以监管,为市场参与主体创造良好的市场发展环境。

生产力发展到目前的后工业时期,要求县级政府必须加快建设服务型政府的步伐。在县级政府职能转变方面,目前最紧要的是应当如何解决县级政府的经济调节、市场监管、社会治理与公共服务职能之间的关系问题。市场经济初期,我们的政府承担了过多的经济职能,甚至主导了经济的发展,严重干扰了市场应有秩序,如一些县域连企业生产什么、农民种什么都要进行干预。在政府评价体系中,县级政府的政绩基本上与经济建设挂钩,GDP占政府考核的比重居高不下,这直接导致了政府忽视了公共服务与社会管理职能,没有努力去营造良好的市场氛围,而是去扭曲市场的运行机制,既当了裁判员又当了运动员,使资源难以进行优化配置。而且由于政府在基础建设、形象工程、各式改造工程的过多投入,导致政府在公共服务投入上捉襟见肘,使得县级政府在社会治理上经常缺位。实际上,政府不应该只盯着经济上的数据波动,还应该认识到地方经济增长本身并非发展的目的,只是实现社会发展的工具。因此,县级政府在后工业社会必须将改善社会治理和提高公共服务质量作为自身应履行的首要职责,从过去全能型政府转向有限政府,从管制型政府转向服务型政府,切实把政府职能集中到宏观调控、市场监管、社会管理和公共服务上来。[①] 西方发达国家政府早已经意识到这一点,在20世纪80年代纷纷加入以公民为中心的政府体制改革中来,以适应时代的变化。

其次,建设县级服务型政府是巩固脱贫攻坚成果的必由之路。县级政府处于"准"基层政府的地位,其既是国家政策的具体执行机关,同时还发挥着基层公共决策的领导作用。市场经济的确立、新农村建设的成效都在不同程度上推动着县域经济的发展,这使得落后地区、农村地区以及城区的中下层民众对公共服

---

① 殷萍.县级服务型政府研究[D].长沙:湖南大学,2009:34.

务的需求呈现出不断增长的态势。而由于旧有体制和价值标准的制约,县级政府没有跟上中央的改革步伐,在基本公共服务的供给上严重不足,使公众的诸多诉求无法得到有效满足。因此,县级政府应不断增强公共服务的供给能力,竭力满足公众对优质高效的公共服务诉求。在这个层面上看,构建县级服务型政府是不断满足人民群众日益增长的公共服务需求、建立新型的政府与公民关系、维护地区稳定的必由之路。这有赖于政府各条关系的理顺、职能的明晰、任务的合理分配,以及经济社会的持续发展。

再次,县级服务型政府的建设有利于政府行政管理职能的深入贯彻与落实。政府履行其公共服务职能有两个要求,其一是需要构建一个实现公共服务均等化的政策体系,其二是必须确保这一揽子计划得到有条不紊、实实在在的执行。前者是对中央政府宏观调控方面提出的要求,后者则更强调基层政府特别是县级政府执行政策能力。从《中华人民共和国地方各级人民代表大会和地方各级人民政府组织法》可以看出,各级地方政府职能的界定大体相同,县是职能最为完整的最低层级的政府,而乡镇政府缺少城乡建设、环境及资源保护、民族事务等方面的决策权力,在现实中乡镇一级政府没有财政的支持去履行这部分职责。同时,由于我国政体采取"压力型政府"与"职责同构"形式,更加明确了县级政府的基层执行者地位。在目前学术界热烈讨论并在各地方得以积极实践的"省管县"和"强县扩权"运动中,大多数人更倾向于赋予县级政府相比于原来更多的公共服务职能。此外,我们还应该注意到,在建设社会主义新农村、统筹城乡规划发展成为国家重要发展战略的大背景下,县级服务型政府建设的意义在国家发展层面的作用就极大地凸显出来了。

最后,县级服务型政府的建设是构建和谐社会的必然选择。服务型政府的根本原则是以人为本,政府在这个原则的指导下,尊重公民自由意志,按照民主政府的模式来构建,以为人民服务为宗旨并积极承担公共服务责任。县级政府作为国家最为持续和稳固的细胞,对于政府转型成功与否具有重大意义,可以说县级服务型政府建设的成败直接关系到社会主义和谐社会的构建。正因如此,在县级服务型政府建设时,我们应该更加强调政治体制、经济体制和行政管理体制的优化升级,以行政审批制度的改革为突破口,进一步推动法治政府的建设进程,从而为和谐社会的建设打好公共基础设施等硬件基础,提供制度、观念等软件支持。此外,县级服务型政府建设的推进与深入,不仅有利于改进政府与公众的关系、维护基层政治稳定、促进经济可持续发展,更有利于整个国家和全社会的繁荣、稳定与和谐。

服务型政府是一个适应后工业社会的政府,这个政府拥有高效联络网,并且与互联网对接,可以随时应对网络社会突发的群体事件;它以服务为导向,以人为本,关注公民尊严,帮助人们共享经济发展成果;它是协调公民与社会的亲切窗口,是维护公共生活秩序的有力保障;它自身有严格的自我约束机制、透明的工作流程和工作信息,自觉接受公民和社会的监督。总而言之,县级政府应是自我约束的政府、服务群众导向的政府、高效的政府和纪律严明的政府。

二、县级服务型政府建设中存在的问题及原因分析

回顾过去 20 余年县级服务型政府建设的情况,不可否认成绩显著,但建设中还存在一些问题,下面进行简要分析。

(一)公共资源分配不均

研究部分县近十年的政府工作报告后,我们发现几乎每一年经济领域取得成就所占篇幅都在 60% 以上,部分汇报材料中更高达 80%,可见在县一级组织领导的思维里,经济建设相对于其他领域仍然居于绝对的主导地位。即使在公共服务领域当中,近十年以来政府基础设施建设投入被摆在了突出位置,成绩最多的也是这个领域。很多县明面上以推进服务型政府建设,实际上还是以创造 GDP 为实质,那么这样的建设还是偏离了改革的轨道。

冲动是人类得以生存和发展的重要原因。同样,政府官员作为公共权力的执行者,其不仅具有公务职责的属性,还存在着个体发展的冲动,这种冲动主要表现为对政绩的渴望。如果这种冲动能得到正确的引导,那么就可能对工作有巨大推动,反之,会给国家和人民的利益带来极大的损害。为此,地方政府的评价体系必须加以改变,将官员对于政绩的冲动引导到改善民生、解决民众疾苦上去。值得注意的是,公共服务相关政绩具有非显性化、难以测量的属性,也具有一定的延时性。因此,我们必须建立一套合理的测评方法。长期以来,正是由于经济建设型政府具有可测性,我国大部分地方政府将 GDP、招商引资、基础建设等经济建设层面的成绩作为政府绩效考核以及评价官员工作业绩的主要指标和根据,所以这必然会导致官员把那些看得见、摸得着,能起到立竿见影的工作作为自己首选的政绩增长点,加上国内普遍对以经济建设为中心的理解具有片面性,使得各地方政府皆具有强烈的 GDP 冲动。尽管中央政府一再强调和警告地方官员要树立正确的政绩观,坚持可持续发展,但由于政策惯性以及官员评价体系的偏向性,这种片面追求 GDP 的趋势并没有得到扭转。对于处在承上启下位置的县级政府来说,以 GDP 为主的政绩评价体系难以把县级政府真正引导到以提供优质高效的公共服务为重点的社会建设上去。在这种背离社会发展的政绩观的指引下,县级政府慑于政企分开的要求,虽然不敢再直接投资兴办企业,但

却把招商引资放到了工作的中心位置,县级官员在这样的情况下大多热衷于谈生意、见客商,这种全心全意抓经济、聚精会神谋项目的做法严重背离了建设服务型政府的价值取向。尽管理论界已经多次发出警告,仍有部分县域的大批官员离岗招商,微观介入经济建设领域,这跟服务型政府建设的方向格格不入;尽管很多官员被招商引资的工作弄得晕头转向、疲惫不堪,甚至满腹怨言,但这股大面积离岗招商之风仍然我行我素,难以遏制。此外,"走出去"招商引资的策略往往收获甚微,还一度成了官员的公款旅游的由头。事实上,县级政府过于重视经济工作,实属无奈之举。自分税制改革后,县级政府较之高层级政府机关不仅需要承担更多的事务,还只能得到更少的财政支持。县级政府常常面临的尴尬是,如果不重视招商引资,那么在绩效评价时官员们不仅没有政绩,且在公共服务的提供上也会产生财政的缺口;而下了大力气去招商引资,又会受到多方面的指责。在这种两难局面下,县级政府最终还是无奈地把经济发展当作其中心职责。当公共服务需求与经济发展发生冲突的时,县级政府往往只能选择后者。

(二)监管制度存在漏洞

从公共选择理论角度看,政府官员是天然具有利己性的。行政体系内成员都首先是自己本人,其次才是政府官员,再次才轮到为人民服务。作为自利的人,其首先要考虑的是个人利益。政府官员虽然也会做出利他的行为,即为公民服务,与此同时也会谋求其自身及其亲友的个人利益。通常来说,官员更愿意关注其私利,因为情感的力量往往比理智来得更为猛烈。而我们应该注意到,服务型政府的建设要求行政体系内所有人员都必须具有极强的利他意识,这就与人性的自利性相冲突。在这种状况下,一旦失去对政府官员有效的管理和监督,整个政府都会落入自利陷阱。正是由于部分县级政府制约监督机制不完善,导致县域中存在的各部门竭力追逐审批权、规划权、分配权等权力,而对于服务、民生等责任就采取踢皮球的态度,越位、缺位现象层出不穷。近年来,县级政府打着"城市经营"的时髦口号,将本属于公共物品范畴的供气、供暖、公共场所建设,以及城市公交、绿地等项目转交到私人手里,导致这些公益项目被人为垄断,广大人民群众的切身利益蒙受了极大损失。此外,在县域辖区内的拆违过程中,有较多官员与民争利、强制拆迁,以使自己可以从中牟利,这都是缺乏约束和监督导致官民冲突的实例。

(三)公共服务供给机制不完善

公共服务的完善与发展,必须依靠充足的公共财政支持,所以服务型政府的建设离不开公共财政的支撑。但目前,一方面分税制的实行,导致我国很多县级财政相对紧张,即使像江浙地区这样较为富裕的县域政府也难以在真正民生事业上有较大的投入；而另一方面，县级财政支出具有非预算化、非制度化的特点，存在极大的随意性，极易导致财政的浪费，从而进一步加剧公共服务投入的难度，致使公共物品的供给相对短缺。1994年实行分税制以来，已经明确了中央与地方财政收入分配的关系，中央拿走近60％，地方各级政府留下40％。由于制度、历史等原因，我国多数县级财政供养人员较多，以温州某县为例，全县人口接近百万，而吃财政饭的人口就超过了3万。在这种情况下，县级财政解决吃饭问题就已经捉襟见肘，公共服务的提供可想而知。特别农业税取消后，对于部分农业占比例较大的县，其财政显得更为吃力，甚至一度出现政府难以支付公务员和教师的工资的情况，需要政府出面通过中央财政转移支付和协商银行借贷等手段来维持。值得注意的是，地方财政是逐级递减，省级以下财政管理模式是省管市、市管县、县管乡，县、乡的税收要逐级经市、省进行上缴。与此同时，中央的财政转移支付也需经省、市财政的通道，这是致使县级公共服务资金被截留的原因之一。经省、市两级截留后，实际到达县级政府财政的资金就很难进行原先预想的运作。① 另一方面，预算的非制度化、领导拍脑门决策也同时导致了公共服务资金难以足额到达县一级。

（四）行政文化氛围不佳

服务型政府的建设，特别是直接面对群众的基层服务型政府建设，对官员的平等意识和服务意识要求极高。此外，辖区内公民的参与意识和民主意识，也是服务型政府建成与完善的重要因素。法治社会的建立与完善是促进公民参与意识和民主意识成熟的必由之路，但我国自古以来官民文化的价值核心是官本位，民皆为臣民、帝国的羔羊，官是牧人，领导羔羊。这种官民文化的长期积淀和深化，使得上位之人天然地具有某种优越感，而民之人格天性孱弱，缺乏自主意识和参与意识，更不用说民主意识。县级政府往往面对的是最广大的农村群众和城区居民，其大多文化禀赋偏弱，参与能力也不高，即使是较为开放的浙江地区，县域内也难以形成良好的群众自觉参与氛围。纵使如国内著名的温商团体，其有限的公民参与也多是在政府的组织下才能得以展开。事实上，浙江地区民众参与的热情确实较我国大多数地区要高，但参与人员还主要集中于富商、高级管理人员、高级知识分子等经济上具有优势的群体，广大群众实际参与程度不高。政府即使是举办了类似于官员海选的活动，但其实质还是把民众参与当成了花瓶，没有真正贯彻落实服务型政府的精髓。

---

① 武磊. 县区级地方服务型政府建设研究[M]. 上海：华东师范大学出版社，2011：55.

(五)政府回应性不足

比如在"丰县生育八孩女子"事件中,当地政府官员一方面警觉性不足,另一方面未注意回应内容和时机,导致此事件被网络错误解读并疯狂传播,给该县声誉带来了巨大影响。从这个事件中我们可以看到,该县政府并没有像国外政府一样组成危机公关小组,联合各个部门进行危机公关,回应群众的种种质疑。造成这种不良影响的原因除了政府组织官僚化、效率低下和反应迟钝外,还有公务人员薄弱的危机公关能力。丰县政府回应力差的问题并非其独有的,我国各个地方政府均有不同程度的体现。造成政府回应性差的原因也是极为复杂的,涉及政府服务意识、政府体制、政府评价机制、公务员能力、公民参与度等方方面面,而提高政府回应性需要系统的改革思路和策略。

第九章　县级服务型政府的改革路径

县级服务型政府的建设是对现行政府管理体制的系统改革，难以一步到位，必须循序渐进地展开。当前我们的服务型政府建设必须以为人民服务为宗旨，以群众参与为动力，革除旧有观念、重塑行政体系、完善公共服务供给渠道、重构政府评价体系以及智慧破除旧有利益格局的束缚。本章试图在服务型政府理念的指导下，从行政文化、行政体制结构、政府绩效评价体系、公务员素质、民众参与和破除旧有利益格局几方面入手，结合国内外近年来地方政府改革实践经验进行立体式的县级政府的改革路径分析，以期勾勒出一个适合当前县级服务型政府建设的道路框架。

一、革除旧有观念，建设服务型行政文化

行政文化指的是行政体系内人员对体系及其活动所持的情感、态度、价值观、信仰及人们所尊崇的体系内原则、习惯和传统等。行政人员的存在意识、表达方式、思维模式、行为规律，以及政府处理问题的方式、对城市的规划和建设方式、社会与政府的关系等均由行政文化所决定。当前我们的服务型政府建设，必须注意文化的内生性作用，它能够有效引导官员和政府行为，激发其能动性及创造性。文化常常充当弥补制度设计疏漏的角色，开启官员行为自觉的模式。因此，对行政文化的重塑是建设服务型政府的重要路径选择。

在前一章中我们已说到，部分县级政府在建设服务型政府时存在着严重的改革进程认识误区，体制内行政文化仍然没有及时转向，传统的行政文化依然占据主导地位。我国的行政体制先后经历了计划经济体制下的绝对管束、改革开放后的权力下放和分税制的实施，中央和地方演绎了集权和分权的几回合较量，但始终还是跳不出"一抓就死、一放就乱"的困局。究其原因是政府对形势和发

展阶段存在不清醒的认识,以摸着石头过河的尝试态度进行改革,缺乏政策前瞻性,往往前一个政策出了问题,后一个政策就给予全盘否定,于是常常产生过犹不及的情况。当前我国仍然是奉行以经济建设为中心的建设思路,虽然开始关注民生、公共服务等公共问题,财政投入相比于服务型政府提出之前也有较大幅度的提高,但不可否认还存在较大较多短板。循序渐进是改革的有效策略,但从现在的形势看来我们的改革还要向纵深推进,浙江地区的部分县级政府的工作中心仍然固守在经济建设上,领导层还是普遍认为保住 GDP 就是保住头上的乌纱帽。在这样的观念指导下,以人为本、服务群众、提高公共物品供给效率、提高政府工作透明度以及智能型城市的建设步伐势迈得不够大,服务型政府建设更多地在口头上。前面已经提到,建设服务型政府是时代的要求,也应该是这一阶段政府的重点工作,它是保证我党执政地位的关键举措。如果认识不到这一点,那么无论再完美的建设路线、再切实际的政策举措、再符合民心的发展方向也会被束之高阁。为转变行政观念,我们必须建设服务型行政文化。

(一)国内地方政府在除旧立新、建设服务型行政文化的经验

建设服务型的行政文化是建设服务政府的一个重要组成部分,也是服务型政府一系列改革的基础。他山之石可以攻玉,我们可以借鉴国内地方政府的实践经验,重塑服务型行政文化。

1.潮州的行政文化建设经验。广东与浙江一样是人多地少资源不均甚至短缺,特别在潮州,这种现象更为突出,这也逐渐养成潮州人精明强干、长于算计的商人文化心态和对现实效益精打细算的地区品性。与浙江的部分县域相似,外界对于潮州人的评价也多为"圆滑精明"等词汇。实际上,这些"精明"多根植于其极为有限的自然资源条件下,当地人为了维系生命不得已而为之。精明通常都源于贫困,长期的发展使精明成为当地的人身哲学,逐步形成民风。潮州对于行政文化重塑的主要措施是:首先,结合其自身经济发展特点和地区传统以"团结、求实、创新、创效"作为行政体系的核心理念,通过统一思想工作,避免部门之间由于认识上的差异而造成政府缺乏凝聚力,运用会议宣传、媒体配合等手段,促使其体系内部放弃本位主义,强调工作面前部门应该通力协作,合作期间人员可以自由调动;其次,根据主导产业对分管部门进行权力分配,将与其主导产业相关的部门由"大而全"调整成"精而专",其他部门要全力辅助这些"前线"部门进行工作,从行政体制层面重塑地区行政文化;再次,建立全面的工作考评机制、监督机制,完善相关的制度建设,确保政府工作朝着行政文化指引的方向前进;最后,通过新闻媒体进行宣传报道,进一步提高政府透明度,鼓励群众参与监督政府工作,引入群众力量保证改革的方向不至偏离。

2.澳门的行政文化重塑经验。澳门的行政文化重塑实践是从1999年回归祖国开始的，由于权力的更迭、行政环境转变，澳门特区政府需要通过行政文化的重塑达到重塑政府形象的效果，这一点与我们当下的改革环境有些许类似。澳门的重塑道路可以具体概括为"一转变"和"三确立"。"一转变"是指特区政府体系内价值观在重塑后基本实现了从"衙门文化"到"公仆文化"的转变。与内地情况一致，作为利己的利益主体，其公务人员在从事公共服务或提供公共物品时也产生了价值取向上的冲突。"三确立"，指的就是在行政系统价值观变革的基础上，基本确立了为民服务、依法行政、民主开放的行政观。为了实现这"三确立"，特区政府做了大量的工作。第一，特区政府以建立负责任、人性化及现代化的行政系统为目标，不断提升政府工作人员的服务水平。为了市民获得优质高效的公共服务，特区政府特意推出了多项便民利民的政策措施，其中有十个部门共推行了十五项"One-stop"（一站式）服务。值得一提的是，澳门特区政府自成立以来，有九个部门共三十余个附属事业单位成功获得ISO质量管理体系国际认证。"Service commitment"（服务承诺）、"One-stop"等服务及质量体系认证措施有效地推动了澳门公共产品的优质化与高效化，澳门市民在体验到政府高效、便捷服务的同时，也感受到了整个政府体系文化的魅力，如沐春风。第二，自回归后，澳门特区政府始终把加强法制建设摆在突出位置，以法律法规的修订与完善为手段，让官员及广大民众处于有法可依、有章可循的状态。同时，特区政府对普法工作也不敢懈怠，回归以来坚持不懈地对以《澳门基本法》为中心的特区法律进行推广宣传，使得特区法律根植人心。随着依法行政的意识不断强化、依法行政的氛围愈加浓厚，横行于澳葡时代为社会与群众所痛恨的贪污腐败、滥用职权等恶劣行政行为与恶浊行政风气得以有效遏制。第三，自回归后，特区政府在推动公共行政的民主化建设问题上，以公共政策的制订与执行为突破口，通过推广地方政府间跨部门的电子投诉处理系统进行民意收集，加强政府内部间、政府与社会民众的互动交流。同时，以透明政府建设为契机，充分接受公众与传媒的监督，重视专家学者的批评与建议，激活各专业委员会的咨政功能。第四，在公共服务供给上，特区政府注重培育与发挥第三部门组织的优势，积极对其进行鼓励、引导与推动，通过扩大第三部门组织的有效参与，进而强化公民参与意识。由此，政府在获得民众支持的同时也减少了公共决策的失误概率，显著提高了行政效能。

（二）启示及策略选择

从潮州和澳门的经验，我们可以看到，行政文化重塑是一个相当综合的改革过程，与体制结构、绩效评价体系、官员素质、群众参与等都有密不可分的关系。

它启示我们,在县级政府行政文化重塑的改革中不能单纯从文化角度空谈,要有总体的规划,将自身的核心价值植入到政府工作的方方面面。只有这样,新的价值文化才能保存下来,并取得实效。但同时我们也要认识到,由于县级政府的权力有较大的局限性,不可能对大环境下的行政文化进行系统改革,只能从服务型政府的核心价值出发,结合自身特点,研究、总结得出自身特有的行政文化价值。地方政府应在国家大的体制框架内对部门事务进行调整,改革地方公共服务部门、地方特色产业管理部门权限,优化人员配置,引进先进的管理技术,更好地服务当地居民,积极寻求上级部门的支持,以期通过自己的成功改革实践推动大环境的良性变化。值得注意的是,服务型行政文化的核心是树立起民本的价值取向,逐步下放权力,最终达到还权于民、服务于民的目的。

二、调整体制结构

传统的行政管理体制强调条块分割、层层管理,是典型的权威型官僚制。在过去强调秩序、注重稳定、需要集中力量办大事的社会环境中,权力集中在高层级的政府部门,在整个计划经济时期和市场经济初期都发挥了巨大的制度优势。随着后工业社会的到来,信息网络席卷了人类社会的各个角落。网络社会中的管理强调的是平等交流、快速反应和系统跟进,在这样的环境下原有的体制结构矛盾越来越多,县级政府活力越来越弱,各项事业发展都遇到了瓶颈。特别是在浙江发展程度较高的县域,其经济社会发展深受制度天花板的制约。县域是直接与群众服务的"准基层"政府,其公共服务的热情与活力直接影响整个服务型政府建设的成效。"省管县"改革、"大部制"改革、行政执法体制改革和乡镇体制改革是目前我国地方行政体制改革的主要形式。推行"大部制"改革,其目的在于以下方面:其一,健全部门间协调配合机制,以解决公共突发事件和政府回应性等问题,实现决策、执行与监督的相对分离与协调,修复监管漏洞,从体制上规范权力运行;其二,建立与完善基本公共服务体系,为群众提供高效、优质的公共服务;其三,改进政府的管理方式,增强政府行政效率、杜绝财政不必要开支;其四,构建有利于服务型政府建设的上下级政府和政府间关系构架。行政体制的调整是极为复杂的,涉及政府工作的方方面面,主要趋势就是下放高层级政府的财权、人事权,减少管理层级,激发基层政府建设和服务的热情与活力,突破经济社会发展的瓶颈,继续朝着还权于民、用权于民的方向发展。

(一)行政体制改革实践

县级党政机关具有相对独立自主的权力,是推动县域经济社会发展走差异化、多样化道路的制度保障，为此需要进一步向县党政机关下放权力，加快"省直管县"体制改革。市管县体制实行 20 多年来，尽管在推动城市化进程和发挥大中城市作用等方面起到了一些积极作用，但随着县域经济非农化的发展和市场经济的形成，这一体制的负面影响逐渐显现，主要表现在增加了地方政府层级、提高了政府运行成本、加剧了市县利益冲突等方面，不利于县域差异化、多样化发展。在市管县体制下，城市是经济中心与政治中心的统一体，出现了农村"反哺"城市的逆向利益转移现象。

为适应服务型政府建设要求，浙江省在"强县扩权"的基础上，及时改革市管县行政体制，实行市县分治，由省直管县，将城市型行政建制与广域型行政建制区分开来，依据不同行政建制的特点与性质进行分治，形成省分别直接管辖市和县的管理体制。这种体制有利于推进政府管理的专业化与科学化，同时减少地方政府纵向的行政层次，形成省、市县、乡镇三个层级的地方行政管理格局。赋予县级党政机关更大的权限，提高其自主性、能动性，充分发展县域经济，一是有利于保护县域经济社会的相对利益，形成工业向农业、城市向农村"反哺"的利益调节机制；二是有利于明确市县政府为本行政区域公共服务的责任主体，分别在市县范围内实现基本公共服务的全覆盖和均等化。同时，"省管县"体制改革要坚持确保市县协调发展的制度安排，中心城市发展要提升品质与实力，做强做大；县域发展要增强活力，发挥比较优势，形成差异化竞争，走多元化发展道路。而且城市发展与县域发展要相辅相成，有分工合作，有竞争互动。县域的活力为中心城市的发展提供强大的区域支撑，中心城市的实力为县域的发展提供强大的引导力量和高水平的公共服务。"省直管县"体制改革是浙江省县域非农化后经济社会发展走差异化、多样化的道路的客观要求。省直管县体制有利于各县充分发挥比较优势，形成独特竞争力，构建特色县域经济社会发展模式。

浙江省有关"省管县"思路也延续到了市域层面，通过"扩权强镇"的思路对辖区进行改革。绍兴是其中较为成功的范例。在绍兴市，"扩权强镇"改革是在整个浙江经济社会快速发展的大背景下开展的。与浙江其他地区类似，随着其民营经济在改革开放后的迅猛发展，绍兴域内的乡镇中小企业直接推动了绍兴的城镇化进程，中心城区的劳动资本密集型产业是绍兴经济发展的一大特色，有人形容它们为"一镇一品牌，一镇一行业"。绍兴的经济强镇实力甚至不亚于一些县市区，如 2005 年的绍兴有超过 30 个镇入选全国千强镇，其中有 6 个为全国百强镇。以当时绍兴市域内的绍兴县为例，为消除县级服务型政府建设中乡镇社会管理权责不一障碍，该县提出"权力下移、应放尽放"的原则，统一管理，对直接影响农村中常规的、县机关难以触及的、县级政府管理易产生滞后的审批、执法管理等权限，以委托代理的形式，在三个试点镇专门设立了乡镇综合执法所代为执行包括安监、林业、环保、劳动和社会保障等在内的监督检查及部分行政审批、处罚的职能。经过一年的试点实践,此举达到了预期效果,辖区群众反应积极。在此基础上,绍兴县于 2006 年底继续将"强镇扩权"改革扩展到杨汛桥、平水、钱清等镇。2007 年 2 月,绍兴在浙江省率先出台《关于积极培育中心镇的若干指导意见》,确定了其下辖的 12 个省级以及 16 个市级中心镇为重点改革发展对象,先后通过特色产业培育、基础设施建设、集约化用地、职能下沉和干部培训五个方面对试点镇进行综合政策扶持,并赋予这些试点乡镇部分县级管理权限与一定的财政权。① 经过三年左右的试点工作,按照事先规划的分批推进的工作要求,绍兴将"扩权强镇"的试点推向全市范围,取得了良好效果。2009 年 7 月,绍兴又进一步颁布了《关于积极推进扩权强镇工作的若干指导意见》,在总结和巩固过去一段时间扩权强镇经验的基础上,明确了今后要深化改革的工作方向,进一步提出"权力下移、应放尽放、权责对等、提高效能"的总要求,以向乡镇下放职能权限为突破口,深入梳理了上下级政府间的权责关系。至 2011 年 6 月,绍兴已经将原属于县级的部分审批权和行政管理全部授予其下辖的 28 个乡镇,完成了"扩权强镇"的改革任务。

"扩权强镇"是对政府组织扁平化、地方政府纵向分权与乡镇治理等理论的新探索,也是政府统筹城乡发展、推进小城市建设、实现农村现代化的战略选择。② 总体而言,绍兴市"扩权强镇"改革是中国地方政府改革实践中较为成功的,主要表现在:(1)"扩权强镇"的试点与推进对于其辖区乡镇产业集聚、基础设施建设具有极大意义,推动了城乡统筹的进度;(2)"扩权强镇"试点与推进对于基层政府管理者的综合治理能力提升、基层政府的公共服务质量改善均有不可估量的意义,同时,它也为县级服务型政府建设提供了不可或缺的条件;(3)"扩权强镇"试点与推进对于社会城乡居民的社会保障工作具有积极作用,其在一定意义上推动了该区域的民生工程;(4)"扩权强镇"试点与推进极大地推动了城乡基本公共服务均等化的进程,其在一定程度上缩小了城乡差距,有助于推进社会主义新农村建设。

然而在省管县体制下,一些辐射能力较强的中心城市复又面临发展空间不足的问题。面对这一发展困局,一些地方政府转而推动周边县城"撤县设市"的行政体制改革。以杭州为例,杭州作为经济辐射能力较强的中心城市,下辖县(市)的城市化水平也较高,因此近年来逐步将与杭州主城区联系紧密的富阳、临

①　胡税根,刘国东,舒雯."扩权强镇"改革的绩效研究——基于对绍兴市 28 个中心镇的实证调查[J].公共管理学报,2013(1).

②　魏芙蓉.县级服务型政府建设中存在的问题及其对策[J].中州学刊,2009(1).

安等县市改成区，其他目前还不具备改区条件的县也由杭州市全面管理，加强长三角副中心城市的统一规划和协调发展。富阳、临安先后纳入市区版图，则为杭州破解"东强西弱"痼疾、促进市域一体化发展提供了助力。撤市设区后，两区的教育、卫生、社保等 30 多项民生政策与主城区全面并轨，主城区优质高中与新城区实现双向定额招生；重大交通基础设施加快建设，地铁 16 号线和 6 号线先后开通运营，大大缩短了富阳、临安与主城区的时空距离。这不仅打开了新的发展空间，而且明显增强了两区群众的获得感。以杭州市富阳区为例，2015 年撤市建区以来，该区不断加快融入主城区的节奏，各方面都产生了较为明显的变化，空间规划、产业定位、区域功能、公共服务等领域得到发展和整合，逐渐形成"产城一体、优势互补、协同发展"的城市格局。

（二）启示及策略选择

从上面分析中我们可以看到，虽然各地改革策略、方式、特点各有不同，但简政放权的总体趋势非常明显。通过对当前我国县级体制改革的研究，我们对未来的改革之路有以下几方面建议：

1. 理顺上下级政府关系，调整政府间、政府与企业、市场和社会的关系。理顺关系和调整关系都是为了合理定位政府权限，既不"大马拉小车"，也不"小马拉大车"，做到权责一致。近年来"扩权强县"成为一种时代潮流，各个地方政府无不希望能扩大自身权限和拓展自己的治理空间。没有自主的地方财政就没有所谓的"扩权"，所以说财政权限的扩大是地方治理权限扩大的基础。然而，中央政府往往为了平衡区域间的发展或是为了掌握地方施政方向，当然有时也以怀疑地方政府是否有足够的自主能力为理由，对"扩权强镇"持保留态度，由此中央政府倾向于保留较多的财政权力来控制地方。中央的顾虑并非完全没有道理，地方政府是否具有充分的能力来面对地方政治压力、处理化解财政危机，这的确是对地方政府官员执政能力的考验。人们普遍认为较发达的县域进行省直管将会大大提升该县竞争力。浙江经济发达，其县级政府也有较好的财政基础，发展潜力巨大，"扩权强县"是县情需要，也是当前最为合适的调整省市县三级政府关系的实践策略。在当前"省管县"财政体制改革已基本完成，下一步的"扩权强县"改革将会成为完善县级政府职能、调动县域经济活力的有力举措。真正意义上的省管县，也就是取消当前市管县旧有体制，最为突出的就是实现市县在法律关系上平等，将原先由市级政府掌握的经济、社会、人事、财政权力给县级政府，特别是下放与民众息息相关的行政审批权、财政权、人事权和地方事务决策权，这是改善人民生产与生活、激发县级政府工作热情、增强管理有效性的必由之举。同时还应该看到，实行市和县分开治理可以减少管理层级、降低行政成本。

国家管理体系分成国家、省、县三级政府形式在理论界广受推崇,学着们建议国家应该重新进行行政区划编排。由于中央具有强大的管理能力。而省一级稍弱,若由当前的省直接管理所有其下辖的县域,难度太大,所以应该进一步增加省一级单位数量,这样中央可以更好地发挥它的管理能力。而省一级由于进行了进一步的分化,那么其下辖的县域就会大幅减少,为其直管县提供了可能。有的学者甚至进一步提出建立一种"4—2—4"的管理模式,即中央掌控全国资源的40％,方便其进行省这个层面的资源调配,平衡各省发展;省市一级过渡政府,占据20％比较合适;县由于其直接面对群众诉求,实际执行为民谋福祉的任务,所以其应该占据余下40％的资源。总的来看,这种改革方案在理论上是可行的,但在实践中还需要进一步的细化、具体化。

此外,要切实理顺县级政府与企业、市场、社会的关系,将政府的工作重心转移到为人民服务,为公民、企业、社会提供适宜的发展环境上去。鼓励、引导县域内的中小民营企业向县域特色产业方向发展,形成聚合效应。严格税务征收的合法性程序,提高征税效率、落实人大对于税收范围的最高决定权,大力扶植中小企业,进一步提高个人所得税起征线。

2.建立健全各机关单位的公共服务回应机制。公共服务的回应性是区别服务型政府和管制型政府的重要标志,所以建立健全公共服务的回应机制对于服务型政府建设将具有重大意义。具体到县级政府公共服务回应机制的建立,应该注意以下几方面的问题:

(1)重视回应的时效与质量。行政人员在达成政策目标的过程中,容易出现利己的观念,以致常常造成目标错置,无法以同理心感受民众的需求与困境。考虑到便利及隐秘性,民众常常使用电子邮件、网络留言等方式表达公共服务的诉求。但据实地调查,县级政府基层官员却普遍不重视网络渠道的诉求,认为其不够严肃、缺乏依据,而更希望民众通过电话进行沟通,以方便其提供服务,所以在民意信箱的响应性上普遍较慢,甚至没有响应。在开展"最多跑一次"改革后,基层政府机关只将响应时效纳入绩效考核,官僚人员急于在时效上有所表现,而忽略了解决民众问题的细腻度,这必将和民众的期待存在较大的落差。故我们建议,基层政府除了应将响应时效列为绩效评估项目外,更应考量官僚人员解答民众问题的有效程度,才能真正提升民意信箱的实际功效,降低政府工作与民众满意度之间的差距。

(2)重视跨机关的联动机制。政务大厅一般设置单一部门服务窗口以缩短民众办理业务的时间。但是在遇到跨机关的问题时,部门间常会推脱责任而导致问题无法获得有效解决。虽然行政人员是按照专业进行分工,但建议机关内应重视平行单位共同业务的整合,建立上层机关问题通报及解决的机制,落实跨机关业务协同,连接部门间的专业知识及能力,从而明显增强加速民意处理上的效率。要建立起县级各部门、县与县之间的联动办公机制,这是处理跨部门、跨县域危机事件的重要举措。可以考虑制定危机事件责任制度,明确各单位责任,建设网络平台,各部门、政府间有专人随时连线,便于及时、快速处理人民群众迫切需要解决的问题。

(3)行政首长应适度参与民意诉求的回应。2022年的丰县"生育八孩子女子"事件并没有引起当地县级官员的广泛注意,基层政府的行政首长显然在民意诉求的回应上不够重视。行政主管应转变思想观念,多与群众交流,保持与群众的血肉联系,加强对重要案件的关注,并由承办人员区分案件轻重程度,及时依法处理。单位主管应以身作则,由上而下制定民意响应评价机制,加强领导回应制度上的建设。

(4)基层官僚人员素质及专业度的加强。在实证调查中,我们发现有的公务人员回复民众信件时不够专业,出现表达含糊不清等现象,民众不免降低对于基层公务员的素质、专业的信任感。因此,基层公务员的专业素质之提升也应再加强。

3.建立健全公共服务监管机制。从不同视角可将公共服务监管划分为不同的类型。从其内容上看,公共服务监管可分为经济和社会监管;从监管对象上看,公共服务监管可包括内部和外部监管;从组织行为学上看,在组织系统中,各个部分和要素均在一定的目标下根据一定规定进行活动。行政组织的绩效评估监督体系本应该与行政管理组织相适应,但在我国,自改革开放以来,虽然已对政府机构进行过多次改革,但历次改革从未触动其监督体系,因而监督体系的改革已经迫在眉睫。

在建立健全公共服务监管机制上,我们应该重点抓好以下几个环节:首先要依法界定和明确政府市场监管、经济调节、公共服务和社会管理的具体职能,其次要适应信息社会和优化公共服务职能的要求,打破原先封闭型的行政体制,进一步走向公开、透明的行政体制,注重公民参与,使公民能够有效地监督政府行为;[1]再次要将政府工作报告转化为施政纲领,有清晰的时间表与路线图,并且能够作出明确的问责承诺,强化监督效果;最后要建立官员、人大代表、政协委员的财产公开制度,对于其中的原则、步骤、后果作出清晰的规定,对于媒体、新媒体、公民个人举报检举为政不廉现象的给予奖励与肯定。

4.建立健全公共服务供给机制。建立健全公共服务的供给机制必须建立在公共服务观念的改变之上,才可能真正有效。当前公共服务供给包括两个内容:

---

[1] 王春阁,于新恒.推进县级服务型政府建设的对策[J].行政与法,2009(5).

一是主体构成,即由谁来供给的问题;二是提供方式,即如何供给的问题。

建立与健全县级公共服务供给机制应当抓好以下三个环节:首先要依据不同类型、种类的公共服务项目,采用个性化的供给模式;其次要进一步增强县域重点领域公共服务的供给能力,在城乡一体化上下功夫,基本实现公共服务均等化;最后要进一步推进公共服务供给技术的创新,综合运用多种先进手段进行公共服务供给。比如淳安县作为一个山区县,人口规模和经济社会发展水平在浙江省处于中等偏下,财政总收入位于全省 90 个县市区的第 70 位左右。在这样一个原本产业层次较低、生态环境约束较大、发展基础较薄弱、农村人口占比较大的区域内,当地基层党员干部立足"生态立县"和"旅游兴县"深入实施"秀水富民"战略,积极破解发展难题、厚植发展优势,贯彻落实创新、协调、绿色、开放、共享的新发展理念,结合淳安实际践行"绿水青山就是金山银山"理念,挖掘千岛湖绿色资源,积极探索休闲农业和乡村旅游发展的新路子。县级政府职能转变,需要严控用于自身的行政管理的公共支出,稳定在经济建设上的公共开支,逐步加强保障民生方面的公共支出。综合当地经济基础和民生需求,县级政府应力图将经济性的公共支出严控在政府财政支出总支出的 20% 之内,社会文教费用方面的支出应增加到财政支出总额的 42% 以上。争取在一年内将基础教育支出 4.8%,公共医疗卫生支出提高到 3.1%,同时应逐年提高社会保障支出所占比重。具体来说,应该大力支持农村公益服务、村庄社会服务、社会工作的发展,以建设新农村为契机拓展村庄公共空间,发展适合当地农村的特色文化娱乐项目,鼓励、引导、动员县域内外的社会资本投入公益事业上来,将慈善组织的非主管化的模式进一步推广,取消对于公益组织的税收征收,立法保障和鼓励志愿者工作。此外,还可以严格限制政府公务人员规模,减少政府人头费用支出,逐步实现公共事务(包括公共热线、公租房管理、产业园区、产业基金管理、公共设施管理)的多渠道对外采购,继续加强政府采购的透明化与严格化程度,引入公众与第三方机构监督政府采购,进一步节约用在公共服务上的资金。

5. 建立健全县级公共财政体制。财政对于政府建设的重要性无需多言,建立健全公共财政体制对于公共服务投入的保障具有重要意义。从实践角度,建议按以下步骤对公共财政体制进行规范:

(1)针对部分县级政府财政预算零散、随意性大的现状,应该进一步提高财政预算的统一性和完整性。真正建立起收支一条线的财政进出渠道,便于全面反映政府收支总量、结构和管理活动情况。同时编制反映部分特定项目的补充预算、政策性专项资金预算、政府投资预算、政府性资产处置计划,从而建立起涵盖政府综合财力的全口径预算,实现预算编制全面性、层次性、规范性的目标,提高政府综合理财能力。深化部门预算改革,进一步细化预算编制,建立健全预算支出费用标准体系和资产配置标准体系,完善项目设置,切实提高部门预算的科学性和合理性。

(2)针对目前部分县级政府残缺的财政预算审查制度,完善预算草案审查制度。一是要健全县级政府的预算听证制度。直接面向公众就预算草案等重大项目举行听证会,并建立健全制度。针对群众反映的突出问题,相关人员要进行现场答复,尊重群众和专家意见,为进一步提高公民参与度、政府透明度作出努力。二要建立分项审查表决机制。在总预算审查的同时,针对重点审查的部门预算草案,建立健全分项审查表决机制。由市人大常委会所联系的专委进行专题调查,财经委进行汇总,提出综合意见提交常委会进行审议,并启动分项审查表决。常委会根据预算项目的重要程度、资金总体安排等情况,可以对项目经费安排进行否决,或调整后纳入预算草案。三是充分发挥人大各专委的作用。预算审查过程中,要充分利用人大各专委熟悉相关工作部门的优势,对相关部门预算安排组织调查、听证,提出审查意见。

(3)针对部分县级政府目前监督主体单一、监督制度缺乏系统性的问题,应该切实加强对预算执行环节的监督。一要健全预算执行监督体系,充分发挥人大预算监督、财政日常监督、审计监督、各种社会组织和社会舆论监督的作用。二要规范预算执行。财政部门要加快拨款进度,加强对预算执行的分析和监测,在第三季度对仍未安排使用的项目资金及时进行调整,加以统筹安排。严格控制预算追加,除突发性事件外,县域财政部门应在市级财政部门规定的时间内办理各单位的预算追加,并对预算追加和调整进行汇总,向县人大常委会报告。三要加快财政信息化平台建设,逐步建立和完善部门预算、政府投资项目、政策性专项资金信息管理系统,完善预算执行的收支分析功能,结合自身"人大在线监督系统"和审计部门"金审工程"建设,将全部政府性资金纳入监督范围,逐步实现信息共享、实时监控、联网审查。

(4)针对部分县级政府目前落后的预算绩效评价体系,应该尽力完善预算绩效评价体系。一是健全评价工作机制。要将绩效理念融入预算管理全过程,不断完善绩效评价的标准体系,加强绩效评价制度建设,提高绩效评价的质量。逐步试行绩效运行跟踪监控,稳步扩大绩效评价的范围。按照"项目单位自评、主管部门评价、财政部门重点评价"的原则,明确各主体开展绩效评价的工作责任。二是强化绩效评价结果的应用。要将预算绩效管理纳入政府绩效管理重要内容和目标考核体系,绩效评价的结果可作为业主单位和主管部门的考核成绩,与部门(单位)负责人的奖罚、任用相结合,并作为部门决算审查和下年度资金安排的重要依据。三是落实责任追究制。要建立绩效问责制,强化支出责任。发现有对预算资金的违规使用、重大损失浪费等重大失职行为的,分别追究有关责任人的行政责任;情节严重构成违纪、违法的,要依法予以处理。

（5）依据国家财政制度要求,应尽早推行预算信息公开制度。一要建立预算公开制度。规定纳入人大审查的预算内容除了提交人代会外,还要通过报纸、网络等多种形式向社会公开,以实现预算信息公开的制度化。落实预算公开责任制,财政部门负责政府总预决算有关文件和资料的公开,对部门预算公开进行监督和管理;各预算单位负责本部门有关预算文件和资料的公开。二要深化预算公开内容和范围。提交人代会审查的预算内容要细化到款和项,让代表看得明了;通过报纸、网络等媒体公开的预算要细化具体项目,让民众清楚了解共有多少钱、用了多少钱、怎么用钱、办了哪些事。公开范围上要涵盖政府总预决算和所有一级预算单位部门预算。对部门的"三公经费"要单列项目,实行专项公开,每项支出都应做具体说明。三要实行沟通互动,跟踪调整。在公开预算信息的同时,要重视建立和畅通公众与预算决策机构相互沟通、交流和反馈的渠道,以便集中民智,并利用地方人大常委会的监督渠道,增强公开监督的实效。对于群众普遍反映强烈、科学合理的意见,财政部门与预算单位要进行研究,及时作出调整,并公开答复。

三、调整政府绩效评价体系

政府的评价指标是一根指挥棒,简单地说就是指标强调什么官员就会重点做什么。随着县级服务型政府建设的深入,县域行政文化、行政体制、行政职能的调整,我们也必须调整当前以经济建设层面的成就为重点的官员评价体系。在浙江县一级的固定资产投资增长率、招商引资力度等经济领域的指标占整个地方政府评价指标体系的大头,这就无怪乎官员埋头发展经济,为招商引资上蹿下跳,为提高 GDP 使出浑身解数。但公共服务领域的指标,一方面其评价分值较少,另一方面其开展难度较大,地方政府会博弈性地回避这些工作内容,特别当其于经济建设相抵触的时候,官员的选择就会很明确、很果断。在理论上,服务型政府要求政府用民主、法治、服务的治理理念代替人治、管制和全能理念,这就要求政府要对民意具有充分的尊重,并要将民意内化于行政过程中。那么,如何建立有效的地方政府绩效指标? 本书试图借鉴国内外的地方政府绩效管理的实务经验与成果,来思考县级政府绩效指标发展方向,并期望能够对我国地方政府绩效管理、推动政府再造与提升国家竞争力有所帮助。

（一）地方政府评价体系的改革实践

从浙江近年来对政府绩效考核的重视程度,可以看出浙江县级政府积极推动绩效管理与发展绩效指标的用心，尤以"考绩法"的实行，为绩效考核打下了制度上的基础，其对公共绩效指标的引导与思考产生极大的冲击。然而在当前中国政治生态的影响之下，地方政府的绩效指标发展，由于涉及地方权限和中央与地方关系调整中的敏感议题，即使是部分市政府已进行的绩效指标研究，也无法进行全面式的思考。这点在实践过程中，也是政府绩效考核的组织部门承认的事实，尤其是地方政府官员在论及此时多语带保留，其影响可见一斑。从县级政府的角度，其受限于自身权限、财力的影响，不可能进行大刀阔斧的改革，所以在改革的时候还是应该遵循循序渐进的原则，先从吸收一些先进元素开始，如微调政府各职能比重，强化公共服务职能，适当削弱经济建设成绩比重，重点发展地区特色产业；引入第三方机构进行独立、科学的评价，引入公民参与政府绩效评价；以评价结果作为官员奖惩依据，甚至可以以评价结果确定其权限大小等。以某市为例，2015年以来，该市以公务员平时考核工作为切入点，以"互联网＋平时考核"模式为抓手，构建公务员考核长效机制，加强公务员日常管理监督，实现全面客观准确评价公务员德才表现和工作实绩、激励鞭策公务员勤政廉政、治理庸懒散浮拖等方面的改革成效。一是在制度上制定出台《平时考核实施办法》《平时考核工作考核细则》等文件，将平时考核纳入对县（区）、园区、市级部门的年度目标考核内容。市、县、乡各级单位均成立平时考核工作领导小组。二是在技术上研发"市机关事业单位工作人员平时考核系统"，在考核软件中设置考勤、记实、评鉴、查询、加减分管理及汇总统计功能，改变过去"书本笔头"传统记实方式。同时，开通手机APP个人记实和领导评鉴功能，单位主要领导、分管领导、科室负责人可按工作隶属关系，随时查看、及时了解被考核人的工作情况、工作动向、工作进度等，对公务员实行全程记实、痕迹管理，实现了个人记实、分管领导评鉴"一站式"网络考核管理。三是在监督上纪检和组织人事部门应组成联合督查组，定期对平时考核工作进行专项督查，分析研判工作开展情况，及时研究解决各种问题和困难。建立责任追究和信息反馈制度，对工作落实不到位的单位，予以通报批评、单独约谈、限期改正，扣减考核目标分，促进平时考核工作落地落实。此改革有两个特点，一个特点是考核标准和结果准量化。根据公务员"德、能、勤、绩、廉"的日常表现，将平时考核内容分解为8个方面的具体指标，将平时考核分值分解为"个人记实考勤分、领导评鉴考核分、工作效果加减分"三个部分，对各部分均明确具体的加减分情形，按考核对象工作实绩适当拉开档次，有效避免"干好干坏一个样"现象，充分发挥平时考核的评价和激励作用。此外，各单位还可根据自身特点和需求建立各有侧重的差异化指标体系，使考核更加务实、准确，更加符合单位和岗位实际。同时将平时考核结果分为"优秀、称职＋、称职、称职－、基本称职、不称职"6个等次，评鉴为"优秀"和"称职＋"等次的人数不得超过参加考核人数的 30％。另一个特点是考核对象和考核结果运用明确，考核管理办法要求将机关事业单位的科级及以下工作人员纳入考核，考核结果充分运用于评优评先及收入奖惩。

（二）地方政府绩效指标的实际观察

通过基层政府的方案，我们发现地方政府绩效指标发展上所遭遇的主要困难与将来可能的发展方向，列举如下：

（1）城乡差距的事实。地方政府绩效指标的争议性，许多是来自城乡之间的差距，这点几乎所有的绩效管理者都曾提出，例如环境指标往往是较乡下的地方会得到较好的指标值，相对的，教育、文化、经济发展指标在城镇中会有较好的表现。当然地方间的财力与资源差距也是一样，例如北京市所拥有的优越条件，如在同一绩效指标项下，其施政绩效显然是江浙地区望尘莫及的。此外，城市与乡村的居民在价值观的认知上有极大差异，他们对地方政府施政绩效的期望值不同也是难以否认的，因此在发展地方政府绩效指标的同时，兼顾地方特性及给予地方发展空间是最需要克服的问题。

（2）"议题优先次序"的困境。有关地方政府指标的代表性历来争议极大，关键原因在于地方资源具有有限性，而每个人对于各项议题的认知与所追求的目标均有相当落差，这就是地方政府不能厘清地方"议题优先次序"（issue-preference）的缘故。如果透过"议题优先次序"来解释"政策吊诡"（policy paradox）之困境，就可以知道所谓"政策吊诡"，主要会在三个面向呈现政府绩效的缺失：一是每个局、室、处皆有其独立业务及优先考虑推进项目，因此在整体政策规划上缺乏一个具有"议题优先次序"的"专家"或决策机制，造成资源浪费。二是在政策执行、协调、配合上被政策流程、法令绑死而缺乏弹性。三是在意外状况产生时缺乏一套危机处理流程，以致无法应付政策意外。同样的，在地方政府绩效指标的选择与建立上，我们其实也面对了相同的困境，究竟哪些指标真正代表了地方政府的施政绩效？现有的资源是否能用于对指标的追求，继而达到地方人民所希望的愿景？而在这项议题上，不单地方政府，其实中央政府也面对着相同的困境，地方政府应致力建立一套解决"议题优先次序"问题的机制，试图化解政治上的不当作用力，以谋求全民的最大福祉。

（3）量化指标的迷思。由于政府绩效无法量化的特性，难以准确估量其绩效，因此在选择或建构绩效指标的同时，往往会刻意选择一些量化的、能够且容易衡量的指标，例如刑案的发生率、刑案的破获率、消防车的数量等，此类指标事实上等同社会安全方面的绩效，在追求工具价值的同时，往往就陷入对量化指标的迷思，反而扭曲了对原有目的价值的追求，因此我们建议向发展非量化、质性的指标进行后续研究,同时也应在发展指标时设定更详尽的标准,设法将工具价值转换为对目的价值的追求。

（4）以策略规划途径建立地方政府绩效指标的趋向。在建立绩效指标的途径与方法上,除了标杆管理及策略规划途径外,可采取市民问卷调查的方式来决定指标,即使是一些先进地区采用标杆管理途径的城市,近年也逐渐转向综合发展的策略规划途径,这些都应成为我国地方政府未来发展的方向。

（5）顾客导向观念的引进。在实地调查过程中,我们注意到指标发展随着顾客导向观念的引进,考虑民众的意见已逐渐形成共识,以问卷方式建立地方政府绩效指标的做法,得到所有访谈对象一致认同,此举能有效沟通地方政府与民众的意见,形成地方发展方向的愿景。

四、公务员素质要求的变革

过去我们选用官员比较强调资历辈分、经济建设能力等工业时代较为重要的执政能力,而语言上比较常用呆板、生硬的官化语言,对信息技术特别是网络技术要求不多,也较少地使用网络平民化语言与民众进行沟通,造成了政府缺乏应对网络突发事件的能力以及与民众沟通不善,这有悖于数字时代要求,随着我们步入后工业时代,网络信息技术的急速发展,网民数量呈爆发性增长态势,我们需要政府在网络这个新的大社会中发挥作用,网络社会强调民众、强调平民化、强调服务精神、强调及时回应等,这些都是我们传统政府所不太具备的能力。

(一)公务员培训的实践经验

某县的公务员培训实践为我们提供了借鉴。该县公务员培训的特点是在我国传统培训的基础上加入了时代性较强的知识培训。该县首先由主要领导牵头,加上相关专家组成县干部教育培训领导小组。领导小组的职责主要是:从宏观上安排干部培训计划、制定考核细则和考核结果运用,由此该县实现了对全县所有公务员培训的统一管理、考核量化、县领导挂帅、相关负责人分工协作的工作格局。以县党校为依托,进行全县公务员的素质培训。

该县公务员培训方式如图 9-1。

考核结果运用方式如图 9-2。

(二)启示及策略选择

公务员培训是指国家行政机关根据经济、社会发展和职位的要求,按照有关规定开展的旨在提高公务员政治和业务素质的各种教育和训练活动。从性质上讲,公务员培训是一种继续教育,是人才智力开发的重要手段。就我国而言,建

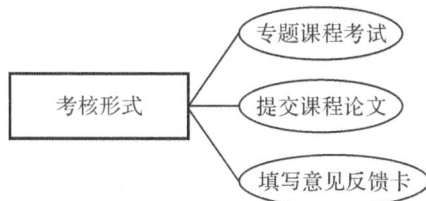

图 9-1　某县公务员培训考核形式

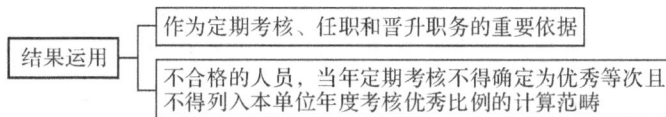

图 9-2　某县考核结果运用

立国家公务员培训制度的根本目的是在于通过对公务员进行培训,不断提高其政治思想水平和业务能力,改善其素质结构,使他们保持与社会发展和岗位规范的公务员要求同步的知识与技能,提高国家行政机关的工作效率,以适应建设中国特色社会主义现代行政管理的需要。而所谓中国特色的公务员培训,是指建立和推行公务员培训制度,不能全套照搬西方的公务员培训制度,而应考虑中国国情,建立适合我国实际情况的社会主义公务员培训制度。对于培训内容,应该充分吸引国内较为先进地区的经验,针对新时代、新特征调整培训模式和内容,使之符合各地的实际情况。特别在县级官员能力素养提高上应该注意以下几方面问题。

首先,在人员选择和搭配上应注意:在新晋公务员、事业单位人员的录用上尽量从非应届毕业生中选择、更有社会服务经验的人群中进行选择。应加大对年轻干部的提拔和任用。一般而言年轻人更容易学习新知识,应对网络民意、突发事件,同时基于年龄结构老化,优化结构无疑是提高组织效率的有效方法。

其次,在培训方式上应强调参与性,加强培训课程与行政实践的关系,重视公务员解决实际问题的能力。要彻底抛弃那些与实践脱节的培训方式,重视培训的参与性,大力提倡下基层,开展与群众面对面的培训模式。此外,随着全球化的进一步加剧,地方政府的公务员也要注意对其国际视野的培养,通过海外交流与合作的方式拓展自身能力、开阔自身事业。

再次,在培训内容上应注意,当前我国的公务员培训内容还停留在教条的思想教育上,对工作能力上的培训少之又少,没有体现出培训的时代性与人民的多元诉求。特别是县级政府公务员培训,只是简单的课堂灌输,教师缺乏对学员的积极性和创造性调动,这种模式很难将有用的知识传递给学员。培训内容要能够贴合群众的诉求以及工作的现实需要,特别是对现实问题的解决方面的培训需要进一步加强。此外还要根据当地的现实情况,增加其他内容的公务员培训,例如,在举办大型会展、活动期间,要加强公务员的礼仪培训。

最后,应重点提高县域公务员的回应力。服务行政应具有及时有效的回应力,为人民提供高效的服务。服务型政府的建立在很大程度上取决于其回应力的强弱。回应力强意味着政府能够及时反映并高效满足公众的需求,基层公务员必须对公众的需求作出积极及时的回应。随着时代的变化,公众对公共服务质量要求的不断提高,基层政府公务员必须对公众需求和社会发展态势具有敏锐的洞察力和鉴别能力,必须具有迅速应付和处理事故的能力。但是,现实中由于基层公务员办事效率低下,公众的合理要求得不到及时反应所酿成的悲剧比比皆是。前一段时间所报道的"丰县生育八孩女子"的不良影响说明了要将公务员的回应力、政治洞察力、应变能力贯穿于行政管理服务的各个环节。良好的回应力意味着其理解群众能力强、法律政策熟悉度高、解决问题能力强、沟通能力强,这些都是我们今后公务员群体应该重点加强和培养的能力。

五、争取民众支持是改革成功必不可少的条件

要建设现代服务型政府,必须处理好国家、市场和现代法治社会三者关系。在这三者的相互关系中,国家与现代法治社会的关系往往容易被忽略。这种关系对于县级服务型政府建设颇为关键。因为县级政府处于"准"基层的地位,要建设服务型政府,如果缺乏广大基层群众的有效参与,那将永远难以实现服务型政府的愿景。历史是由人民创造的,任何脱离群众的改革都必然会消亡,我们的改革必须紧密联系群众,紧扣群众寻求,要知道我们改革的目的就是满足群众需求,适应群众组成的社会发展。此外,依靠群众的力量,营造一个良好的改革氛围也是改革成功的必要条件之一。因此,在县级服务型政府建设的过程中,要加强政府与公民的互动。

(一)地方政府引导公民参与的实践

目前有不少的引导群众参与的实践案例,针对目前县级政府实际情况,本书以温岭为例进行探讨。

温岭是浙江省的一个县级市,隶属台州,与温州相邻,是民营经济相对发达的地区,经济发达长居全国百强县前列。其在探索政府与公民之间的新型关系

上取得了极大成就,凭借民主恳谈会荣获"中国地方政府创新奖"。温岭的民主政府建设历程如图9-3。其主要经历了以下几个改革阶段(见图9-4)。

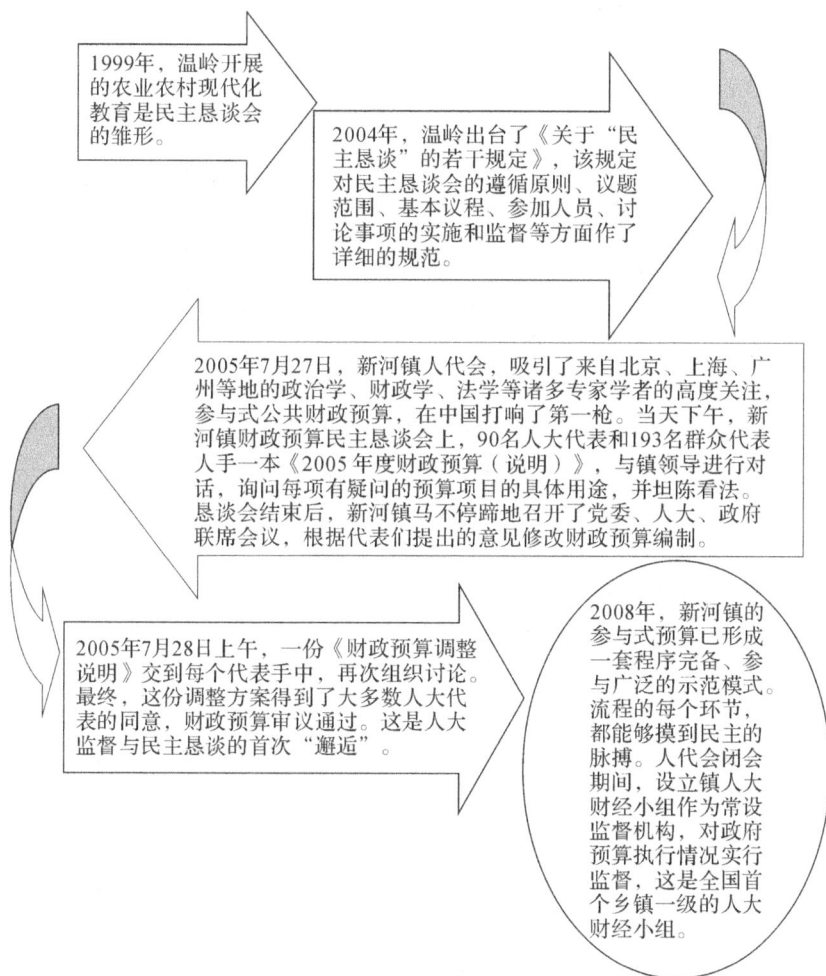

1999年,温岭开展的农业农村现代化教育是民主恳谈会的雏形。

2004年,温岭出台了《关于"民主恳谈"的若干规定》,该规定对民主恳谈会的遵循原则、议题范围、基本议程、参加人员、讨论事项的实施和监督等方面作了详细的规范。

2005年7月27日,新河镇人代会,吸引了来自北京、上海、广州等地的政治学、财政学、法学等诸多专家学者的高度关注,参与式公共财政预算,在中国打响了第一枪。当天下午,新河镇财政预算民主恳谈会上,90名人大代表和193名群众代表人手一本《2005年度财政预算(说明)》,与镇领导进行对话,询问每项有疑问的预算项目的具体用途,并坦陈看法。恳谈会结束后,新河镇马不停蹄地召开了党委、人大、政府联席会议,根据代表们提出的意见修改财政预算编制。

2005年7月28日上午,一份《财政预算调整说明》交到每个代表手中,再次组织讨论。最终,这份调整方案得到了大多数人大代表的同意,财政预算审议通过。这是人大监督与民主恳谈的首次"邂逅"。

2008年,新河镇的参与式预算已形成一套程序完备、参与广泛的示范模式。流程的每个环节,都能够摸到民主的脉搏。人代会闭会期间,设立镇人大财经小组作为常设监督机构,对政府预算执行情况实行监督,这是全国首个乡镇一级的人大财经小组。

图9-3　温岭建设民主政府历程图

政务公开 ▷ 公民参与 ▷ 公民主导 ▷ 民主政府 ▷

图9-4　温岭民主政府建立的阶段图

(二)启示及策略选择

从温岭的例子中我们可以看出,公民参与的实现是通过地方政府不断放权而实现的，特别是以财政为突破口的放权是最为行之有效的鼓励公民参与的方式，随着公民参与呼声的不断加大，如何做好引导公民参与和公民参与相关配套制度建设工作时摆在县级政府面前的一个难题，结合上述例子和我们县级政府的实际情况，可以通过以下途径去引导公民参与行为。

首先，县政府必须认清公民在服务型政府构建中的基础地位，在深化认识的基础上进一步为公民精神的塑造，公民参与能力的提高而积极工作。公民在服务型政府里公民不再扮演被动的被管理角色，也并非单纯的公共服务和公共产品消费者，他们在服务型政府中将是公共治理的主角之一，是构建县级服务型政府的不可或缺的合作伙伴。他们不仅仅能够通过选举人大代表的方式表达自身诉求，而且可以监督地方官员行政行为，同时也可以通过各种渠道直接参与公共决策中来，还可以进一步对政府施政情况进行评估。与此同时他们也能成为公共服务和公共产品的供给来源，公民可以通过公益活动或慈善活动直接成为某些公共事务的参与者及公共服务的提供者。应当注意到公民参与，不仅是公民个人实现自我价值和维护个人基本权利的有效途径，也是养成公共精神，履行公民责任的过程。① 只有这样，才能完全摒弃公民参与中的自利冲动，将公益的目光投向社会需要帮助的人身上，实现公共利益的最大化的愿景，以期从根本上回答公民参在服务型政府中的动力机制问题。公民参与的能力是其参与质量的重要保证，它包括公民参与公共管理的能力，访问和了解与评估公共政策的效果能力，准确地表达利益诉求的能力。为了提高公民参与的能力，除了文化学习和教育上，对公民参与授权也是重要方面，因为只有实践才能更好地学习。此外还应极力保证公民参与的权力，在此基础上引导公民参与，由分散的个体加入公民群体参与网络中。

其次，县级政府应明确其在推进公民参与过程中的责任，从基础层面保障公民参与的制度有效运行。县级政府是直接接触群众的一级基层政府，其应当积极充当公民参与的倡导者与教育者。作为地方政府在教育公民、关注公共服务、引导公民参与公共决策、培育公民精神、给予公民平等的参与权利、加强培育其参与决策的能力、注重培育公民参与组织建设等均负有重大责任。在此，作为县级政府应在未来一段时间内积极进行县域两会代表结构的合理调整，以全国两会为标杆，大幅减少官员与企业家所占比例，逐步让包括农村居民、基层劳动者、技术人员与专业人员群体拥有其代表和更合理的代表比例，并倡导两会代表在联系选民与公众上的渠道创新；完善包括公共听证会，建立重大公共决策事前民意调查、重大公共决策实行听取公众意见与在民意机构进行重大政策辩论的模

---

① 姜晓萍. 构建服务型政府进程中的公民参与[J]. 社会科学研究，2007(4).

式,增加公共决策的公众参与。对财政支出项目与重大公共项目的社会经济程序进行科学评估。特别值得注意的是,浙江作为一个有非常浓厚的公民参与氛围的区域,加强对以商会、老人协会为代表的公民组织建设,对于整合公民参与主体的力量、公民权利保障能力以及提升公民参与过程中需要对话及沟通能力均有巨大意义,因此,参与组织的建立是公民切实进入公共决策过程,讨论特定的决策议案,参与公共政策执行及监督的一个重要标志,同时也是推进县域制度化保障公民参与途径的一个重要方面,其目的在于避免出现以公民参与为政治作秀,行政人员在缺乏监督的情况下滥用自由裁量权的现象,确保公民在服务型政府建设的主体地位。当然,以政务公开、行政执行公开为标准的透明政府是公民理性参与的基石,因为只有信息上公民的对等参与才可能具有实效性,才具有合理性。我国县级政府目前的政务公开工作已取得显著成效,但仍存在关键信息难以采集、公开信息结构性失衡等问题,这严重制约着公民对公共政策制定与执行情况的了解与认知,导致公民参与效果大打折扣。县级政府下一步应加大对政务公开的推进力度,进一步贯彻落实关于政务公开的政策法规,着实建立起具有快速回应能力的政务公开机制;着力推进政府流程再造和组织再造工程,为透明政府的建设建立起可执行的流程体系及组织架构;创新政务公开模式,切实扩大政务公开的范围与途径,建立健全以政务服务中心、政务网络平台为载体的综合性政民互动、交流、咨询平台;进一步完善多元的监督体系,推进责任追查制度的建立,以建立科学、合理且具有时代性的政务公开考核评估机制为抓手,从根本上解决政务公开的动力机制问题。

最后,完善公民参与的制度建设,切实保障公民参与的权利。在服务型政府建设中,特别是在县一级政府的实践中,要提高公民参与的有效性,就必须明确规范公民参与的范围、程度、途径等问题,这样做的目的在于在引导公民参与时地方政府可以做到有底气、有魄力、有想法的改革,避免地方政府遭遇改革的法律风险、制度风险以及政治风险。作为县级政府应加强学习,领会中央精神,明晰法律以及制度的规定,在此基础上结合地方实际与现实需求,有的放矢地选择公民参与的特色模式,形成高效实用、运转流畅,能持续运行的地方化公民参与机制。这里应该注意以下几个方面。

一是要根据自身县域的政治、经济、文化传统以及当前公民参与的现状,战略性地对公民参与的进程进行规划。目前部分县级政府的参与制度尚未完善、公民意识尚未建立、公民组织尚未规范、公民参与能力有待提高、政府信息公开也存在诸多的问题下,不能仅凭一时冲动强调公民参与的广泛性与深入性,短期内建立高标准的引导公民参与的工作要求,而是应该根据当地公民参与的特点,通过培训公民参与能力、拓展参与渠道、转变公民参与观念等策略循序渐进地进行工作，避免引导公民参与由于过大压力而流于形式。

二是要在公民参与的机制上进行创新，尤其是在政府回应机制和互动机制上充分运用新思维、新技术进行人员重组和设备更新。以新媒体时代下公民参与网络的建设为突破口，吸纳大量基层的网民参与到政府决策中来，扩大县域执政的群众基础。如建立县域公共服务的网络平台、开发带有公共服务指南功能的软件应用、在网络论坛上组织网民进行议政咨询、对公共决策会议进行直播、开辟多样化的资政议政渠道等。与此同时应该积极吸收国内外地方政府的有效做法，纳入到自身的服务型政府建设上来，如政府服务承诺制、民意调查、公共政策听证、群众观察员、第三方评价等。

三是要拓展公民参与政府决策的领域。在进一步完善县域科学决策、依法行政、透明监督的体系上，积极推动公民参与增强公共管理的民主性。如，公民参与公共财政预算、公民参与行政执法监督、公民参与公共产品供给等。

此外，应该在公民参与制度上加入一定的激励机制，积极创造民主参与的氛围，培养公民精神，以此为动力进一步推动公民参与能力的提高建设，破除传统的公民参与思维，树立新的符合服务型政府精神的公民参与模式。

六、改革破除旧有利益格局

李克强谈机构改革时称："我们不仅优化国务院内部权力组合，更主要的是向社会释放一个让大家有信心的希望，改革走到今天确实是要触动固有的利益格局，从我们做起，表明我们的决心。"①但凡成功的改革无外乎领导得力、时机合适、区域发展程度进阶、民众支持、政策得当以及有效地应对既得利益者的阻挠。既得利益者一般倾向于维护现行的政治秩序和经济制度，不希望当前制度被显著改变。如改革前一味强调经济发展，那么招商局、城建局、金融办等涉及经济的相关部门相对于其他部门就会拥有更多的实权，进行服务型政府改革后诸如教育局、卫生局、环保局等直接肩负公共服务职能、提供公共产品的部门就会获得比原来更多的权力，在旧体制下相对弱势的部门让他们获得更多利益较为容易不容易的在于如何释放既得利益者的既有权利，特别是为了提高行政效率、加强调整机关事务部门对信息社会中突发事件的处理需要裁撤、调整现有部门格局，进行大部制改革的时候其会遇到的阻力简直不可想象。这些既得利益者会在改革初期竭力阻挠改革，维护自己的利益。须知破解既得利益者的利益

①　李克强：改革要触动固有利益格局［EB/OL］．（2013-3-21）［2022-5-4］．https://news.sina.com.cn/c/2013-03-21/191426602866.shtml.

格局困境是改革政策得以忠实执行的重要保证。

自我国改革开放后的历次政府改革看来,改革的被动性远大于主动性,常常是迫不得已时才进行改革,很少根据环境的变化主动进行改革。同时,旧有的行政管理体制弊端又进一步加剧了改革的难度。伴随改革所带来的利益与权力的调整,"深水区"的改革有可能受到保守势力与既得利益者的阻挠。与任何组织一样,组织改革必然会影响到其内部的成员,一方面,任何改革都会对既得利益构成威胁,另一方面,组织权力的下放对于组织利益来说是不利的,这样的情况下连改革的推动者在改革的深水区都极易产生动摇。为了清除改革路上的障碍,我们首先应该完善信息沟通渠道,为改革信息开辟精准的传播通道,避免因信息的失真带来的误解和阻碍;其次是借助人民群众的力量推动改革的步伐,合理运用群众的力量是成功改革的重要动力,也是化解改革者与被改革者尖锐矛盾的有力缓冲;再次是提高改革者的谈判能力、斡旋能力,坚定其改革意志,在实践中进一步优化自身改革路线;最后,塑造良好的改革氛围,让良好的社会文化环境成为改革的润滑剂,减小改革阻力。实际上破除旧有利益格局、排除改革阻碍是实践过程中的、需要改革者灵活处理的、具有强烈地方性和实效性的实践活动,并没有特别的经验教训可以借鉴,这就要求改革者具有丰富的社会工作经验、开阔的视野和源源不断的精力。

七、小结

服务型政府的建设是后工业时代的必然要求,无论是学界还是政府显然都意识到了这一点,都有迫切推动这场轰轰烈烈改革的冲动。在理论上的探索可以说已经非常成熟,对于服务型政府的理念、价值取向、时代背景等的研究已经相当完备,我们当前重点的任务是合理践行这种理念,而这种实践很大一部分是要以县级政府的改革为动力。可喜的是学界对服务型政府的研究重点已经转移到改革路径上的研究,表明我国的服务型政府建设已经进入实质阶段,但应当注意到,目前我国各级政府实践事实上已经有走在理论界前面的趋势,理论指导实践,正确成熟的理念指导下实践才能产生好的结果,服务型政府的建设之路需要正确的理论指导,决定了目前学界需要加紧对县级服务型政府理论上的研究为服务型政府的实现路径指引光明大道。

为了进一步推进我国地方服务型政府建设的进程,我们参考了诸多地方治理、政府再造理论和实践经验,并以浙江县级服务型政府建设为例,进行实证研究,这里虽然较多地谈及沿海发达地区,但由于我国地方建设类同化趋势已经非常明显,所以对其他地方的服务型政府也有同样重要的意义。书中只选取了部分热门事件作为个案分析,所以对我国总体服务型政府建设问题的分析可能有些偏颇,还需要做更深入的调查。同时,县级服务型政府建设是一项复杂、系统的政府改造工程,涉及社会各个阶层方方面面的利益,因此仍有待于进一步探讨,尤其是在改革阻力问题上,破除旧有利益格局,为改革清除路障是摆在所有人面前的一个难题,也是亟需所有改革参与人员回答的问题。

第四篇
乡镇公共服务创新

　　乡镇政府是国家治理结构中的基层政府，广大的人民群众是其直接的服务对象。乡镇政府的公共服务是否在不断创新，不仅能够体现乡镇基层政府职能的履职状况，更重要的是关系到上级政府、整个国家政府公共服务职能的履行状况。近年来，我国市场经济制度愈加完善，但乡镇基层公共服务体制却相对滞后。要保持经济的持续高速发展，就必须大力推进乡镇政府的公共服务创新能力。

第十章　乡镇基层公共服务创新探索

通过从公共服务到公共服务的创新,再到公共服务创新的动力分析,我们可以更加了解乡镇政府公共服务创新动力的来源。本章尝试从经济全球化、政治体制改革、经济发展、社会变迁和文化等角度对基层社会治理的结构进行阐述,从乡镇内部的政治体制、自身的利益需求、发达的中介组织和官员个体等四个方面进行解析。最后,本章总结乡镇政府的现实情况,提出包括转变公共服务理念意识、提高群众监督意识、借鉴国内外先进经验、培育发展中介组织、提升公务员的整体素质、加快政府电子政务建设等增强公共服务创新动力的对策。

一、乡镇政府公共服务创新的客观动力分析

(一)经济发展对乡镇政府公共服务能力创新的推动力

一方面,改革开放以来,社会主义市场经济体制逐步得到完善,市场在整个经济发展中起着主导的作用,并且比例还在不断地增加。另一方面,虽然改革开放已经 40 多年,计划经济这样的字眼已经从人们的生活中消失,市场经济已深入人心,但不可否认我国政府在市场经济的改革发展中仍然占据着非常重要且不可替代的巨大作用。

在宏观调控过程中,基层政府相应出台了很多的政策,这些政策一方面希望帮助企业发展,另一方面,政策的制定也在一定程度上违背了市场经济的规则。例如我国房地产市场上出现的违规现象,在根本上是因为地方政府对土地管理的过度行政干预行为。因为市场经济体制的不完善,各级政府没有清晰认识到自己的角色地位,仍然认为政府是传统意义上的管理者,是各项投资的主体和决策者,这在很多方面都制约了企业的发展,影响到地方的经济发展。实质上来讲,这类情况的出现反映的是政府在市场经济中的强势地位。

经济的快速发展和政府改革的严重滞后要求政府加快改变角色。政府要彻底地认清自己在市场经济中的位置和作用，改变之前的相关工作和职能，履行作为服务者的职责。政府的宏观调控也要注意改变以政府为主体的现状，坚持以市场为主体，促进政府的一系列改革，从根本上改变政府在市场经济中的作用。因为政府公共服务的提供已经落后于市场经济整体的需要，这在一定程度上已经影响了市场经济的进一步发展。政府要加快完善相关的法律法规、制定合理的政策制度，促进各级政府公共服务创新能力的整体提升，为市场经济发展健全完善公共服务体制。

浙江是市场经济的早发地，在经济飞速发展和不断市场化的环境下，大量民营企业的崛起，给乡镇政府提出了更高的要求。如何有效地进行管理经济，如何为民营企业服务，如何让发展变得可持续等，都是非常重要且迫切需要解决的问题。在这样的情况下，浙江的乡镇政府必须应对市场经济发展带来的挑战，打破旧的管理体制、管理方式，不断地创新公共管理和公共服务。

（二）政治体制的改革对乡镇政府公共服务创新的推动力

改革开放 40 多年来，为我们带来了经济的飞速发展，人们享受到很多实惠，生活水平快速提高。但是伴随着这些成果而来的是政府面临的诸多问题，增长的不仅仅是 GDP 的指标，还有公众对公共产品和公共服务的需求，贫富差距过大，教育资源、就业岗位、医疗体系、环境保护、社会保障制度的严重缺乏等等。这些问题的出现和日益严重化，说明了经济发展和社会政治发展的不平衡，如果这些社会问题得不到有效解决，就会影响到经济的进一步发展和社会的稳定。所以要注重推进社会政治体制制度的改革发展，推进政府公共服务的不断创新。

政府的公共服务模式有两大类，即"单中心治理"模式和"多中心治理"模式。"单中心治理"模式就是指公共服务的生产者和提供者都只有政府，没有其他任何组织和个人。这样的治理模式在改革开放之前是比较合理的，符合计划经济体制的要求和目标。但是在改革开放之后，市场经济和社会生活都快速发展，人们对公共产品和公共服务提出了很多新的要求，政府的公共服务能力已经赶不上这些变化，公共产品和公共服务提供的质量和效率都很低，于是就出现了公共危机。"多中心治理"模式是以政府为主导的三位一体的全新治理模式。三位一体是将政府、第三部门和市场三个单独的主体放在一起，相互融合，取长补短，共同进行公共产品和公共服务的提供。政府将一部分权力转给市场和第三部门，自身由单纯的公共产品和公共服务的提供者变成宏观调控者，从以前的公共产品和公共服务提供的垄断者变成参与者。市场和第三部门在市场经济条件下，充分发挥自身的优势，为社会提供更有竞争力的公共产品和公共服务。政府将权力适度转让给社会上的组织和个人,将部分公共产品公共服务社会化,形成多元化的服务和竞争机制,使得公共产品和公共服务的提供不断走向合理化。

第三部门随着改革开放市场经济的发展而不断发展,经济的发展为政治社会的发展提供了必要的基础。一般认为,经济发展了,政治就会更加民主化,社会也会不断地向自治化和多元化的方向发展。有了市场经济不断发展的基础,第三部门便自然而然地成为公共产品和公共服务提供者之一,近年来第三部门为社会提供了很多公共产品和公共服务。我们也看到第三部门虽然有很大的发展,但是也有很大的缺陷。因为体制和制度的原因,第三部门很多都是从一些政府组织中剥离出来的,所以很多的第三部门对政府都有很强的依赖性,自治和组织能力弱,不能像市场或者社会上的个人那样完全独立地去提供公共产品和公共服务。政府作为宏观调控者,要为第三部门的进一步发展创造更多的有利条件,让第三部门能够独立起来,为社会提供更多更好的公共产品和公共服务。

需要强调的是,实行"多中心治理"模式,政府同第三部门、市场三者一起为社会提供公共产品和公共服务的前提和基础是要明确相应的责任和关系。政府虽然转让出了一部分的公共产品和公共服务,但是政府本身要区分清楚。原本应该承担的公共责任仍然不变。政府要规范相应的权力责任关系,让政府、第三部门、市场在提供公共产品和公共服务时能够相互制约、相互监督,避免出现恶意竞争、相互推诿的形象,妨碍社会的正常秩序和公共产品与公共服务的正常提供。特别是政府在其中既要做到宏观调控,制定出一系列的制度政策、法律法规,又要提供一些特殊的公共产品和公共服务,认清自身的重大责任。

我国政治体制的改革促进了市场的繁荣,也带来了第三部门的发展。乡镇基层政府要充分利用好这一有利条件,发挥好政府、市场、第三部门各自的优势,综合三者形成良性循环。政府负责整个乡镇的宏观调控,维持整个地区的平稳发展;市场要独立经营,负责为乡镇经济和社会的发展增添活力;第三部门负责协调政府与企业之间、经济与社会之间的具体事务,在局部参与政府和企业的管理。

随着体制的改革和第三部门的兴起,广大民众维护自己权利的意识增强了,对政府改变旧体制、旧管理方式的要求更加迫切,乡镇政府必须采取新方式进行社会治理,公共服务创新的压力明显增加。

(三)经济全球化对乡镇政府公共服务创新的推动力

从20世纪90年代开始,整个世界的每一个领域都被经济全球化所影响着,全球化所改变的已经不仅仅是社会中的经济,还有我们生活的社会、政治和文化环境。在这个巨大的转变中,国家之间相互依赖性逐渐提高,这要求大幅度提高国家的经济实力,并要求政府公共服务能力地做出深刻转变。

经济全球化给每个国家提供了便捷的信息传递渠道和利益的最大化途径,同时不可避免地要求政府的行政能力和治理水平有快速的提高。发达国家也相继出现了新的政府管理理论,例如新公共管理理论和新公共服务理论,新的理论给多国政府进行政府改革提供了很多新思路和新方法。

首先,政府的管理要从权力的实施转变为规则的遵守。经济全球化以后,社会需求和政府职能都向多样化的趋势转变。从前公共服务的提供者只有也只能是政府,政府的运作方式也不可避免地变成以权力为中心,工作没有固定的规则标准。经济全球化以后,乡镇政府应该将日常工作放到公共服务的提供方面,彻底转变政府的权力实施模式,不断提高公共服务的质量和水平,以吸引更多的科技、资本、人才的流入,争取获得更多的发展资源。

其次,政府要最大限度地减少管制方面的行政管理。在改革开放初期,乡镇政府工作的中心之一就是限制所辖区域内市场经济主体的出现和发展,以维护当地的社会稳定。经济全球化时代,要求的是市场的自由竞争和自由发展,政府也就不能只用单一的行政管制方式,而要以多种手段促进市场主体的多样性。特别是在中国加入世贸组织之后,WTO 的规则要求政府向适合市场经济发展的"小政府、大社会"形式转变,乡镇政府要减少管制、增加服务,履行灵活的政府行政管理职能。

最后,经济全球化要求乡镇政府的公共服务不断创新、公共服务能力不断提高。经济全球化的进一步深化必然要求中国政府不断提高公共服务的供给能力,提升公共服务供给效率。在全球范围内的竞争中,如何合理地分配有限的资源和利益不只会受到市场经济和价格机制规律的影响,政府的综合能力也是重要的影响因素。政府同市场经济中其他的主体一样,都进入了资源和利益的争夺战中。但是政府又不同于其他的经济主体,它调控着整个经济发展的方向,掌握着经济发展的未来,只有不断发展创新的政府才能在经济全球化的时代获得最大的发展机遇,并立于不败之地。

浙江中小企业居多,且都在不同程度上参与了国际竞争,进入了国际化的行列。乡镇企业要在国际竞争中立于不败之地,需要基层政府的大力支持。为企业提供更高水平更高质量的公共服务,帮助企业提高自身的国际竞争力,这是乡镇政府公共服务创新的客观推动力之一。

(四) 社会变迁对乡镇政府公共服务创新的推动力

从党的十一届三中全会到现在,我国的经济和社会结构发生了史无前例的变迁,社会主义市场经济体制也日益成熟。市场经济的发展将中国从传统封闭的农业社会解放出来,进入了一个现代开放的工业社会和信息社会,社会的方方面面都发生着深刻的变化,包括社会的结构、政府的管理体制、人民的思想观念等等。如果对这些变化进行深入分析,便可以看出这些变化的本质实际上是社会利益结构的变化。

社会利益结构是社会和政治系统的根本所在,是用来描述社会个体之间、社会个体与社会之间相互利益关系的模式。在一定的生产关系的基础之上,社会个体为了追求各自的利益而相互影响,而社会又对这些影响进行调控,这些影响和调控最终形成的模式便是社会利益结构,经济运行和政治运行都是由社会利益结构来决定的。在传统的计划经济体制下,社会上的利益结构没有出现分化,政府是全能的,具有非常一致的整体性。在这样的社会里,人们没有意识到个人利益,处处体现集体主义,社会利益很单一,社会关系也就很稳定。改革开放之后,国家的所有制结构发生很大的变化,改变了计划经济时代的单纯公有制形式,实行了以公有制为主体、多种所有制经济共同发展的社会经济制度,个体利益逐渐受到重视,人们开始追求自身的利益,社会上出现了众多的个体,利益结构变得复杂起来。随之而来的是人们意识形态的变化,开始更注重自己的权益,寻求自身的发展,这就形成了社会长足发展的基础。政府作为管理整个社会的主体,也认识到这一变化,将一些公民权利归位给个人,仅在公共事务上保留一定的权力。但这一转变过程不会那么顺利,政府面临的问题是如何才能在经济快速发展的大环境下做得更好。

市场经济的发展,要求政府逐渐转变对人们的经济生活调控方式,要从宏观上对利益和资源进行调控,这关键要改革政府有关公共经济资源分配的制度,政府的上下级之间必须建立一种合理的公共产品供给和权力分配模式。社会各种资源的计划、筹备、分配工作不仅仅只由中央政府来做,在中央政府对有关的社会资源进行计划、筹备、分配之后,经过各级政府的传递和任务分摊,最终很多资源的筹备和分配工作是要经过乡镇政府来完成的。从这一点上来看,乡镇政府在整个系统中起着极其重要的作用。而且不得不承认的是,在人们日常生活和社会运转过程中,乡镇基层政府与群众利益切身相关,乡镇基层政府可以更好地供给所辖区域的公共产品和公共服务。这样的转变对乡镇基层政府提出了更高的要求,乡镇基层政府要尽快转变观念,认清社会利益结构调整后的新形势,为人民提供较为完善的公共产品和公共服务。

社会变迁改变了社会上的利益结构,社会利益结构的变化使得人民认识并追求自身的利益,政府为了给社会提供更好的服务,及时且合理地转变了相应职能。中央政府负责全国范围内的统一领导,协调地区间的利益冲突。而乡镇基层政府就负责较小范围内的利益协调,维持广大人民群众日常生活中的利益平衡。可以说社会变迁使得乡镇基层政府有了更大的管理空间，负责的是最具体最实际最贴近人民生活的问题。乡镇政府要适应这样的变化，要从以前被动而单一地完成上级政府交代和布置的任务，变成现在既要服从上级，更要面对公众，大力为公众提供更好更完善的政府公共服务，这样就推动了乡镇基层政府公共服务能力的发展。

社会的发展变迁要求乡镇基层政府职能和工作重点随之相应变化，这在客观上要求了乡镇政府公共服务职能的不断完善不断创新。所以，社会变迁是乡镇基层政府公共服务创新的客观推动力之一。

（五）文化对乡镇政府公共服务创新的推动力

文化会给社会的政治和经济带来一定的影响，也会给政府公共服务的创新带来影响。由于文化对政府公共服务的影响是潜在的，不易被察觉，所以人们往往会忽视文化的作用，但是文化对政府公共服务创新的推动力是长远的、持久的，而且也是非常强大的。

我国政府提倡为人民服务，政府政策制定和日常管理都是以人民的根本利益为出发点。但是从乡镇政府的实际情况来看，我们看到的很多决策方法都带有强制性，凌驾于社会和人民之上。政府工作人员没有践行为民众服务的宗旨，思想上还是传统意义上的官本位、权力本位、政府本位观念，权力范围包括民众生活工作上的所有问题，这样的全能政府不再是为民众服务，而是民众"被服务"。乡镇政府通过上级的政策法规直接管理社会，上级政府重视的只是简单意义上的工作业绩，而不是政府的公共服务职能，没有真正实现为民众服务的工作目标。这样的政府不能满足民众的需要，更不能推动政府公共服务的改革创新。而民众长期来对政府都有一定的依赖心理，这种心理又在无形中巩固了政府的全能地位，使得政府不断完善自己的权力，加强对社会和民众的管理，民众渐渐丧失了自己的主观诉求，只是一味地听从政府的安排。这样的恶性循环将使得政府不能进步，国家不能发展，这违背了社会主义市场经济的规律，也违背了建设现代化国家的宏观目标。

《浙江省国民经济和社会发展第十四个五年规划和二〇三五年远景目标纲要》中提出解码浙江文化基因，深入研究和挖掘南宋文化、南孔文化、永嘉学派、永康学派、阳明心学、和合文化等丰富内涵。① 浙江省第十五次党代会报告进一步要求"打造人文乡村，建设'书香浙江'""加快实现城乡基础设施一体化、公共

---

① 浙江省发改委.浙江省国民经济和社会发展第十四个五年规划和二〇三五年远景目标纲要［EB/OL］（2021-2-10）［2022-5-4］. https://www. zj. gov. cn/art/2021/2/5/art_1229463129_59083059.html.

服务均等化、居民收入均衡化、产业发展融合化。"①所以,乡镇政府要在充分了解和分析浙江传统文化的基础上,取其精华、去其糟粕,结合国内外先进的新公共管理理论和成功的公共服务实践,结合当地乡镇政府的具体实际,得出一条适合浙江乡镇基层政府可持续发展的改革之路,推动乡镇基层政府公共服务的持续发展创新。

二、乡镇政府公共服务创新的主观动力分析

乡镇政府公共服务创新的主观动力也有很多方面,本章主要通过以下四点来论述:为适应经济体制而产生的公共服务创新的推动力、为满足利益需求而产生的公共服务创新的推动力、发达的中介组织对公共服务创新的推动力、政府官员对公共服务创新的推动力等。

(一) 为适应经济体制而产生的公共服务创新的推动力

浙江出现过很多创新,比如个体户、私营企业,比如雇工经营、合伙经营的创新等等,这些社会经济现象都是浙江人在解决最基本的温饱问题的驱动下作出的创新举措。改革开放初期,整个国家有关个体经济私营经济的政策都不明确,公众对于个体经济、私营经济、雇工、老板等词语有很多避讳,人们对于浙江地方的经济发展方向也提出了很多的质疑。在这种社会大背景下,浙江的经济体制没有像人们预期的那样改变,而是从实际出发,依据当地的实情,实事求是地发展。特别是浙江的基层政府,能够为民着想,尊重人民的创新精神和创造力,为浙江人营造了适合的营商环境,促进了地方经济的快速发展,形成了区域特色的"草根经济"。以温州为例,当地政府于 1978 年制定了私营企业管理的暂行条例,这是全国第一个私营企业管理暂行条例,是温州私营企业成长发展的法律依据。为了与当时的社会政治方向调和,消除社会公众对个体企业私营企业的顾虑,浙江省的很多基层政府采取了折中的方法,让个体企业和私营企业用集体企业的招牌。这样的"戴红帽子"的举措,成功地维护了新生个体企业与私营企业的利益,让民营企业有了成长发展的机会。

改革开放的 40 多年,也是基层政府创新的 40 多年。浙江经济的快速发展,经济体制的不断完善,是浙江人聪明才智的结果,也是乡镇基层政府的明智决断。进一步说,浙江改革开放的 40 多年,形成了相对发达的浙江市场经济体制,

---

① 袁家军.忠实践行"八八战略"坚决做到"两个维护"在高质量发展中奋力推进中国特色社会主义共同富裕先行和省域现代化先行[N].浙江日报,2022-06-27(001).

而相对发达的市场经济体制,又为基层政府公共服务的提高和创新提供了必要的经济、政治和社会基础。

浙江的快速发展在一定程度上促使中央和地方各级政府不断改革经济体制,使其能够解决发展过程中遇到的问题,适应经济快速发展的要求。而体制的改革,又要求乡镇政府不断提高公共服务的质量和水平。因此,乡镇基层政府为适应国家、地方不同时期的经济体制变迁,或主动或被动地推动了公共服务的创新与发展。

(二)为满足利益需求而产生的公共服务创新的推动力

马克思曾经说过:"人们奋斗所争取的一切,都同他们的利益有关。"[1]利益是人所共有的,是个人和由个人形成的组织以及相关活动的根本动因,而利益的根本动因和根本前提又是人的需要。人活着就会产生需要,没有需要,人也就没有了生存的意义。人的各种各样的需要,使得人能够具有作为人所必需的特征,需要表现了人的生命活动,是人本质的基本内涵。由此看来,社会组织,特别是政府组织和其内部所有成员也会追求政府自身的利益,而且这些有关自身利益的追求是非常合理的。进一步说,如果没有利益的驱动,政府及其成员的所有行为都是短暂的而不稳定的,也是非理性的。理论上来说,公共选择学派认为,政府和个人一样,是一个完整的利益个体,政府也会不断追求自身利益的最大化,公共选择学派称这种追求利益的行为为政府的"内在效应",或者政府的"内部性"。政府的"内部性"是指政府等社会公共机构和其工作人员在日常工作和运作中,不仅追求公共利益和社会利益,还追求自身的目标和自身的利益。[2] 目前的主要情况是以地方分权为主,而非传统的中央集权,市场经济通过各个地方的竞争来形成和发展,所以地方利益的追求者和实现者便是基层政府及其工作人员,基层政府所有行为的主要动机便是维护所辖区域内的利益。

本质上来说,利益属于社会关系范畴,是人们在日常生活中通过一定的社会关系表现出来的一种社会化的需要。社会上的个体通过占有社会上的劳动产品来维持自身的生存和发展,利益就产生在这一过程中,是社会个体和劳动产品之间的相互对立统一的关系。以上所述深刻地表述了利益的实质所在,即社会上的个体为满足自身的需要而与作用对象之间发生的对立统一的关系。[3] 只有相互对立的情况下才可能产生利益,如果个体的需要可以没有任何阻碍地得以实现,这种需要就不能进一步地变成利益。相反,如果个体的需要不能顺利地实

---

[1]　马克思,恩格斯.马克思恩格斯选集:第1卷[M].北京:人民出版社,1995:261.

[2]　贾修伟.政府"内部性"新探[J].辽宁行政学院学报,2009(11).

[3]　楼利明.论公共利益——一种哲学式的诠释[J].浙江学刊,2007(4).

现,才能变成利益。利益是一种引起个体强烈需要的满足,可以维持个体持久的注意力,可以促进个体不断地追求进步、追求完美。

自从改革开放我国实行社会主义市场经济的政策以来,人民的生活水平日益提高,我国已经开始全面建设社会主义现代化强国,人民的温饱问题已经基本得以解决,通常无须再追求这些基本的生存需要,而是追求更高水平的生活质量,社会公共服务问题也必然的成为中心问题。消费观念发生了较大的变化,消费观念、内容、方式等方面已经变成了现今的享受型消费、服务型消费,人们越来越重视政府的公共服务的质量。这样的改变从本质上要求基层政府转变先前的竞争规则和竞争环境,改变原有的产品竞争方式,形成整体的综合环境竞争,实际上就是要求基层政府不断提高自身的公共服务水平和公共服务质量。因此,要推动当地经济社会的快速健康发展,要在新时期的政府能力竞争中赢得不败之地,最关键的就是提升基层政府的公共服务的创新能力。

20世纪80年代以来,因为改革开放的实施,财政体制也相应地进行了改革,地方经济实力不断加强。财力的增强使得乡镇基层政府不断完善公共服务的建设,形成了推动乡镇政府提高公共服务能力水平的动力,客观上导致了乡镇基层政府在公共服务的提供中起着越来越重要的作用。其一,地方财力的增强让乡镇基层政府有了自身的利益追求目标,有了目标就形成了相应的不断完善公共服务能力水平的需求,这是乡镇基层政府不断创新的动力;其二,乡镇基层政府因为财政体制的改革,获得了更多的权力,特别是资源配置权力,使得基层乡镇政府有了获得利益最大化的途径,有了提高政府公共服务质量和水平的方法。

乡镇基层政府在社会主义市场经济体制改革的进程中,不断追求自身和基层民众合法利益的同时也逐渐地提升了自身公共服务的能力和水平。因此,乡镇为满足自身的利益需求,推动了公共服务的不断创新。

(三)发达的中介组织对公共服务创新的推动力

社会中介组织代表各行各业的整体利益、对现实的要求和对未来的期望,他们反映民众的现实状况,并能够积极参与政治活动,成为党和政府与各行业之间的纽带,集中反映利益要求,为社会形成一种直接的监督机制。同时,社会中介组织还为实现社会制约国家权力提供重要保障机制。这主要就在于社会中介组织的领导人都有一定的地位和声望,他们通过人大、政协和媒体提出质疑,发表批评意见,引起有关政府部门的注意和重视,有效发挥社会监督的作用,客观上提高民众的参政热情。总的来说,社会中介组织将不同的企业、个体经营者、公民联系在一起,通过规范的组织规章制度,在加强组织自我管理与自我完善的同时整合不同群体的利益，并将这些利益诉求和参与政治生活的权利的愿望、要求，通过收集、筛选、综合，并及时、迅速、有效地汇总给政府。政府在对这些利益诉求和政治权利要求作出回应后，社会中介组织还对其贯彻执行进行监督，要求政府行政信息公开，反对"暗箱"操作，从而促进政府规范自身行为，阳光行政。中介组织存在的合法性是由多元化的政治格局决定的，其存在有利于促进政治的不断发展，有利于政治格局朝着多元化的方向发展，有利于促进政治的民主化。比如某服装商会曾在一次大会中做过这样的报告：商会经常组织会员企业学习政治理论，不断引导企业学习先进思想，既要让他们懂得致富思源，也要让他们懂得富而思进，鼓励企业为社会公益事业多做贡献，为学校、为希望工程、为保护环境、为灾区人民送去爱心，送去温暖。百货商会和美容美发商会还要求会员企业不断推广行业技术，不断提高自身的行业技能和服务质量，制定了许多相关的质量规范和行业准则，并且很多的规范和准则都来自社会主义精神文明建设的内容。

社会中介组织主要是指在社会主义市场经济中，既独立于政府与市场之外，又在政府与市场之间起着沟通和连接作用的社会组织，在西方国家也被称为第三部门。浙江发达的个体经济和民营经济促进了社会中介组织的快速发展。社会中介组织区别于政府、社会、企业、个体，是一个中间协调层，协调政府、社会的宏观管理层和企业、个体微观管理层之间的各种矛盾和冲突，其存在有着重大的价值和意义。不能将社会中介组织简单地看成是政府的附属，或者是企业的发言人，也不能将其看作是政府和企业间、政府和社会间的一个行政机构，更不能将其看作是政府的另一种形式。社会中介组织是为了满足市场经济快速发展的内在需要而出现的，可以将其看成是一个缓冲带，让民营企业在面对市场激烈竞争的时候，能够将自身的利益最大化作为出发点和落脚点。社会中介组织既可以保护企业的利益，又可以维护整个行业的正常运行秩序，使得企业与政府、市场的关系不再对立，形成良性的互利合作、荣辱与共的健康发展关系。

某镇是著名的工业强镇，有相对独立的工业委员会，起着非常重要的中介连接作用。工业委员会加强自身素质的提升和发展，对重点企业进行基础知识的培训，建立如资金担保中心、会计代理中心、人才储备中心等有偿中介服务机构，另外还集中力量加大品牌的宣传力度。镇工业委员会要求自身有超前的服务理念，要不断加强组织的综合素质，并且能够依据动态的市场规律和企业集团的发展需求不断创新公共服务。镇工业委员会将形成气候的优秀行业集合起来，给这一地区其他行业企业形成完整的参照和模仿的模板。①

由于各乡镇间的竞争环境和市场经济的利益导向,各地在寻求自身发展中,其社会中介组织也从无到有,发展壮大。社会中介组织的建立和完善,打破了一直以来社会关系中政府主导的格局,是地方经济快速发展的过程中不可缺少的一部分,承担了重要的职责,具有独特的社会政治功能和经济功能,是其他的社会组织和社会团体无法取代的。

社会中介组织体现了所代表的社会团体的利益和愿望,相对发达的中介组织要求更高水平和更高质量的政府公共服务。因此,中介组织不断发展、壮大的要求在主观方面推动了乡镇政府公共服务的不断创新。

(四)政府官员对公共服务创新的推动力

乡镇政府公共服务创新的主观动力中除了政府建设的经济体制、政府的利益需求、中介组织不断发展壮大以外,客观地讲,基层官员的推动力也起着不可忽视的作用。

乡镇政府公共服务创新的动力中,政府官员的推动力也包含在政府自身的利益需求的范畴内。不管是从乡镇政府官员其个人的角度来讲,还是从他们自身追求的政绩最大化的需要来讲,都是所有创新推动力中更为主观的推动力。按照学术界普遍认可的假设,乡镇政府官员就其本质上来说就是政治企业家,他们所要经营的业绩就是政绩,要不断追求政绩的最优化、最大化。在以经济建设为中心这个基本点的引导下,乡镇政府的政治企业家们越来越清楚地认识到他们的经营业绩是通过本乡镇的经济发展水平来衡量的,经济指标的高低标准就是他们政绩的优劣标准。而在改革开放与经济转轨的过程中,处处充满着改革创新,政府官员意识到市场经济就是要不失时机地、大胆地改革创新,不断改革原有的政策制度、法律法规,为市场经济的进一步发展提供更加便利的公共服务。

乡镇政府官员的政绩观影响了政府政策制度、法律法规的制定和完善,从而影响了乡镇政府公共服务发展和完善,因此,乡镇政府的官员是乡镇政府公共服务创新的推动力之一。

三、增强乡镇政府公共服务创新动力的对策

虽然乡镇政府公共服务创新具有诸多的动力,但是不可否认的,乡镇政府的

---

① 赵华亚.伊伟萍. 转变职能 服务创新——记温州市瓯北镇工业企业管理委员会主任瞿增甫[J]. 中国乡镇企业,2001(6).

公共服务还存在很多的不足之处。在今后的一段时期内,特别需要学界和政界不断地对乡镇政府的改革创新实践进行梳理和分析,探讨出进一步完善的策略,发现更多的能够增强乡镇政府公共服务创新的动力,从而促进乡镇政府公共服务创新持续健康的发展。

(一)转变公共服务理念意识,增强公共服务创新动力

要增强乡镇政府公共服务创新的动力,首先要提高的就是政府的服务理念和服务意识。浙江具有"敢为人先"的创新理念,这使得乡镇政府在推进政府公共服务过程中有了基本的创新意识,这也是推进乡镇政府公共服务创新的核心。政府的公共服务本质上是为了人民群众而服务,为了建设社会主义和谐社会而服务,其最终的服务目标是公共利益。政府提供的公共服务要以社会大众的需求为根本,要以公众的意愿为标杆,全心全意地为社会和公众提供足量优质的公共服务。所以,乡镇政府要不断地推动公共服务改革创新。

要实现公共服务不断创新的目标,就要彻底消除"官本位""政府本位""权力本位"的错误思想,要坚持"以人为本"的服务理念,树立"以人为本""以市场为本""以社会为本"的正确思想,做到一切从人民的根本利益出发,不断增强"公仆意识",牢记全心全意为人民服务的宗旨,要确确实实地做到"向人民学习、为人民服务、请人民批评、让人民满意"。① 推动乡镇政府公共服务创新,要树立正确的服务理念,要不断加强党政能力建设,要切实从最基本的观念上入手来解决问题。乡镇政府的服务理念,发展观要坚持以人为本,政绩观要坚持执政为民,法治观要坚持依法行政。②

(二)提高群众监督意识,增强公共服务创新动力

浙江率先发展了市场经济,群众有着发展市场经济必须具备的前瞻意识,但是在有了这样的前瞻意识之后,基层乡镇政府并没有相应的提高自身的公共服务能力和水平需要加强群众监督。群众监督是指群众在宪法和法律规定的范围内,对国家机关、各级政府以及工作人员的日常工作和权力的实施进行的监督。③ 群众的监督有权力性的特征,是受到国家宪法和法律保护的权力,本质上来说是国家用人民的监督权来制约政府的权力。群众监督还有自觉性的特征,群众的监督意识是由公民自发形成,为了解决日常生活工作中遇到的问题而产生的。

---

① 熊坚.论完善行政问责制之路径选择[J].理论导报,2007(8).
② 杜尤.论和谐社会视野下的我国政府形象建设[D].成都:四川师范大学,2009:32.
③ 李红梅,曹军,李曼伟.论公民监督意识[J].和田师范专科学校学报,2007(1).

乡镇政府的公共服务还很不完善,没有形成一套完整的法律法规,离法治社会的目标还有一定距离,存在很多人治、领导拍板决定的现象,使得群众没有监督意识,或者监督意识淡薄。乡镇基层政府要在提高群众科学文化素质、法律素质的基础上,创造宽松的行政环境,培养群众的监督意识,为群众提供便利的监督渠道和途径。通过广开言路、集思广益方式,通过群众的监督增强乡镇基层政府公共服务创新的动力。

(三)借鉴国内外先进经验,增强公共服务创新动力

有关乡镇基层政府公共服务创新方面的先进经验和案例有很多,比如起源于美国二战时期的公共服务签约外包模式、德国的地方政府公共服务创新模式、爱尔兰经纪人角色的政府公共服务创新模式。国内方面也有很多值得借鉴的案例,由中央编译局举办的"地方政府创新奖"已经收录了诸多的地方政府创新案例,案例中有很多地方都有着与浙江乡镇政府相似的历史和背景,浙江乡镇基层政府可以充分借鉴利用,将这些先进案例与本地区的现实情况相结合,制定符合当地现实情况的具体措施和相应的法律法规,促进乡镇政府公共服务的不断提升。

(四)培育发展中介组织,增强公共服务创新动力

社会中介组织的发展影响着整个社会的发展,可以说社会中介组织的成熟程度代表着当地市场经济的发展程度,这是市场经济不可缺少的重要组成部门。既然乡镇基层政府不能成为市场经济的主体,而是让企业变成独立的市场经济的主体,那么在乡镇基层政府退出市场这段较长的期间里,只有让社会中介组织来替代,有效地管理市场。社会中介组织的多元化能够有效地弥补乡镇政府因改革带来的诸多空缺,切实地解决市场的矛盾问题。

目前,中介组织中有很多都是从原来政府中改制形成,或者是由政府培育形成,这些带有政府遗传性的社会中介组织是乡镇基层政府在职能转变时期的重要社会基础,也可以通过它们来转化一些政府职能中具有较强社会化的职能。所以乡镇基层政府要在现有的社会中介组织的基础上,大力培育和发展更多更好的社会中介组织,为他们创造完善健康的发展环境。与此同时,还要重点加快制定相应的法律法规,加强对社会中介组织的管理和监督,使之走向法治化,让社会上的各类中介组织能够健康快速地成长。

(五)提升公务员整体素质,增强公共服务创新动力

如果说国家管理社会公共事务是通过政府的组织结构形式来实现的,那么政府对社会公共事务的管理就是通过政府工作人员,即公务员来实现的。公务员是政府各级组织结构中最基本的因素,也是落实执行政府每一项具体工作和

职能的现实载体。所以，对公务员进行有关公共服务各方面的教育是非常必要的，要提升公务员的自我约束能力和为民服务意识，从根本上转变角色，真正成为人民的公仆。同时，通过加强公务员队伍的建设，也可以实现行政文化与政府亲和力形象的重新塑造。乡镇政府因为处在行政等级的最基层，其公务员的整体业务素质偏低，思想观念明显落后，所以乡镇基层政府公务员的队伍建设问题尤为突出。要利用各方面的有利条件，重点解决乡镇基层政府公务员的素质问题，包括提高相应的业务素质，改变陈旧的思想观念，完善法制与运作机制等等，在提升公务员素质的同时，不断增强乡镇基层政府公共服务的创新动力。

一个好的班子带头人对于基层党组织乃至区域都有很强的带动作用。群众的最大愿望是发展经济，不断增加收入，过上富裕文明祥和的好生活。因此，发展经济，全面建设社会主义现代化强国是基层党员领导干部的第一职责。打铁还靠自身硬，唯此才有威信和感召力，才能团结带领班子成员做好工作。

班子带头人首先要提高致富本领，带头调整产业结构，带头推进科技进步，带头致富起标杆作用，把自身勤劳致富的方法和本领传授给其他党员和群众，真心实意地关心群众冷暖，帮助群众致富。在实际工作中扶持一批致富本领强、带富水平高的党员能人进入基层党组织，切实增强基层党组织带就业、带集体、带增收的能力。以淳安县枫树岭镇下姜村为例，该村位于淳安西南山区枫林港下游，全村辖4个自然村、8个村民小组，共有225户759人，其中党员43名。2015年全村实现农村经济总收入4007.62万元，农民人均可支配收入17963元。该对从一个落后村转变为加速发展村，就在于坚持"绿水青山就是金山银山"的发展方式。原来村容村貌存在脏乱差的现象，村里班子决定改善环境发展民宿，当时很多群众都在观望，怕自己投资了花了心思却打了水漂。枫树岭镇通过让镇里优秀干部挂职任驻村第一书记的方式，敦促该村党支部书记从自身做起，将班子成员先发动起来，进而带动群众一起致富。

(六)加快基层数字政府建设，增强公共服务创新动力

信息时代早在20世纪末就已经来临了，电子政务就是信息化给政府带来的改变。电子政务是指政府通过充分利用现代科技信息技术和便捷的通信技术，把握更有利的时间、地点，找到更合适的场所和方式，运用各种各样不同功能作用的信息服务设施设备，建立一个负责任的、具有高效率和高回应力的、提供更高服务品质的优秀政府，为公民个人、企业、社会组织及政府机关提供先进的自动化信息服务及其他服务，处理和解决发展过程中遇到的各种问题，完善自身的

综合能力,并可以更好地服务社会。①

随着信息社会的发展,电子政务走向系统性的数字政府。乡镇处于行政机构末端,数据鸿沟明显,且长期面临"点多、线长、面广"和基层监管人力相对短缺的矛盾。用"数"补短拆,用"智"缩差距。要建立健全公共服务型政府,实现政府高效运作的目标,数字基层政府建设是必要的途径,它为政府改革提供了技术支持。电子政务主要是利用完整而统一的信息资源,借助语音、视频、互联网等现代化科技手段,通过一定的网络服务系统,为公众提供更为方便的多元化的优质服务,进而改进政府的公共服务质量和水平。② 推行电子政务还有利于政府应用先进的管理模式,促进政府组织结构向扁平化的方向发展,逐渐减少政府的等级层次,减少办事程序,简化流程,从而实现"小政府、大社会"的改革目标,节省行政管理成本,促进基层政府高效运行。另外,数字政府的建设还有利于政府与社会大众之间的信息交流和资源共享,为政府提供了更大的公共服务优势,还可以增强政府和群众的社会回应力和整体反应力,方便公众参与政府的日常管理。

四、乡镇政府公共服务创新的思考

乡镇政府的公共服务创新是主客观动力共同作用的结果,两方面的动力都很重要,缺一不可。客观上的动力给乡镇政府公共服务的创新提供了前提和基础,为其提供了创新的可能性,而主观上的动力决定了乡镇政府公共服务创新的发展方向、发展内容和发展速度。乡镇政府要充分认识到所处的外部环境,并充分利用好有利的环境,抓住机遇,全力发展。还要充分认识到自身的基础条件和不足之处,不断地提高和改进公共服务能力,在面对机遇时能够认识并抓住机遇,进而充分利用机遇。

虽然在全球性新冠肺炎疫情的影响下,各地的经济发展遇到了比较严重的困难,但是从政治、经济、社会的总体上看来,乡镇并没有出现明显经济萎靡的现象,这证明了乡镇有着很强的生命力。经济全球化带来的影响还在不断扩大,我国的经济仍在快速地发展,政治体制的改革也在不断进步,从这样的大环境看来,乡镇政府公共服务创新的动力会更加强劲。在乡镇自身建设方面,要注重充分利用好原本具备的有利条件,再改进自身的不足,结合国内外发展潮流,浙江乡镇政府公共服务创新一定会与时俱进,永立潮头。

---

① 王勇.地方政府电子化政府建设中存在的问题及对策[D].吉林:吉林大学,2007:27.
② 吴玉宗,赵晓一.网络环境下的服务型政府建设[J].学习论坛,2011(1).

第十一章 夯实基层基础、加强社会治理

经济调节、市场监管、社会管理和公共服务是政府的重要职能。作为市政府下属的城区政府,其经济调节和市场监管的职能有限,而社会治理和公共服务则是城区政府最重要的职能。在建设服务型政府和社会多元化的今天,加强基层组织建设和基层民主建设,对于维护社会稳定有重要意义。

一、社会治理是城区政府的主要职能

(一)城区政府的职能

政府的职能随着社会经济形势的变化而变化,它是动态的过程,不是完全静止的状态。从中国城市化的发展来看,城区政府的职能呈现出经济管理职能逐步减弱、社会治理和公共服务职能逐步加强的趋势。随着我国市场经济体制的逐步完善,城区政府管辖下的经济主体已经日益成熟和壮大起来,这些经济主体不再需要城区政府去干预和支持。而政府作为弥补市场失灵的角色则需要承担起更多的社会治理和公共服务的职能,只有这样我国的经济社会发展才能在市场和政府两个调节器的充分作用下得到协调发展。

(二)乡镇是社会治理的重要基础

城区政府要承担起有效管理社会的责任,必须依靠乡镇(街道)。乡镇和街道都是基层政府,但行政权限略有不同,街道办事处是城区政府派出机构,承担更多公共服务职能。为表述方便,下文使用"乡镇"来统称。

1. 乡镇是最基层的行政组织,是城区政府工作的基础

乡镇是我国的基层政府,是最直接与群众相联系的地方政府,而街道是城区政府的派出机构,是直接代表城区政府进行社会治理和公共服务的机构。加强社会治理、维护社会稳定,不能不依靠基层政府,因为它们直接联系群众,直接管

理着群众。不紧密地依靠基层政府,城区政府就没有办法进行有效的社会治理,也没有办法维护社会稳定。我们知道,城区政府除了通过自己的职能部门独立从事一些管理工作以外,其大量的工作职责和任务都要分解到各个乡镇,要由乡镇去完成城区政府的大量工作。作为基层的政权组织,乡镇把城区政府分解的职责和任务承担起来,具体贯彻和落实下去。特别是社会治理和维护社会稳定方面的工作,必须通过城区政府的基层组织来开展。

2.乡镇工作是城区政府工作的延伸

城市政府是城市整体管理的主体,承担着城市建设、城市管理和城市发展的全部职责。而城区政府是承担城市政府分配的职责和任务的次级政府,城市政府必须依靠城区政府的工作,才能有效地推进城市行政。而城区政府的工作除了少数由自己独立完成外,大量的工作都需要基层才能完成。因此,乡镇工作是城区政府工作的向下延伸。这个延伸的重要性在于,只有这样才能真正使城区政府的职能得以履行和实现。

3.乡镇政权是连接城区政府与基层组织的桥梁和纽带

社会治理不只是政府的事情,需要社会组织和群众团体协同合作才能实现善治。基层群众自治组织最主要的是城市居民委员会和农村村民委员会,具体指导和联系它们的是街道和乡镇。地方进行社会治理、维护社会稳定,关键在于基层群众自治组织是否能够认真领会党和政府的法律、法规与政策,能否积极在群众中间进行宣传、劝说,能否自觉地贯彻、执行这些法律、法规和政策。要让党和国家的政策成为广大人民群众的积极行动,没有基层自治组织的帮助与配合不可能实现。而要广大群众积极行动起来维护社会稳定,协调利益冲突、建构和谐关系,就不能不依靠街道和乡镇这个桥梁和纽带。

二、基层组织在社会治理中存在的主要问题和对策

随着社会变革进程的加快和政府机构改革力度的加大,乡镇政府的一些行政职能权限相继被剥离,乡镇政府"空壳化",乡镇政府成了"联合国"。所谓"上面千条线下面一根针",上级部门分派的任务最后都下到乡镇甚至村一级,这就给乡镇在社会治理中带来了一些问题。为了解决这些问题,城区政府在基层社会治理方面应作出调整,重点是如何评价和推进基层社会治理,如何深化改革、实现体制创新,如何完善政策,以人为本夯实街道乡镇的组织基础,构建和谐社会等。

（一）职责不明确

当前基层工作存在的主要问题是职能不全、权责不配套。乡镇政府权责不

对等，"看得见的管不了，管得了的看不见"，权力出现"空壳化"。随着机构改革的深入，一些行政职能权限相继从乡镇体制中剥离，实行了垂直管理，但是这些行政职能的责任和义务却没有随之脱钩，造成"权在上面，责在下面"。在实际行政过程中，由于职责划分不清楚，有些本应该由职能部门承担的工作职责被变相地转嫁到乡镇政府上去，年终的工作考核最后都落到乡镇，基层减负任重道远。

（二）条块关系不顺

街道或者乡镇最需要加强的方面是理顺条块关系、整合管理职能。由于乡镇机构设置、职能设定与政府行为在立法上的相对滞后，缺乏统一的基层工作领导和协调机构，在权力"垂直运作"的影响下，乡镇政府为了"生计"，千方百计地寻求权力支撑；而一些垂直管理部门为了更好地行使在基层的权力，将一部分权力"让渡"给乡镇政府，与乡镇政府分摊收益。在这种权力格局下，乡镇政府成了各种权力的主动和被动行使者，逐步演化成一个权力"空壳化"、责任无限化的政府组织，从而造成了责权不对称和职能的错位、越位局面。所以乡镇在很长时间内工作重心在于经济职能上，而在社会治理职能执行方面比较欠缺。

（三）权责不配套

当乡镇政府逐步演化成一个权力"空壳化"、责任无限化的行政组织时，乡镇或街道办事处的工作就会出现责任大权力小、无法有效管理的局面，被人戏称为："芝麻大的官，巴掌大的权力，天大的责任。"而且这种职能弱化、责权分离的趋势仍在加剧，直接影响到了乡镇政府行政职能的有效发挥。因此，必须增强基层组织的权力和责任，加强乡镇在社会治理方面的权限。另外，财政权也是一个亟待解决的问题，只有解决好了财政权的问题，才能有效地实现基层社会治理。

（四）机构设置不合理

目前基层机构改革不彻底，陈旧体制弊端依然存在。源于计划经济时代的政府机构设置，虽然经过了多次的变革，但仍然没有完全摆脱计划经济模式的影响。从 1998 年开始，中央、省、市政府就在进行政府机构改革，基层政府机构也作出了相应的调整，撤销合并了部分机构。但是在这些过程中又滋生了很多新问题，相当部分人认为乡镇工作不得力的一个重要原因就是上级各个部门的权力未下放到基层，传统计划体制中所具有的封闭半封闭、政企不分、职责不清、效率低下、政府机构设置科学性不高等情况依然存在。必须把社会治理方面的一些职能充实到乡镇或街道办事处，进行相应的机构设置改革，才能有效地夯实基层基础。

（五）能力素质不适应

乡镇有充实管理人员的必要，同时基层政府工作人员本身应具有过硬的政治思想素质,必须提高其服务意识与服务能力,以适应新时代新环境的要求。居民或村民素质的高低也会对街道乡镇的社会治理产生重要影响,所以对居民的法治宣传和道德教育仍然很有必要。对乡镇干部而言,随着改革开放的进一步深入,还需要具有与市场经济相适应的思想和能力素质,以便在适应经济和社会环境发展的情况下更好地完成基层政府的公共管理工作。这些思想和能力素质包括服务竞争意识、法治平等意识、注重效率和强化效益意识、合作和创新能力等。

(六)社会治理特别是维护社会稳定的任务越来越重

在当前,中国处于社会转型的大变局中,社会矛盾集中、社会冲突易发,维护社会稳定将在比较长的一个时期内成为城区政府越来越重的任务。随着城市化的加快,城市改造与扩张中的征地拆迁、城市外来人口的大量涌入等都会带来大量的社会矛盾,加上城市人口老龄化、城市贫富差异,城市所积累的社会矛盾会越来越多,引发群体性事件危及社会稳定的可能性也在增加。所以,城区政府将承担越来越多维护社会稳定的职能。随着属地化管理的推进,也将会有越来越多的社会治理的职责赋予城区政府,例如城管监察、社会治安综合治理、市容市貌、环境卫生、计划生育、民政、司法、文化、教育、体育等。这些工作有以下几个明显特点:一是社会性。上述工作不仅需要政府有关部门来管理,还需要社会各阶层的大力支持。二是群众性。上述工作涉及每家每户,只有众多居民的理解、支持和广泛参与,才能做得出色。三是区域性。上述工作如果由市集中统一管理,一是人员不足,易留死角,管不过来;二是城市实行的是“两级政府、三级管理”体制,将这些工作由各区实行属地管理,既可以发挥区、街、各群团熟悉情况的优势,又可调动各城区的积极性。

要破解基层组织存在的种种问题,提升政府的社会治理水平,维护社会稳定,构建和谐社会,就不得不探寻此中原因,并提出相应对策。首要问题在于长期以来管理体制机制的改革滞后于经济社会的发展和变化,传统社会管理模式无法适应经济社会的快速发展,这就必须打破原有社会管理体制的条条框框,吸收国内外社会治理的先进理念,打破官本位思想,同时加强管理人员的培养。在立法方面,基层政府作为政府体系的基础部分,其社会治理职能设计与执行的效果在很大程度上决定了包括中央政府在内的整个政府系统社会治理绩效的成功与否,进而影响到政府对社会事务的治理效果。但是在实际立法过程中,因为部门利益的博弈,绝大多数的法定职权无法到达基层,造成“看得见的管不着,管得着的看不见”这样权责不一的尴尬状态。这种状态从某种程度上说就是行政体制改革滞后在基层的突出体现。要真正改变当前社会治理薄弱的现状,在加强基层组织建设的同时也必须对上级主管部门的权责进行改革梳理，这样才能对社会治理水平的全面提升起到根本的推动作用，从社会管理向社会治理转变，为维护社会稳定和发挥基层民主提供现实路径。

三、基层社会管理向社会治理的转变路径

改革开放以来，中国共产党对社会建设的认识走过了逐步深化的历程，这集中体现在从"社会管理"到"社会治理"的转变。1998 年，九届全国人大一次会议通过的《关于国务院机构改革方案的说明》首次出现"社会管理"一词，"要把政府职能切实转变到宏观调控、社会管理和公共服务方面来"被列为行政管理改革的首要目标。随后，"社会管理"频繁出现在党和政府的文件中。2002 年，党的十六大报告提出政府"要坚持打防结合、预防为主，落实社会治安综合治理的各项措施，改进社会管理，保持良好的社会秩序"。2003 年，党的十六届三中全会通过的《中共中央关于完善社会主义市场经济体制若干问题的决定》指出，"完善政府社会管理和公共服务职能，为全面建设小康社会提供强有力的体制保障"。这就把社会管理与完善社会主义市场经济体制、全面建设小康社会紧密联系起来。2004 年，党的十六届四中全会从加强党的执政能力建设、构建社会主义和谐社会的角度突出了加强社会管理的重要性，并对如何加强社会管理作出了重要部署。全会通过的《中共中央关于加强党的执政能力建设的决定》首次提出"建立健全党委领导、政府负责、社会协同、公众参与的社会管理格局"。2006 年，党的十六届六中全会通过的《中共中央关于构建社会主义和谐社会若干重大问题的决定》将"社会管理体系更加完善"列为"构建社会主义和谐社会的目标和主要任务"，指出"加强社会管理，维护社会稳定，是构建社会主义和谐社会的必然要求"，强调"在服务中实施管理，在管理中体现服务"。2007 年，党的十七大报告提出"推进社会体制改革，扩大公共服务，完善社会管理，促进社会公平正义"。2012 年，党的十八大报告将社会管理和民生并列为社会建设的重要内容，强调"社会管理法律、体制机制、能力、人才队伍和信息化建设""改进政府提供公共服务方式"以及"加强基层社会管理和服务体系建设，增强城乡社区服务功能，充分发挥群众参与社会管理的基础作用"的重要性。2013 年，党的十八届三中全会正式提出，"全面深化改革的总目标是完善和发展中国特色社会主义制度，推进国家治理体系和治理能力现代化"。全会通过的《中共中央关于全面深化改革若干重大问题的决定》5 次提到"社会治理"，并专列一章部署创新社会治理体制，从改进社会治理方式、激发社会组织活力、创新有效预防和化解社会矛盾体制和健全公共安全体系等方面对如何创新社会治理体制进行了阐述。这标志着"社

会治理"成为理解全面深化改革的关键范畴,也标志着中国共产党执政理念的新变化。2019年,党的十九届四中全会《决定》提出坚持和完善共建共治共享的社会治理制度,强调完善党委领导、政府负责、民主协商、社会协同、公众参与、法治保障、科技支撑的社会治理体系,建设人人有责、人人尽责、人人享有的社会治理共同体。

从"社会管理"到"社会治理",虽然只有一字之差,但在内涵上却有着诸多本质性差异。社会管理主要是政府和社会组织为促进社会系统协调运转,对社会系统的组成部分、社会生活的不同领域以及社会发展的各个环节进行组织、协调、服务、监督和控制的过程;社会治理是指政府、社会组织、企事业单位、社区以及个人等多种主体通过平等的合作、对话、协商、沟通等方式,依法对社会事务、社会组织和社会生活进行引导和规范,最终实现公共利益最大化的过程。由此可见,社会管理与社会治理在主体、对象、实现路径等方面存在区别。

首先,二者的主体即"谁来管理/治理"不同。虽然社会管理是从政府和现代社会两个方面进行的管理行为,但其重点突出政府的主导性作用,因此其主体相对单一,主要是各级政府及其职能部门;而社会治理强调合法权力来源的多样性,其来源既可以是政府机关,也可以是社会组织、企事业单位、居民等,其主体呈现出多元化的特征。

其次,二者的对象即"管理/治理什么"不同。社会管理涉及社会领域的方方面面,过于宽泛,在实践中不容易把握、很难界定;社会治理则聚焦于激发社会组织活力、预防和化解社会矛盾、健全公共安全体系等。不同于社会管理在实践中往往被理解为无所不包,社会治理的核心议题是处理好政府与社会的关系,弄清楚哪些社会事务需要政府、市场和社会各自分担,哪些需要政府、市场和社会共同承担。

最后,二者的实现形式即"如何管理/治理"不同。社会管理表现为主体从自身主观愿望出发来管理和控制社会,因此社会管理的实现形式是单一的自上而下型;而社会治理体现了民主发展的新趋势,它重视社会力量的发挥,鼓励社会的自主表达、协商对话,并形成共识,从而形成代表最广大群众根本利益的公共政策。相比于社会管理,社会治理更加鼓励和支持各方面的参与,更加强调社会力量的作用而不是政府单方面的管控,更加重视制度建设,更加侧重用法治思维和法治方式化解社会矛盾。

之所以从强调"社会管理"转向强调"社会治理",就在于随着改革开放的深入,我国工业化、城镇化、市场化、信息化、国际化进程不断加快,体制转轨与社会转型全面推进,社会结构、社会组织形式、社会利益格局、社会价值理念等都已经并继续发生着深刻的变化,这给传统的社会管理模式带来了新的挑战。

第一，在工业化过程中，资本密集型和技术密集型工业会逐步代替劳动密集型工业，从而导致结构性失业和劳资冲突的加剧；工业化也可能带来资源的过度消耗和环境的污染，可持续发展的压力增大；工业化还可能带来人口结构的变化，老龄化社会导致劳动力供给和社会养老与保障问题日益突出。

第二，在城镇化过程中，随着农村人口向城市的大规模转移，流动人口的管理成为城市管理的新课题；城市在空间和规模上的不断扩大，则对城市规划、发展与城市人口服务提出了新的要求，导致住宅紧张、交通拥塞、犯罪率上升、日常生活排放的污物大幅度增加等"城市综合征"；农村土地的城市化还有可能大规模侵占或征用农民土地，导致失地农民逐年增加，以土地征用和拆迁为导火索的群体性事件的频仍。

第三，在市场化过程中，市场逐渐成为社会资源配置的基本方式，这带来了社会阶层的分化和社会关系的重组。以效率为导向的市场化改革在提高人民整体收入水平的同时，忽视了收入的公平分配，对弱势群体的保障不力，使教育、住房、医疗成为新时期百姓身上的"新三座大山"，人们对于缩小收入差距的要求极为迫切；市场化改革还对社会道德体系造成了冲击，经济生活中假冒伪劣、诚信缺失现象层出不穷；市场化改革还唤醒了地方政府的利益追求，官民争利事件屡见不鲜，仇官、仇富心态弥漫，政府公信力下降，社会资本流失。

第四，在信息化进程中，信息技术得到充分利用、信息资源得到有效开发，尤其是互联网的飞速发展有效地促进了信息交流和知识共享，为经济发展和社会转型注入了新的动力。但与此同时，互联网也成为中国的"最大变量"。虚拟空间的兴起拓展了社会管理的空间，而互联网本身的匿名性、无序性、开放性等特征决定了它存在负面隐患。互联网上出现的网瘾问题、网络色情、网络谣言等各种新型社会问题以及网络安全、网络侵权、网络欺诈等新型的网络犯罪形式，加大了政府履行社会监管职能的难度。

第五，在全球化进程中，人员、资本、资源、信息的快速跨国流动加速了风险的传播和扩散，日益频繁的国际交流与合作放大了各国的文化冲突，民主行政和服务行政理念的全球传播冲击了政府社会管理的传统观念，这些都加大了社会管理的难度。总之，在社会发展中出现了大量新的社会问题和不确定因素，使得社会的脆弱性加剧、社会系统性风险增加，这必然要求社会管理理念和方式的深刻变革。

与社会管理相比，社会治理是更能适应新时代要求的社会管理模式。从原有的政府单一主体、政府统管一切的模式逐步向政府、社会和公民共同参与治理的方式转变，可以科学应对社会的复杂性并有效化解社会风险。从社会管理到社会治理的理念转变，为中国特色社会主义社会建设指明了方向，今后在推进国家治理能力与治理体系现代化的过程中,我们应该坚持系统治理,加强党委领导,发挥政府主导作用,鼓励和支持社会各方面参与,实现政府治理和社会自我调节、居民自治良性互动;坚持依法治理,加强法治保障,运用法治思维和法治方式化解社会矛盾;坚持综合治理,强化道德约束,规范社会行为,调节利益关系,协调社会关系,解决社会问题;坚持源头治理,标本兼治、重在治本,以网格化管理、社会化服务为方向,健全基层综合服务管理平台,及时反映和协调人民群众各方面各层次利益诉求。最终通过社会治理体制的创新,努力将这种转变由观念落实为行动。

第五篇

从"共治"到"共富"的实践研究

习近平总书记在《求是》杂志撰文指出:"共同富裕是社会主义的本质要求,是中国式现代化的重要特征。"①浙江作为高质量发展建设共同富裕示范区,以缩小地区差距、城乡差距和收入差距为主攻方向,特别在以收入分配制度改革为核心的一系列社会改革方面,在推动公共服务的优质共享方面,在创新引领先富带后富政策体系方面,在打造共同富裕现代化基本单元方面开展先行探索。在共治中寻求共识,在共治中实现共富。随着数字化改革红利不断释放,杭州等地正不断以更快的办事速度、更好的政务服务、更优的营商环境,持续增强人民群众的获得感、幸福感和安全感,尤其是在民生领域做了很多有益的实践探索。

① 习近平.扎实推动共同富裕[J].求是,2021(20).

第十二章　共同富裕视野下
中国城市社区治理探微

　　共同富裕是全体人民通过辛勤劳动和相互帮助最终达到丰衣足食的生活水平，是消除两极分化和贫穷基础上的普遍富裕，也是中国特色社会主义理论的重要内容之一。社区是全社会共同参与建设的幸福美好家园，对推动人的全面发展、构建和谐社会有着重要作用。在共同富裕的背景下，人民日益增长的美好生活需要和城市社区治理水平在邻里文化、党群建设、智能治理等方面还存在矛盾。新冠疫情之下社区更成为疫情防控的焦点重点，这将成为新时代社区治理发展的重要时间节点，在这个过程中酝酿着未来社区等社区治理新理念新趋势。

　　社区作为社会的基本单元，在共同富裕的背景下如何建设人民满意的城市社区是一个重要的问题。党的十九大报告指出："要深入推进社区治理创新，构建富有活力和效率的新型基层社会治理体系，打造共建共治共享的社会治理格局。"①这意味着要推动社会治理重心向基层下移，在基层社会治理中加强社区治理机制建设。

　　随着城市化进程不断推进，传统以散居为主的居住方式已为集中规模化的社区居住方式所取代。社区不但是当前城市居民的基本居住方式，也是城市治理的重要领域，社区治理必然成为基层社会治理的重点。从"新时期"到"新时代"，社会主要矛盾已经转化，这种不平衡不充分的矛盾同样体现在全国近 10 万个城市社区中。"城市社区治理是在社区范围内，依托治理的多方主体和治理方式的多样性，共同对社区公共事务进行有效的管理，从而增强社区凝聚力、提高

---

　　①　习近平.决胜全面建成小康社会 夺取新时代中国特色社会主义伟大胜利——在中国共产党第十九次全国代表大会上的报告[A/OL]. http://www.12371.cn/2017/10/27/ARTI15091036565 74313.shtml.

社区居民自治能力、增进社区公共生活整体利益最大化和可持续发展的过程。"①当前,城市社区治理在新时代取得了重大进步,为城市发展及社会进步做出了重要贡献,但是社区认同归属感不强、社区服务不完善、社区治理主体单一等问题还依然存在。在共同富裕的背景下,社区治理要改变长期以来社区的逆向负责制,改变只对上负责而无暇顾及基层群众切身需要的状况,探索新时代的社区治理机制。

一、城市社区治理范式的变迁

新时代我国社会主要矛盾的变化是城市社区治理转变的基本依据。社会质量理论提出"以人的发展为起点,从人的'社会型'出发,超越个人与社会的二元对立——即承认社会体系的制约性,也强调个人行动的能动性……为公民提供社会经济保障是基础和前提,社会凝聚、社会包容和社会赋权,既是手段也是结果。"②在共同富裕背景下,社区对于居民来说不仅仅是"住"的需要。按照马斯洛需求理论,人们对社区的需求已经从基本的生理、安全需要逐渐上升到爱与归属感、尊重和个人实现。"人是社会关系的集合,这一性质决定了人们不仅有生存的基本需求,还有与时代发展相适应的多元化、多层次需求。个人及其家庭融入社区、社会的需求,自我实现的需求等。"③习近平总书记指出:"社区是基层基础,只有基础牢固,国家大厦才能稳固。"④根据马克思"人的全面发展"理论,社区已经成为人的全面发展和社会全面发展的重要载体。

"实现社区治理体系和治理能力现代化既是在新时代实现社会治理重心下移和服务下沉的必然要求,也是完善国家治理体系、实现国家治理能力现代化的重要保证。"⑤社区治理作为基层社会治理的重要内容,是国家治理体系的基础。随着国家治理体系和治理能力现代化的建设,城市社区治理范式必将发生重大

---

① 张平.一核多元:多元治理视域下的中国城市社区治理主体结构[J].江苏行政学院学报,2015(5).

② 李迎生、吕朝华:社会主要矛盾转变与社会政策创新发展[J].国家行政学院学报,2018(1).

③ 李迎生,吕朝华.社会主要矛盾转变与社会政策创新发展[J].国家行政学院学报,2018(1).

④ 习近平考察武汉,强调要充分发挥人才优势[A/OL].http://www.xinhuanet.com/politics/leaders/2018-04/26/c_1122748911_3.htm.

⑤ 周立,曹海军.中国城市社区治理发展态势.载:中国城市社区治理报告(2019)[R].北京:中国社会出版社,2020:29.

转变。正因为城市社区的重要性,很多地方政府都有社区治理创新的冲动,在GDP 锦标赛逐渐落幕之后,社区治理创新逐渐成为基层政府政绩的一个重要标尺。然而,各地的探索效果各异,更多的是盆景式的昙花一现,缺乏长效可推广的社区治理模式。"在社区治理的区域、领域以及群体发展中,治理不平衡不充分的矛盾依然存在,同时,随着新一代信息技术的应用,强者越强、弱者越弱的马太效应显现,进一步拉大了发达地区与欠发达地区之间的差距。"①以浙江为例,从 2001 年开始,浙江部署实施社区体制改革,以原居委会范围为基础建立城市社区,到 2021 年底浙江常住人口城镇化率预计提高至 72.7％,浙江城市化率比全国常住人口城镇化率 60.6％高近 10％,杭州更是高达 78.5％。浙江社区治理的经验做法在《社区》《中国社区报》"一刊一报"被大量报道,在发文数量上在2019 年度全国排第四,明显高于其他省份。根据城镇化发展 S 曲线理论,浙江等发达地区已进入城市化的"下半场",亟需构建新时代城市社会治理新机制。

另一方面,城市化进程已进入新阶段,粗放型"摊大饼"式城市空间资源利用模式不断加深的情况下,新时代城市社区呈现出一些相似的特点:一是人口快速流动,城市及城市边缘的社区人口不断积聚,乡村空心化现象日益严重。二是居住不断集中和多样化。城市边界不断扩大,集居成为常态,居民结构也随之发生改变,城乡人口、本地与外来人口以及各阶层居民不断汇集,不同生活习惯、行为方式乃至不同文化,在集居中同时呈现并发生碰撞,使社区既充满变化活力,也面对如何取得"最大公约数"的难题。三是对社区治理的要求不断提高。新建社区不但需要专业的物业管理,也需要建设社区文化以及提供其他必要的社区服务,如养老、心理服务等。上级部门对社区的要求越来越高,群众对加装电梯、弱电改造、小区绿化等事关生活品质的项目有较高期待。而社区工作千头万绪,基层社工分身乏术,导致很多社区原本服务居民的工作难以落实。城市社区一方面正在从传统的居民管理向现代社区治理转变,在探索实践中形成了许多有益的经验;另一方面矛盾和问题也正在不断积聚和深化,亟待通过创新城市社区治理机制加以解决。

二、当前城市社区治理的特征和现实困境

"社区治理的核心在于利益相关方的平等参与,制定出具有约束力的规则,

---

① 周立,曹海军.中国城市社区治理发展态势.载:中国城市社区治理报告(2019)[R].北京:中国社会出版社,2020:39.

构建有效的、回应性的治理结构。"①从"新时期"到"新时代"，各地紧紧围绕社区治理和服务创新关键环节，在提升社区治理精准化、精细化水平方面追求实效，不断推陈出新。其特征一是突出党建引领作用，强调"党是领导一切的"。在社区治理中，党组织的设置更加规范化，党建在社区工作中占了很大的分量。二是积极探索"互联网＋社区服务"的新方式。"2018 年，城市社区服务供给的投入力度不断加大，这为构建智慧型城市社区提供了基础。"②社区治理逐渐改变过去人工为主的治理模式，信息化和智能化带来了智能垃圾分类设备，物联网系统大范围使用。特别是因为新冠疫情防控的要求，社区虚拟化趋势得到强化，在虚拟的社交网络中社区凝聚力得到加强。三是社区治理创新举措频出，但存在过度创新和创新经验难以扩散到竞争性地区等问题。"当前基层治理创新领域不乏'盆景'，但缺乏'森林'之现状。"③四是社会资本参与。一些社会组织通过政府购买服务的形式成为社区服务的第三方，为社区治理注入了新的力量。基于"打造共建共治共享的社会治理格局"的总体目标，新时代城市社区治理的特征与其说是新特点，不如说是社区治理探索的延续，围绕"提高社会治理社会化、法治化、智能化、专业化水平"，在持续解决问题中逐渐构建新的社区治理机制。城市社区治理中存在"不平衡不充分的发展"，与"人民日益增长的美好生活需要"之间的矛盾依然明显。

（一）物业的专业化管理能力及服务水平与居民对社区和谐美好生活的需求存在较大差距

目前 90％以上的社区居民对其所在社区的物业管理不满意，即便在一些高档社区，物业管理水平及服务能力也仍有较大提升空间。2017 年 6 月发生在杭州蓝色钱江小区的保姆纵火案，反映了品牌物业在非常态物业管理上的窘境及其背后的诸多漏洞，尤其对受难者及小区居民在灾后所期望得到的善意未能给予及时有效地回应和充分表达，凸显了当前社区物业管理中普遍存在的重物轻人、重理轻情的严重失衡倾向。

（二）业委会运作的水平及能力与居民对社区和谐美好生活的需求存在较大差距

虽然城市社区大部分都成立了业主委员会，但是业委会成立时不合规的情

---

① 周立，曹海军.中国城市社区治理发展态势.载：中国城市社区治理报告（2019）[R].北京：中国社会出版社，2020：97.

② 周立，曹海军.中国城市社区治理发展态势.载：中国城市社区治理报告（2019）[R].北京：中国社会出版社，2020：97.

③ 黄晓春，周黎安."结对竞赛"：城市基层治理创新的一种新机制[J].社会，2019（5）.

况仍然突出。不少小区业委会初创时并不具备按照业主大会议事规则由业主选举产生的条件,因此往往顶着规则走个过场,或者由社区指派人员组建,或者由个别业主匆匆上位。由于先天不足,许多业委会在实际运作时,或形同虚设,或乱作为。因此,社区的业主与业委会之间常常形成社区中矛盾和问题的焦点,尤其当社区物业管理等一系列现实问题发生,而居民的有关诉求得不到业委会积极回应的时候,矛盾就会不断加剧。社区业委会非正常更换的频率相当高,并且基本上是业主为维护自身在社区中的权益而自发动议更换。更换后的业委会,具有较好的群众基础,其合法性得到了加强。但是,一方面在客观上,它必须面对之前包括与社区的行政性机构如何开展有效合作等种种难题,另一方面在主观上也亟需面对自身水平及能力提升的问题。

(三)社区党组织的职能发挥与居民对社区和谐美好生活的需求存在较大差距

城市社区基本实现了党组织全覆盖,这项基本制度对于把党和政府的相关政策和要求及时有效贯彻到社会基层具有重要意义。但是,现在的社区党组织的工作职能与社区的工作实际存在着错位问题,突出表现为前者在社区工作中"自上而下"号召多,上下有机结合的工作举措少;围绕社区实际展开的工作职能少,应对上级管理部门考核要求的事务多。目前不少社区的党组织难以在基层工作中发挥核心和引领作用,基层党建与社区治理存在着较为严重的"两张皮"现象。因此,在社区运行中,带有行政性色彩的社区组织往往成为社区中矛盾和问题的另一个焦点。"'结对竞赛'的这种创新要素叠加机制很容易导致与实际需求脱节的形式主义作风,这也成为基层负担日益加重的重要影响因素。"①在疫情之下,如何更好发挥社区党组织的作用,直接关乎党委政府在基层的工作成效和工作形象。

(四)社区居民的素质与居民本身对社区和谐美好生活的需求存在较大差距

在快速城市化的过程中,集中规模化的社区生活成为城市人口分布的主要方式,城市化不但带来人口数量的不断积聚,更带来社区人口结构和来源的多元多层及复杂化。因此,社区居民素质参差不齐,整体水平有待提升的情况普遍存在,这也成为目前社区矛盾多问题多的重要原因。"未能通过相应的网络服务平台向群众推送相应的公共文化服务和文化产品……由于面对的是相对自由的群体,难以集中起来发布信息,因此通过纸质、言传的方式各种活动宣传效果明显

---

① 黄晓春,周黎安."结对竞赛":城市基层治理创新的一种新机制[J].社会,2019(5).

不佳,导致社区活动参与度低。"①当前社区发展中存在注重居住功能、忽略教化功能,居民多"闭门不出"、少邻里交往等问题,这些都给孕育社区文化、推动社区教育带来很大的困惑,成为社区提升和谐美好生活的一大难题,也是当前社区建设中必须破解的一个带有基础性的问题。

(五)社区基本的生活功能与社区周边的商业活动不能得到合理有效的平衡,给社区建设和谐美好生活带来严重的困扰

目前不少城市社区周边的商业行为存在破坏社区环境以及油烟、噪音、污水等扰民的问题,也经常引起社区居民和商家之间的矛盾冲突。在政府组织的多次整顿下,尤其在城管部门大力度的环保整治下,问题有所缓解或解决,但是整顿整治"风头"过去后,往往又死灰复燃,逐渐成为社区生活中的一大顽疾。城市社区必须面对如何破解片面行政化及其消极影响这一重大课题。

综合来看,当前城市社区治理中受制于政府管制模式、社会组织发展、居民参与意愿等因素,还需要充分利用社会资本、社区精英阶层、志愿者等重要资源,拓展社区居民参与路径,提升社区自治能力,优化社区治理机制。

三、新时代城市社区治理的基本方法

"治理是通过一定权力的配置和运作对社会加以领导、管理和调节,从而达到一定目的的活动。"②在市场化、城镇化、工业化、信息化交织的时代背景下,城市社区治理面临着前所未有的挑战。"社区是城市的细胞,城市政府需要建构扎根社区的城市服务网络,才能保证对城市居民服务的有效递送,并动员社区居民积极参与城市管理。"③伴随着快速的工业化和城市化,传统关系纽带出现断裂。同时,市场经济的发展,使得人们往往只关心自己的私人生活,而忽视公共生活,社区内部出现原子化状态,社区缺乏凝聚力和向心力。正如《使民主运转起来——现代意大利的公民传统》中描述的,"在个体居民的眼里,公共事务是别人的事务——即高级人士的事务,'老板们的''政治家们的'——不是自己的事务。很少人有心去参加关于共同利益的思考,这样的社会提供给他们的机会也不

① 周立,曹海军.中国城市社区治理发展态势.载:中国城市社区治理报告(2019)[R].北京:中国社会出版社,2020:124.

② 徐勇.中国农村村民自治[M].北京:生活书店出版有限公司,2018:18.

③ 徐林.花园城市的"管"与"治"——新加坡城市管理的理念与实践[M].北京:中国社会科学出版社,2019:284.

多……陷在这种恶性循环里,几乎每个人都觉得无力、受剥削和不幸福。"①"这种状况在新冠疫情暴发时暴露了城市社区现有治理机制的弱点,人们迫切需要一个能够提供更多资源、服务,更加精准、精细,能够实现政府治理与社会调节、居民自治良性互动的社区治理机制。"②党的十九大报告明确指出"加强社会治理制度建设,完善党委领导、政府负责、社会协同、公众参与、法治保障的社会治理体制,提高社会治理社会化、法治化、智能化、专业化水平。"③在新时代人们对于"针对社区人文价值缺失,如何树立'以人为本'价值坐标,重塑邻里关系,推进历史文脉传承和文化再生,强化人文氛围、规则意识等社区软实力,推进社区自治与居民参与式治理,创造有利于人才落户的新机制等,已成社区治理补短板的重中之重。"④这是在进入中国特色社会主义新时代,加强社会建设及基层社会治理创新的基本遵循。

(一)加强各级党委对城市社区工作的领导,落实各级政府对城市社区必须履行的工作职责

要从中国特色社会主义新时代"五位一体"总体布局的高度,充分认识新时代社区治理的重要性。探索在各级党委建立社会建设委员会,统筹指导社会建设及有关的各项工作,并领导协调各级政府承担落实相关的工作责任。从当前城市社区治理运行的现状和发展的需求来看,仅把社区治理定位于平安建设或将社区工作的责任落实仅归口于一个政府管理部门尚显不足。现行的社区治理体制使社区中存在的矛盾和问题并不能得到及时有效的反馈和处理,党和政府在社区中设立的基层组织也难以充分发挥应有的作用。在基层社会治理体制的总体考虑上,应从新时代加强社会建设的高度,充分考虑城市化发展进程中社区治理的重要性、复杂性和全面性,遵循十九大报告对社会治理制度建设的要求,通过创立以党委社会工作委员会为中心的社会治理体制机制,进一步强化党和政府对社区工作的领导。

---

①　罗伯特·D.帕特南.使民主运转起来——现代意大利的公民传统[M].北京:中国人民大学出版社,2015:121.

②　阮重晖.完善服务体系 提高治理能力——社区疫情防控的杭州实践[N].光明日报,2020-03-13.

③　习近平.决胜全面建成小康社会 夺取新时代中国特色社会主义伟大胜利——在中国共产党第十九次全国代表大会上的报告[A/OL].http://www.12371.cn/2017/10/27/ARTI1509103656574313.shtml.

④　孟刚.未来社区建设的时代背景和浙江追求[J].浙江经济,2019(07).

（二）以社区党组织为核心，充分兼顾并发挥不同社会主体在社区中的地位和作用

当前社区治理中普遍存在着多个社会主体并存的格局，其中既有业主及居民等社区的主体人群，又有在社区运行管理中发挥不同作用的党组织、业主委员会、物业管理机构以及相关社会组织等。目前的基本状况是：一方面，社区党组织在通过社区的其他社会主体贯彻落实上级要求和部署的过程中，由于手段单一，加之不少"自上而下"的指示并不能反映社区的实际需求，因此实际作用和效果均相当有限，往往流于形式且难以持续；另一方面，社区中居民的真实需求以及由此产生的种种问题并不能得到社区管理的相关各方及时有效回应，或者，即使在某方面得到回应也不能在相关各方之间得到有效的协调和处理。长此以往，社区中矛盾就会持续累积并逐步升级。一方面要理顺和完善社区运行的关系，开创和维护和谐美好有品质的社区治理局面，必须强化社区党组织在社区的核心领导职能。在社区党组织与上级党委及政府的相关职能部门之间建立直接联系沟通的工作机制，落实上级党委政府对社区工作的指导、协调责任；把党和政府对社区工作的政策要求与社区的工作实际有机结合，依据社区工作需要，调整和完善现有对社区工作的考核体系及考核办法，使后者真正成为社区党组织在社区中发挥核心领导作用的"发动机"。另一方面，在社区党组织的指导和督促下，依据社区事务由居民自治的原则，鼓励更多社会主体参与社区的民主协商，基于社会共识，在社区各主体之间构建起相关方合作的工作机制，做到"有事好商量，众人的事情由众人商量"。在这方面，应充分借鉴近十余年来杭州实践"社会复合主体"的有益经验，把社区中各主体的外在关联，通过"社会复合主体"的架构和运作机制转化为内在关联。

（三）有效整合外部社会资源，引入相关社会组织参与社区治理，在提供社会化、专业化服务方面发挥积极作用

"缺少社会资本是社会解体社区的基本特征之一。""长期以来，邻居层面的社会资本——社区的监督、社交、指导，以及组织——的下降，是中心城市危机的一个重要特征。"①"在一个继承了大量社会资本的共同体内，自愿的合作更容易出现，这些社会资本包括互惠的规范和公民参与的网络。这里所说的社会资本是指社会组织的特征，诸如信任、规范以及网络，它们能够通过促进合作行为来

---

① 罗伯特·D.帕特南.独自打保龄[M].北京：中国政法大学出版社，2018：329.

提高社会的效率。"①"社会资本能够缓解社会经济不利所产生的潜在影响。"②帕特南的社会资本理论对新时代社区治理机制的构建依然具有借鉴意义。新时代的社会组织建设有了长足发展,不同类型、不同性质的社会组织在为社会提供社会化、专业化等服务方面发挥了重要作用。一方面,要积极开展与相关社会组织的合作,把能为社区提供社会化专业化服务的社会组织积极引入到社区的建设之中,尤其在教育、养老、文化等方面使之充分发挥专业机构及专业人才的作用;另一方面,相关社区党组织要注意引导社区避免出现"泛社会化"的倾向,即在社区中发生党组织的领导作用弱化,由社会组织取代其职能,以及完全向社会组织购买社区服务的问题。

四、新时代城市社区建设的未来趋势

未来社区是浙江省新时代社区治理机制的重要探索,2019 年初浙江省政府发布《浙江省未来社区建设试点工作方案》,未来社区九大场景:未来邻里、教育、健康、创业、建筑、交通、能源、物业和治理等维度对新时代社区治理具有重大意义。在当前经济增长乏力的情况下,未来社区建设既利于完善民生、促进投资、拉动产业,更利于推动经济社会转型发展。目前,浙江省未来社区建设试点已经有三批试点创建项目,体现了社区整体智治和智慧生活,打造共同富裕现代化基本单元的未来趋势。但从目前来看,未来社区的营建还存在"社区性"不足、过度迷信和依赖技术、当成单纯住宅区建设、治理规划与标准不清晰、建设资金来源不明确、数字标准化问题突出等六个问题。

(1)未来社区的"社区性"不足。当前未来社区建设存在重"未来性"轻"社区性"的趋势,只注重社区的组织与制度层面,忽视社区非组织的层面与文化特点,试图只用组织与制度统合社区,容易使社区组织叠床架屋。

(2)过度迷信和依赖技术。把社区视为可以完全规划和技术治理的对象,忽视了未来社区的居民共同体本质。滥用各种名词创新并不代表理解社区并把握住了社区未来,上述偏向已经产生了一些不良影响。

(3)把未来社区当成单纯住宅区。很多地方往往只把未来社区视为居住小区,眼光只盯着居住环境、设施场所设置,忽视社区组织与非组织、文化与邻里、交往与互动层面。

---

① 罗伯特·D. 帕特南. 使民主运转起来——现代意大利的公民传统[M]. 北京:中国人民大学出版社,2015:197.

② 罗伯特·D. 帕特南. 独自打保龄[M]. 北京:中国政法大学出版社,2018:337.

（4）治理规划与标准不清晰。缺乏从总体角度将未来社区 9 大场景内涵融入其中来进行的全方位规划，对建设过程、运营模式、社区治理等一系列问题缺乏前置规划，没有提前考虑未来社区营建空间与社区的治理适应性、原生居民需求在未来社区建设场景中的获得感等问题。

（5）建设资金来源不明确。未来社区建设通过提高建设用地使用率来进行资金平衡的政策尚待市场检验，市场主体供给侧和试点社区需求侧之间还缺乏精准对接，未来社区产业联盟目前还处只是一个交流平台，缺乏产业黏性。

（6）数字标准化问题突出。在本次突发公共卫生事件中，暴露了社区缺乏卫生应急机制，社区数字标准不一，在车辆识别、行程收集方面的数据安全和共享难保证，缺乏具有公信力的社区发布系统，忽视了以人为本和居民自治的初衷。

当前存在的问题是未来社区建设中带有普遍性的问题，在未来社区的建设中这些不足应充分考虑。未来社区不仅仅是提高社区服务质量，更重要的是要依靠智慧治理推动社区公共空间的成长，构建新时代的社区共同体。为此，提出如下优化建议。

一是强化未来社区的社会属性。首先，在未来社区建设的营建阶段，社区策划师应先期介入，与社区空间规划设计师及回迁居民代表共同商议社区营建方案，使空间规划与治理规划、设施"硬件"与制度"软件"相适应。其次，在已建成的未来社区试点，应及时构建未来社区"九大场景"项目运作与社区整体运行协同开展的制度和组织体系，强化后期的社区营运管理。在未来社区建设的方法层面上，可借鉴成都、上海等地经验，从未来社区建设的实际需要出发，构建"导师团－规划设计师－众创组"三级队伍体系，形成未来社区共建共治共享的营建与营运工作机制，确保未来社区的社会和治理属性能够有效体现。

二是明确建设主体，做好政策创新。按照"谁来建谁受益"的原则，鼓励各地设立一批 PPP 试点项目，在政府购买服务方面进行倾斜，调动基层的积极性。应尽快研究出台针对社会需求和公共服务的民生改善、投资促进、产业拉动等有关具体政策，及时纠正对未来社区建设目标的误读，避免陷入拆迁改造和房地产开发的惯性中。为此，要及时纠正目前试点工作中只有发改委一家"唱独角戏"的局面，应在发改委牵头下，成立由试点属地的民政、城建、街道、社区等代表组成的工作专班，确保未来社区营建规划完善实施、营运治理机制有效落实。

三是把公共服务建设作为关键议题和突破口。把发展公共服务体系作为未来社区建设的立足点，形成省、市、区（县）三级财政对未来社区建设的资金投入，通过公共服务体系建设吸引更多的市场资源加入，加强未来社区产业联盟建设，积极开展市场化运作，有效发展出多样丰富的社会服务，从而形成以公共服务为基本框架和导向、整合各类社会资源运作的长效机制，确保未来社区规划建设和营运管理顺利展开,使广大社区居民通过未来社区建设真正拥有获得感和幸福感。

四是推动数字技术赋能社区治理。这次疫情防控中,大数据、人工智能、云计算等数字技术发挥了重要作用。结合"最多跑一次"改革,搭建跨部门"多元协同"社区治理基础数据库,通过阿里云等平台实现各业务条线专业数据信息流畅对接和交互相行。同时以未来社区数字化为导向,建立一个基于未来社区建设开放、标准、统一的数字化基础设施。加大未来社区的物联网、5G等先进技术装备力度,与阿里社区云等专业平台深度合作,建立完善便捷的社区数据系统和线上服务平台,减少由于信息不对称或信息发布延时而造成的公共卫生风险。

五、小结

从"新时期"到"新时代",城市社区治理在党的建设要求、数字治理的理念、治理创新的动力、社会资本的参与等方面出现了一些积极的变化,体现出促进人的全面发展和以人民为中心的基本理念。然而,新时代城市社区治理尚在实践探索中,一个完善的、可复制可推广的社会治理机制尚未完全建立。"针对社区人文价值缺失,如何树立'以人为本'价值坐标,重塑邻里关系,推进历史文脉传承和文化再生,强化人文氛围、规则意识等社区软实力,推进社区自治与居民参与式治理,创造有利于人才落户的新机制等,已成社区治理补短板的重中之重。"①当前城市社区治理迫切需要探索新路径,其中未来社区是浙江对新时代社区治理创新的有益尝试。"建构在管理技术演进和高科技发展基础上的城市管理的'超前治理',更大意义上体现在城市管理理念的重构和城市管理流程的再造,而不仅仅是硬件平台建设。"②所以,未来社区治理不应该过度迷信新技术,而应基于当前社会主要矛盾的变化,以"以人为本"为价值准则,针对社区治理存在的问题,构建新时代社区治理模式。以未来社区为代表的社区治理新探索有望成为浙江打造共同富裕"重要窗口"的一个社会支撑点,为中国的社区治理探索一条"社区性"主导,可借鉴、可复制、可推广的中国社区治理道路。

---

① 孟刚.未来社区建设的时代背景和浙江追求[J].浙江经济,2019(07).

② 徐林.花园城市的"管"与"治"——新加坡城市管理的理念与实践[M].北京:中国社会科学出版社,2019:284.

第十三章　撤村建居社区
治理结构创新研究

党的十八届三中全会通过的《关于全面深化改革若干重大问题的决定》（以下简称《决定》）指出：现阶段全面深化改革的总目标是"完善和发展中国特色社会主义制度，推进国家治理体系和治理能力现代化"。其策略之一是启动经济、政治、文化、社会、生态"五位一体"的改革总布局，强调"改革的系统性与整体性，突出协调性与协同性"。撤村建居社区社会治理结构创新同样必须处理好系统性和整体性的协同关系，发挥结构性整合的作用。

一、撤村建居社区治理面临的问题和挑战

当前，新型城镇化正在为数以亿计的中国人从农村走向城市、走向更高品质的生活创造空间。李克强总理强调要着重解决好现有"三个1亿人"问题：即促进约1亿农业转移人口落户城镇，改造约1亿人居住的城镇棚户区和城中村，引导约1亿人在中西部地区就近城镇化。① 作为新型城镇化进程中影响农业人口转移的重要方式之一，因撤村建居而形成的新型居民社区在形态、社会结构、人际关系、文化心理和治理方式等诸多方面与传统的城市居民社区存在较大的差异性，这些差异性直接影响到社区治理的社会效果。譬如撤村建居的新社区普遍存在三个方面的矛盾：一是新居民"身份认同错位"，尽管其社会身份、社会角色发生变化，但其社会行为、价值观念等并没有随之变化；二是社会关系的"异质化"，从原先较单纯的"熟人社会"式的村民交往演变成村民与多个其他人群的互动，包括外来务工人员、原有城市居民和其他社会群体等；三是治理主体在组织

---

① "三个一亿人"：我们还要准备什么[N].光明日报，2014-3-13.

架构上的交叉重叠,突出表现在集体经济合作社、社区居委会干部在组织架构上相互交叉,导致社区治理上的"政企不分"。不仅如此,原有村落社区的一些"非正式社会组织"依然存在,并对社区治理形成一定的影响力,社区治理主体多元化。换言之,当前我国的撤村建居正面临社区治理的"结构性障碍"。

撤村建居带来的社区治理困境引起了学术界和地方政府的极大关注。如毛丹(2016)从"农民市民化"视角指出,农民在日常生活中感到了风险与转型不安全;农民受到了赋权不足与身份缺损、新老市民互动不良等方面的限制,导致他们与撤村建居相对立。文军(2015)关注到了撤村建居社区导致邻里交往的阻隔、社会网络的中断、社会认同的丧失等问题。李一平(2012)则着眼于社区管理主体的梳理,从街道办事处、社区居委会、集体经济合作社三大主体政企分开、制度创新等角度展开研究。而张仲灿等(2016)地方政府管理者则从政府管理的视角提出撤村建居组织构建问题。这些研究从学理和实践上梳理了撤村建居社区治理困境的经济、文化、社会等根源,并提出问题解决的思路。但是有一个关键性的问题,还需要进一步研究:即撤村建居社区的社会治理结构和路径依赖问题。

撤村建居"一夜之间"让乡村转变为城市社区,村民变为居民,所带来的社会治理问题相当复杂,必须引起高度关注。从学理上来说,必须梳理撤村建居社区治理的核心问题,如在治理过程中如何做到社区参与,政府权力如何综合应用,社区协商民主制度如何建立,政府权力和传统的乡村权力如何对接更替,如何更好地与现代城市治理制度相结合等。从实践上来说,政府在推进撤村建居社区治理过程中应进一步理清撤村建居社区的治理现状,并进一步明确应该怎样定位自身,怎样更好地引导培育社区力量,从而为我国新型城镇化的推进更好地解决结构性障碍,更好地缓解社会矛盾,为提高撤村建居社区的生活品质提供建议。

二、基于杭州市撤村建居社区案例的实证研究

我们选择浙江省杭州市东新街道沈家社区和三塘人家两个撤村建居社区作为具体的研究对象,旨在通过对这两个社区参与式行动研究,讨论撤村建居社区的治理机制创新问题。三塘人家社区建于2002年,新江花园社区建于2013年,前者曾经遇到的社区治理问题尽管已经得到较好的处理,但是新出现的"农民市民化问题"对社区治理又提出了新的要求;后者尽管成为城市社区时间不长,但也遇到了类似问题,这就说明我们对这类社区治理的实践经验和理论探究依然存在诸多的不足。经济的发展、贸易的繁荣、城市的大规模建设并不意味着一个

普通老百姓就可以致富，同时，即使致富也并不意味着忙忙碌碌的居民就可以更幸福、更安全，也不意味着居民的生存空间更大，反而可能面临着环境更为恶劣、生存压力更大和安全感丧失的境况。而整个社会道德水平的低下更是折射出社会结构的不稳定和精神意识的不健全。在从村民向居民的转变过程中，撤村建居社区的老百姓存在更多认识上的困惑和生存上的挑战。一方面对于自身的身份认同存在冲突，撤村建居社区的居民既是居民也是社员，大部分的该类社区同时存在经济合作社和居委会的关系问题；另一方面撤村建居社区大部分是在城市化过程中农村向城区过渡的产物，既有原来作为农村合作组织的生产方式，又有城市化之后新的生活方式。

从公共服务的角度来说，撤村建居意味着提供更多的公共产品给原有居民，之前自给自足的小农经济被打破。在我国加入世贸组织之后，中国社会的管理模式和经济的发展模式都发生了深刻的变化，其中"服务型政府"这一概念在我国加入世贸组织、引发市场和政府关系重塑后被广泛运用。其中具有代表性的观点包括：在服务型政府内涵研究上，张康之（2001）认为服务型政府是为人民服务的政府，它把为社会、为公众服务作为政府存在、运行和发展的基本宗旨；刘熙瑞（2002）认为服务型政府是在公民本位、社会本位理念指导下，在整个社会民主秩序的框架下，通过法定程序，按照公民意志组建起来的以为公民服务为宗旨并承担服务职能的政府；吴先满（2003）则认为现代服务型政府的实质是中国政府的运作形态和对经济管理方式的调整、改革和创新，是把服务作为管理的出发点和归宿的运作方式的转变。然而撤村建居社区在服务型政府构建新公共服务阶段，相比原有城区而言并没有得到完善的公共服务，在很多社区里面依然存在自给自足的公共服务模式，社区居民遇到问题第一时间想到的是找经济合作社的负责人而不是居委会。以杭州市东新街道沈家社区为例，该社区面积1.6平方公里，2200多位本地居民，22000多位外来人口，于2003年撤村建居时翻牌成立。社区居民普遍享受到了在"城乡统筹"城市化的优惠，社区富裕、民风质朴。原有三套班子（支部、村委会、经济合作社），现采用两块牌子、一套班子的运行模式，有社区居委会、经济合作社（简称经合社）。原有两套班子不利于工作，存在互相扯皮现象，所以在实践工作中采用一套班子。现有工作人员100多人，其中13人为社工，由社区经费供养，其他由经合社供养。居民代表、股民代表、社会群团组织参与社会治理。其中居委会是核心，积极组织社会组织力量参与，做到硬件与软件的结合。在软约束方面，建立居民公约，与股民经济利益挂钩。但是社区在城镇化加速过程中，农村生活习惯依然保留，居民户籍已经城市化，但生活尚未城市化，农民并没有转化为市民，这需要加大资金投入以及在生活理念上的引导和培养。在城市化未完成的社区综合治理形势比较严峻，容易引发城中村等城市病。在集体经济较好的地区，保障集体经济健康可持续发展又是一个值得探索的社区治理课题。这样的撤村建居其实存在两极分化的趋势，需要引起我们的重视。

另外一个撤村建居的三塘社区是近郊社区（属于原石桥镇，也是杭州市最早的亿元乡），于 2002 年 7 月 1 日撤村建居时翻牌成立。地理位置在东新街道西部、城北体育公园西部，占地面积约 0.3 平方公里。原有居民 210 户，人口 900 余人，集中居住在回迁安置居住小区。实行社区党组织、居委会、社区公共服务工作站"三位一体"社区管理新模式，其主要特点是交叉任职、分工负责、条块结合、合署办公。2013 年在东新街道党工委的组织领导下，三塘社区通过换届选举产生了非原住居民的社区书记及党务工作者副书记，为三塘撤村建居发展注入了新的活力。通过建设社区智能门系统、社区文化综合体、社区日间照料中心，积极打造一个健康、快乐、祥和、文化且具特色的居民生活体。由党支部统领社区工作，"经合"组织由原来的老书记任董事长，独立运营。社区组织居民骨干人员，加强居民社区治理的参与率，同时配备硬件设施，做好文化建设。通过建立一站式服务大厅，社区创建楼栋特色，引进社会组织，建设和谐新型社区。例如组织"宝妈"俱乐部，为全职太太各方面优越提供服务等。但该社区村民意识尚未转变，依然以村民的方式处理社区事务，需要考虑传统的人情社会如何更好地继承与发展，探索政社分开的途径。该社区虽然建立时间不长，但是公共服务提供相对专业化，与原有的经济合作社在社会服务职能进行了剥离，社区城市化水平较高。

通过对这两个社区详细的社会调查比较研究可以发现，这两个社区在历史与现实层面上有异同关系，在治理过程中存在既有共同性、又有差异性的问题，比如代际更替、文化教育、经济发展等。经济发展程度较高的社区，一方面提供公共服务的能力强，另一方面原有的经济合作组织影响力大，依然对社区的大小事务产生关键影响。反之，则公共服务能力较弱，但是社区组成较为简单，容易转变为专业化的城市服务型社区。

三、"农民市民化问题"及解决路径

撤村建居形成的社区与传统的城市社区居民尽管在社会身份、社会角色以及社会保障、教育、医疗、公共服务等诸多方面已经不存在较大差异性，但是他们在文化心理、社区认同、代际差异、就业形态等方面依然存在较大的不同，这些差异将会直接影响到社区治理的社会效果。治理者应从现代城市社区的治理理念出发，让撤村建居社区尽快地进入到现代治理的框架里面来，比如代际更替的认识推进、子女对老人的反向教育、社区民主协商制度的设计等,从而实现"社区良治"的目标。

(一)从社会角度出发,建立核心文化价值观的社会认同

传统"治理性"是"文化治理模式"的雏形也是核心要素。传统治理模式强调的"治理性"是指以制度设置、权力调整为核心的国家行政管理,在工业化进程中形成了有价值的系统理论体系。"文化治理模式"就是吸纳了传统"治理性"的内核——建立政府和民众之间文化认同意义上的管理关系,这种关系是"使个体受最高的权力控制的一套复杂的行为方式"。在此基础上,"文化治理模式"提出文化价值取向的社会治理体系,即从管理"控制的技术"到被管理的社会成员的"自我的技术"及伦理认知控制的一种理论认知创新,从外在治理性对个体行为的引导,转向个体内在的"自我治理",唤起个体个性的"文化自觉"与"文化自为",进而形成自我规范的"文化范式"。面临全球化的社会文化整合与冲击,特别是强势文化对弱势或地方文化的替代性冲击,国家管理必须上升到以"文化认同"和"核心价值建构"认同为内核的"文化治理模式"层面上来,从一般意义上的被治理,转向为文化自觉意义上的主体自觉参与治理,人人是治理对象的同时又是治理的主体参与者形成一种"善"的循环。这既是最为普通、不起眼的生活形态,也是对更为普遍的社会和文化秩序的表达。

(二)从本土化的角度出发,建立传统"文化根柢"与现代市民精神结合的"逻辑自洽"

要解决传统与现代的结合问题,可以采用"代际融入"方式,上一代出现的难题,通过代际更替这种模式,往往容易解决;反之,这一代出现的问题,上一代来解决比较容易。比如,一些老革命,年龄虽大,社会影响力也大,年轻人难以说上话时,他们就显得十分有力。而老年人的问题也是如此,年轻人头脑活,上网跑腿公益等具有天生的优势。所以,必须依靠非正式的社区力量,以可操作的良性制度引导,解决村民(农民)市民化问题。

(三)从群体与个体的自为角度出发,建立集体认同的社会文化发展动力机制

杭州市第一批撤村建居的社区已经有 20 多年的历史了,还有一些才几年。不同的社区存在较大差异,包括撤村建居社区本身前后对比也发生了很大变化。相信通过以"文化治理"视角改善撤村建居社区治理结构路径的不断探索,杭州撤村建居社区的现状会有所改善,为全国同类城市的社区治理创新提供宝贵经验。

(原文收录在 2016 年 9 月《杭州》杂志,略有删改)

第十四章　破解农村"空心化"的思考

——以杭州市富阳区新登镇潘堰村为案例的调研报告

实施乡村振兴战略,是党的十九大作出的重大决策部署,是决胜全面建成小康社会、全面建设社会主义现代化国家的重大历史任务。乡村振兴战略是习近平新时代中国特色社会主义思想的重要组成部分,习近平总书记一直重视"三农"工作,强调要把发展农业适度规模经营同脱贫攻坚结合起来,与推进新型城镇化相适应,使强农惠农政策照顾到大多数普通农户,并在中央农村工作会议提出了到2050年实现乡村全面振兴的目标任务。2017年1月召开的杭州市第十二次党代会报告中提出:"因地制宜建设特色城镇和美丽乡村,不断完善城乡交通网、产业网、生态网和公共服务网,形成美丽、智慧、人文、安全的城乡一体格局。"[①]但当前广大农村还存在资源集约利用难、劳动人才集聚难、创业难等"空心化"问题,如何充分利用农村闲置房屋,吸引劳动力回归,培育发展农村新型业态,有效应对农村"空心化"难题是一个值得深入探索的问题。农村"空心化",主要是指大量农村劳动力离开农村、涌入城市过程中,造成的农村劳动力减少,土地资源和房屋闲置、荒废,新建住宅的同时,旧的住宅并未拆除,土地规模相对人口数量增大的一种现象,实质是人口流动产生的必然结果。我们通过对富阳区新登镇潘堰村的调研发现,农村正在发生巨大变化,产业项目多规模大,呈现"多点开花"局面。与此同时,有的农村地区缺乏乡村产业培育,没有将发展现代农业、推进一二三产融合发展作为主攻方向,有可能出现新的农村"空心化"问题。

---

① 杭州市第十二次党代会报告[N].杭州日报,2017-2-28.

一、潘堰村概况

潘堰村位于富阳区新登镇西北部,南北分别与元村村、湘主村毗邻,因 1958 年修建潘堰水库,得此村名。自 20 世纪 90 年代以来,潘堰村青壮年人口大量流出(甚至包括村干部,约占当时自然村人口的 1/10)、村庄占地规模变大、基础设施功能退化、文化教育缺失等"空心村"问题日益凸显,阻碍了农业和农村经济的发展。最近十多年来,因本地企业的兴起,大部分村民能就近解决就业问题,人口出现回流趋势,"空心化"问题有所缓解。

目前,村里主要出产竹笋、笋干制品、蜜梨、仙桃、香菇等农副产品,同时出产木器家具、大功率 LED 照明灯具、建筑石料、水泥制品等工业产品,吸纳村民多渠道就近就业。据统计,全村区域面积 5.43 平方公里,耕地面积 1726 亩,林地面积 3906 亩。村民小组 17 个,农户 776 户,总人口 2580 人,村民代表 51 名、党员 107 名、预备党员 1 名、党员发展对象 4 名,低保对象 88 名。全村村民年人均收入达 2.58 万元左右。如今村内环境干净整洁、村民富裕程度高,各自然村设有老年活动场所、照料中心、避灾点等,还配备活动室,各个建身公园设置有健身器材,为村民休闲娱乐锻炼身体提供场地。

目前村里正在积极开展"美丽乡村示范点"建设,在破解农村"空心化"方面取得了一些有益的经验,主要体现在三个方面:

(一)选准村级发展带头人

一是强有力的基层党组织。一个村基层组织对农村的发展有关键性的影响,杭州市第十二次党代会报告明确要求:坚持"四个人"标准,做实村(社区)组织基础。潘堰村基层党员干部能积极践行"四个人"标准,争做"政治的明白人""发展的开路人""群众的贴心人""班子的带头人",形成强有力的基层党组织。二是有一批致富带头人。基层党员干部带头致富起标杆作用,把自身勤劳致富的方法和本领传播给其他党员和群众,真心实意地关心群众冷暖,帮助群众致富。该村在改革开放初期有一批经销人员在全国各地办香菇市场,积累了贸易经验和原始资金,现在村里依然活跃着一批竹笋购销贸易的经销队伍。在发展中逐渐扶持一批致富本领强、带富水平高的能人进入基层党组织,既充实了基层党组织,又增强了本村带就业、带集体、带增收的能力。

(二)发展乡镇企业,吸纳村民多渠道就近就业

村里通过多种渠道吸引村民自主创业,改善农村产业结构。福光科技有限公司位于潘堰村,于 1996 年创建,专业从事 LED 芯片及照明节能产品的研发、

制造。该企业具有鲜明的特点：一是产品市场广。企业产业坚持走高端化、国际化路线，产品全部出口，年产值达 2 亿美元，产品远销美、加、德、荷、英等 30 多个国家和地区。二是专利认证多。2012 年，公司与浙江大学进行产学研合作，在诸多技术领域获得提升，目前拥有 83 项 LED 芯片及照明领域的国家专利，产品获得了 UL、TUV、GS 等 10 余项国际市场准入认证。三是发展前景好。目前由该企业投资 2.215 亿元的杭州福光国际 LED 总部基地正在建设，基地位于富阳银湖科技园，将吸纳国内外高端 LED 生产、研发企业入驻，带动周边配套产业发展。计划打造一个集设计、研发、销售一体的全球 LED 产业中心。

(三)扎实推进连片山地"旱改水"项目，盘活农村闲置土地

潘堰村充分利用政策、开发山地资源，通过细致深入的群众工作和完备的水利设施，扎实推进 330 亩连片山地"旱改水"项目。一是充分利用现有政策。2015 年 6 月，浙江省下发了《关于做好建设项目"占优补优"耕地占补平衡工作的通知》(浙土资函〔2015〕48 号)，明确允许采取"补改结合"方式，以"旱地改水田"耕地质量提升等项目增加水田，落实占水田补水田任务，实现耕地数量和质量占补平衡，各区县(市)政府采用了不同的办法加以推进。对于潘堰村项目，富阳区明确了每亩 3 万元的政策处理经费，工程实施资金则由政府全部承担。二是保护开发山地资源。潘堰村共有山地近 4000 亩，多数用于种植毛竹，收益率不高。根据"旱改水"项目要求，村里仔细勘察，最终划出了地形相对平坦、区块比较规整的四个山头投入改造。经富阳区农村土地综合整治工作推进领导小组审核批准，该项目被正式列入计划。三是深入开展群众工作。"旱地改水田"项目往往涉及村民既有利益，很难在村民中统一思想。潘堰村的这片山地涉及352 户村民林地征用和 120 多穴坟墓拆迁，为此村里召开村民代表大会统一意见，经过多次协商讨论，确定了合理的补偿标准。针对坟墓拆迁问题，村干部挨家挨户做工作，加快村级公墓建设的进度，这些工作最终取得了村民理解，目前征用和拆迁工作已经基本就绪。四是用好水利设施。多年来，潘堰村一直重视水利建设，先后在村后方圆 5 公里范围内修建了 4 座水库，其中包括库容量达到6 万立方米的潘堰水库、3 万立方米的尖山龙水库、2 万立方米的后塘坞水库以及 1 万立方米的麻栗湾水库，这些水库为"旱地改水田"耕地质量提升项目提供了固定的水源保证。

按照目前比较成熟的技术，工程建设单位将对土地进行田间防渗处理，夯实犁底层，努力达到防水保水的要求。同时，还将进行熟土覆盖，提升耕地质量，达到《浙江省土地整治垦造水田建设标准》。预计不久，潘堰村"旱地改水田"工程可以完工，有望赶上一季水稻种植。这些水田改造完成后将被列入村集体资产，

每年仅仅租金一项就可以带来 40 万元集体收入，结余的一部分政策处理经费还可以用于"美丽乡村"特色村项目建设。

二、潘堰村发展当前面临的主要问题

农村"空心化"问题是由多种因素造成的，为了促进经济和社会的协调发展，需探索出解决"空心化"问题的科学路径，采取强有力的措施加以贯彻落实，最终实现全面建成小康社会。全面建成小康社会不仅要在经济层面脱贫致富，还包括精神层面人的全面发展。在城市化的背景下，潘堰村同样面临空心化问题，具体表现为土地资源紧张、农村文化生活缺乏活力、和谐乡村建设任重道远等。但该村通过盘活农村闲置土地，吸引人才创新创业等措施破解农村资源集约利用难、劳动人才集聚难等问题，有效地应对农村经济"空心化"、教育"空心化"、治理"空心化"，其经验值得总结与思考。

潘堰村当前主要面临的问题有三个方面：

一是土地资源紧张。随着杭州城市化进程加快，富阳"市改区"之后，不断加快融入主城区的节奏，各方面都产生了较为明显的变化。但作为杭州市城区，富阳的市域建设仍然处在较为明显的县域格局之中，在空间规划、产业定位、区域功能、公共服务等问题上还需不断磨合，一体化的发展和整合有待进一步深化。潘堰村这类农村由于尚未形成产业规模，很多青壮年劳动力依然要涌入城区就业，离开了农村主要以土地为经济来源的生活，剩下的多为 50、60 后，他们习惯于传统农业耕作方式，阻碍了农业技术的更新和推广，农业规模效益无法提升。虽然该村进行了"旱改水"等土地整理工作，但城市用地和乡村用地都在扩张的背景下，城市还要来农村购买土地指标，土地指标出让的资金已经成为村集体经济和村两委运作的重要来源，这导致当地农村建设用地更难得到保证。除农业基本用地外，包括竹笋市场用地等其他功能用地短期内难以解决。

二是农村精神文化生活依然贫乏。近年来，国家对农村文化建设日益重视，加大了对农村基础设施的投入，但由于参与文化活动的人多数为老人，他们的教育水平不高，活动多数为比较落后、相对陈旧的方式，很难发挥文化活动的真正意义。另外，具备一定知识和素质的青年人流向城市，农村父母有一方去城市带孩子，留在农村的一方大多数时间就在家看电视，很少有高质量的集体活动，有些老年人生活孤独，娱乐方式单一，精神生活空虚。

三是人才缺乏影响农业新业态发展。随着城市化推进，杭州市涉农人员年龄普遍偏大，懂农、知农、爱农的新农人紧缺。在杭州现有农村实用人才中，35 岁以下的 1.5 万人，占比仅 10.3%。调查发现，淳安县等地的一些偏远农村，留村年轻人占村人口总量不足 5%。老年人的作业方式比较传统,对发展农村电商、创意农业等农业新业态的意识和能力较弱,乡村产业振兴面临挑战。

四是脱贫攻坚任务依然存在。大量年青人离开农村,老人无人照料,农村的养老问题日益突出。有些因病致贫的农村低保户家庭生活困难,家庭收入低。部分大龄男青年结不起婚,存在不稳定因素,不利于和谐乡村建设。

三、破解农村"空心化"的对策建议

解决农村"空心化"问题要长期和短期并重。从潘堰村发展的经验和教训来看,要从打破城乡二元制结构入手,推动城乡经济统筹、协调发展,具体应从以下几方面展开。

(一)积极鼓励乡村产业振兴

乡村振兴,产业是基础。农民要有稳定的收入,农产品必须要有稳定的市场。要避免"一窝蜂"地发展一些表面看起来光鲜的"非农化"产业,积极培育乡村产业,将发展现代农业企业、推进产融合作作为乡村振兴的主攻方向,发挥当地农村的特点,构建各具优势的产业格局,实现"各美其美"的理想目标。对于一些劳动密集型企业,因涉残疾人就业等福利政策,可以通过加大资金扶持力度、减少税负等方式让企业摆脱困境,解决周边村民的就业问题。

(二)"因村而异"对农村发展进行科学规划

在城市化背景下,农村"空心化"问题的治理要综合考虑多方面的因素,具体问题具体分析,对"空心村"进行科学的规划和管理,积极培育现代农民组织,提高土地规模化利用效率。一方面要征求民意,对村庄面貌的改善与民意相结合、与村庄实际情况相结合,合理制定村庄的设计规模和模式。另一方面,合理布局农村的产业发展模式,根据村庄的地理位置、农民种植习惯、土地结构等进行统一规划,充分发挥村庄的区位优势,"旱改水"等土地整理不能以破坏生态环境为代价。只营造良好的人居环境和人文环境,才能因地制宜开发乡村旅游,吸引村民返回农村居住和创业,根本上治理"空心化"问题。

(三)加快乡村青年创业人才培育

预期在未来 5 到 10 年内,随着乡村振兴战略的深化,城市国际化和城乡一体化不断推进,杭州城乡融合、产业融合将进一步增强,对乡村振兴人才队伍必将提出更强需求、更高要求。应加快制定乡村振兴人才规划,尤其要为青年人到乡村创业提供更好的条件环境和社会舆论导向,为乡村振兴注入持久活力。鼓励离乡青年农民及大学生回流农村当"农创"一族;号召城里人下乡"乡创",建立有效激励机制，以乡情为纽带，吸引规划师、建筑师、艺术家、律师、专业技术人员、投资人等各种人才投身乡村创新创业。通过种种措施，鼓励45周岁以下的青壮年到农村，投身生态农业、农村电商、乡村旅游、创意农业等新业态创业发展。

（四）加强农村社会治理，对困难村民"应保尽保"

虽然潘堰村整体富裕，大部分失地农民有失地农民保险，实现了70岁以上人员全覆盖，但还有400人左右没有固定收入，部分60～70岁年龄段的人员没有相应社保覆盖，生活较苦难。还有几十个因病致贫低保户，每人只有500元/月的低保补助，与一般村民的生活水平差距较大。建议基层政府统筹安排社保基金，对较困难的低保户采取低息贷款购买社保等优惠政策，让其有基本生活保障。

（五）丰富村民精神文化生活，对红白喜事加强引导，减轻农民负担

在调研中发现，农民对当前村里发展较为满意，但传统习俗中红白喜事的礼金及婚丧嫁娶上的攀比让他们十分反感。为了收回礼金，办酒席的名目也越来越多，人情消费越来越高，人情渐成"人情债"，越来越成为一笔不小的负担。建议制定严禁大操大办的实施意见，成立由村内德高望重的老党员、老干部、村民代表组成的红白理事会，对本村村民婚丧嫁娶规模进行合理控制，并进行监督。把婚事新办、丧事俭办及其标准写进村规民约，提倡新事新办，把有限的资金用到改善生产生活条件上来，用到公益事业上来。提高农村文化礼堂利用率，为红白喜事提供公共场地，加强村内文化建设。

第十五章 "美好教育"背景下的 杭州学前教育发展及其启示

    党的十九大报告中,习近平总书记指出,人民对美好生活的向往就是我们的奋斗目标①。在 2018 年 9 月召开的全国教育大会上,他再次强调要加快推进教育现代化、建设教育强国、办好人民满意的教育。② 杭州把高水平建设"美好教育"当作奋斗目标,提出要牢牢把握杭州教育事业的正确方向。学前教育是美好教育的重要内容,美好教育应从幼儿开始,充分尊重幼儿身心发展和成长规律,加快"扩容提质",以更高标准增加学前教育资源的有效供给,努力满足群众对学前教育的需求。

    人生百年,立于幼学。学前教育作为国民教育体系的重要组成部分,是基础教育的基础,是终身教育体系的奠基工程。学前教育事业是重要的社会公益事业,办好学前教育,关系广大儿童的健康成长,关系千家万户的切身利益,关系国家和民族的未来。在 2018 年 11 月,党中央国务院出台了《关于学前教育深化改革规范发展的若干意见》,指出:"学前教育是终身学习的开端……是重要的社会公益事业。办好学前教育、实现幼有所育,是党的十九大作出的重大决策部署,是党和政府为老百姓办实事的重大民生工程,关系亿万儿童健康成长,关系社会和谐稳定,关系党和国家事业未来。"《国家中长期教育改革和发展规划纲要(2010—2020 年)》提出:发展学前教育是各级政府义不容辞的责任。"全面二孩"政策让学前教育的需求大幅增长,面对学前教育资源总体不足的情况,各级政府必须优化学前教育布局、健全经费投入长效机制、提高幼教专业水平、强化

---

    ① 习近平.决胜全面建成小康社会　夺取新时代中国特色社会主义伟大胜利[M].北京:人民出版社,2017.

    ② 习近平.坚持中国特色社会主义教育发展道路、培养德智体美劳全面发展的社会主义建设者和接班人[A/OL](2018-07-10).新华网.

学前教育机构监管,创新学前教育办学体系,促进学前教育健康发展,实现学龄前儿童保育和教育双重功效,努力办好人民满意的学前教育。

一、学前教育是"美好教育"的基础

近年来,我国学前教育事业快速发展,资源迅速扩大,普及水平大幅提高,管理制度不断完善。《国家中长期教育改革与发展规划纲要(2010—2020 年)》(以下简称《教育规划纲要》)、《关于当前发展学前教育的若干意见》(以下简称《若干意见》),为我国学前教育事业的发展指明了方向,提出了具体的指导意见。根据《教育规划纲要》和《若干意见》的精神,政府发展学前教育的主体责任归纳为四个方面:一是规划,二是投入,三是监管,四是保公平。科学而有效的监管是学前教育健康发展的重要保障。政府相关部门需要建立科学完善的制度与行之有效的机制,对各类学前教育机构的办学资质、办学行为、安全卫生保健、师资队伍、保育教育质量等,进行定期检查与动态监管。

杭州历来重视学前教育,并相继出台一系列政策,在完善学前教育基础设施等方面做了大量工作,基本形成了"政府主导、社会参与、公民办协调发展"的学前教育办学格局,取得一定成效。2011 年,针对现行的规章和规范性文件立法层次偏低、法律规范的效力较弱等特点,杭州制定实施《杭州市学前教育促进条例》,明确提出要实现"构建覆盖城乡、布局合理的学前教育公共服务体系"的目标,对学前教育机构的设立设置了相应的行政许可,规定"未经许可,任何单位或个人不得举办学前教育机构",并就行政许可进行了具体规定;制定实施《杭州市学前教育三年行动计划(2011—2013 年)》,进一步加强学前教育改革与发展;2016 年制定实施《杭州市学前教育第二轮三年行动计划(2016—2018 年)》,在提升保教队伍素质上,一方面科学核定公办幼儿园主要教职工编制,另一方面进一步健全民办幼儿园师资扶持政策;2017 年印发《杭州市普惠性民办学前教育机构认定和管理办法》,完善普惠性民办幼儿园建设发展机制,对普惠性民办幼儿园的办学条件、申办程序、政策保障、监督管理等方面作出了明确规定;2018 年,为破解基础教育发展不平衡不充分矛盾,构建高水平教育服务体系,满足人民群众对美好生活的需要,杭州市制定实施《杭州市建设"美好教育"三年行动计划(2018—2020 年)》,要求市和区、县(市)政府要根据分级办学职责,2018 年起编制完成新一轮《学前教育布局(布点)专项规划》,在现有标准基础上适当提高居住区配套中小学、幼儿园规划建设"百户比"指标,确保和满足中小学、幼儿园建设用地需求。在"美好教育"三年行动计划"中提出"不断深化教育供给侧结构性改革,消除基础教育领域的短板和薄弱环节,着力解决人民日益增长的美好生活需要和教育发展不平衡不充分的矛盾,全力办好新时代人民满意教育"。美好教育从娃娃开始,学前教育是终身教育的起始阶段,必须切实解决学前教育总体资源不足、优质教育资源紧缺的局面,奠定美好教育的基础。

二、杭州市学前教育发展现状

近年来,随着杭州人才净流入加速及"全面二孩"政策实施,对学前教育资源的需求日益增长。但与北京、上海、成都等城市相比,学前教育资源总量不足、普惠不够、优质资源不均问题依然存在。在托幼一体化的新形势下,应加快推进杭州市学前教育"扩容提质",以更高标准增加学前教育资源的有效供给,努力满足群众对学前教育的需求。杭州市积极构建学前教育公共服务体系,形成了"政府主导、社会参与、公民办协调发展"的学前教育办学格局。2018 年,全市幼儿园991 所,较上年增加 31 所。在园幼儿 34.36 万人,比上年增加 0.73 万人。学前三年幼儿入园率达到 99.03%,比上年提高 0.08 个百分点。一是学前教育政策体系不断完善。制定实施《普惠性民办学前教育机构认定和管理办法》《杭州市学前教育促进条例》,落实《建设"美好教育"三年行动计划(2018—2020 年)》,为完善学前教育办学资质、办学行为、师资队伍、保教质量建立了制度保障。二是学前教育经费投入有所增长。2018 年,全市学前教育财政性教育经费投入425902 万元,占财政性教育经费的比例为 12.27%,比 2014 年增长了 2.6 个百分点。三是师资队伍建设不断加强。全市幼儿园专任教师 2.63 万人,比上年增加 0.17 万人,幼儿教师学历合格率达到 100%。四是学前教育整体质量不断提升。全市公办幼儿园在园幼儿人数占在园人数的 70.0%;全市普惠性幼儿园在园幼儿人数占总在园人数的 88.2%;优质学前教育覆盖率(省一级、省二级幼儿园在园幼儿人数占在园幼儿总数比例)达 82.6%。

三、杭州市学前教育发展中存在的问题

杭州学前教育核心矛盾体现在"三个不",即投入不足、分配不均、质量不高。

(一)学前教育经费投入仍不足,区域投入的不平衡性明显存在

杭州市财政性学前教育经费占财政性教育经费的比例总体上有提高,全市近五年学前教育财政性教育经费占财政性教育经费的比例分别为:2014 年9.67%,2015 年 9.61%,2016 年 10.70%,2017 年 10.99%,2018 年 12.27%,但仍存在占比偏小、增长缓慢等问题。但与此同时,区域投入的不平衡性也明显存

在。主城区相对远郊区县在学前教育财政性教育经费占财政性教育经费的比例明显要高,其中拱墅区最高,达到 19.98%,建德市最低,只有 8.46%。经费投入不足导致部分幼儿园收支难平衡,幼儿园教师职业幸福感下降,幼儿园将日常用品开支转嫁到学生家长身上等现象。

(二)学前教育资源分布不均,优质学前教育资源供不应求

2013 至 2018 年,杭州市新生儿的出生数分别为 6.25 万、8.24 万、6.02 万、9.35 万、9.37 万和 7.77 万,在"全面二孩"政策的作用下,杭州市新生儿数总体处于高位。近三年出生的幼儿马上要面临入园,杭州现有的学前教育资源已经处于饱和状态。如加上对托班的新增需求,2018 年 3 周岁以下在园儿童总数仅为 3559 人,托班班级总数只有 215 个,毛入园率为 4%,托幼一体化下的学前教育资源供不应求。尤其是新城区学前教育资源缺口较大。优质学前教育资源(全市省二级以上幼儿园)大部分集中在主城区,远郊区县占比偏小。农村的幼儿园教育经费不足,师资相对匮乏。

(三)师资队伍建设有待加强,保障水平有待提高

2018 年全市在编幼儿教师 1.1 万人,只占全体幼儿教师的 40.2%。部分公办幼儿园班师比较低,与《浙江省公办幼儿园教职工编制指导意见》中"专任教师编制按照班师比 1:1.5~1:2 的比例核定"的规定尚有差距。近六成的非编幼儿教师成为幼儿教师队伍的主力军。大部分非编教师仍然存在着工资低、发展机会少、保障水平低、归属感弱等问题,幼儿教师流动快、素质良莠不齐,保教质量难以保证。

四、加强杭州市学前教育发展的对策建议

面对杭州学前教育方面的问题与矛盾,必须在管理体制改革上求突破,在经费投入上加大力度,在师资队伍建设、办园模式方面加强创新,加快推进学前教育"扩容提质",为构建杭州"美好教育"体系而努力。提出以下"五个建议":

(一)进一步优化学前教育布局,完善区域供需匹配度

一要超前布局学前教育规划。要充分考虑人口结构变化和城镇化发展趋势,制定应对学前教育需求高峰方案,按照"新建一批、置换一批、改造一批"的思路,加大幼儿园建设力度,多渠道解决幼儿园园舍不足问题;充分利用现有空置楼宇、旧厂房和学校等资源,置换、改造为幼儿园,扩大学前教育资源。二要规范小区配套幼儿园的建设管理。要按照城镇居民区配套幼儿园建设相关规定和调整后的幼儿园建设百户指标落实住宅小区配套幼儿园建设,同步规划、建设、交

付教育行政部门管理使用。住宅小区配套幼儿园性质应为公办幼儿园或普惠性民办幼儿园。三要优先保障镇村幼儿园扩容建设。按照"公办为主"的学前教育发展思路,每个乡镇在建好1所公办中心幼儿园的基础上,进一步规划建设公办幼儿园、教学点,着力解决农村偏远地区幼儿的入园问题。四要适量考虑学前教育国际化的需求。随着杭州城市国际化程度的提高,来杭州工作创业的海外人才增多,逐渐形成国际化创业人才俱乐部或社区,在学前教育的规划上要考虑这部分群体的需求。

(二)健全经费投入长效机制,不断加强普惠性幼儿园建设

进一步加大对学前教育的投入力度,尤其是在扩大普惠性资源、补充配备教师、提高教师待遇、托幼一体化配套等方面。在《杭州市学前教育第二轮三年行动计划(2016—2018年)》的基础上,确保各区、县(市)学前教育事业费在教育事业费中所占比例达到计划标准。可借鉴深圳市给在园儿童发放健康成长补贴的做法,通过各区、县(市)财政部门拨付补贴经费。

(三)加强师资队伍建设,提高幼教专业水平

一要积极落实编制配备标准。将专任教师编制"按班师比1∶1.5～1∶2的比例核定"的政策真正落实到位,可推广国家学前教育改革发展实验区江干区的做法,探索将中小学和幼儿园的编制打通,保障幼儿教师编制数的配备。二要保障非编教师待遇。逐年提高非编教师的收入,推进同一体制内非编教师与事业编制教师工资待遇水平大体相当。在进修培训、专业技术资格评聘等方面,享有在编教师同等权利,在年度考核、评优、健康体检等方面向在编教师看齐。三要强化队伍培养机制。通过五年制大专班等形式扩大学前教育专业招生数。可以借鉴成都等地实施的"柔性流动"政策,增加男幼师的比例。着力提升在职学前教育教师学历和提高教师资格证持证率,来提升教师素质,尤其是要加强教师的心理健康建设,避免发生虐童事件。建立健全与幼儿教育改革相适应的教育培训制度,将对幼儿教师的培训和继续教育纳入规划。

(四)完善学前教育监管体系

一要加强源头监管。严格落实幼儿园准入管理,依据国家基本标准调整完善幼儿园设置标准,严格掌握审批条件,加强对教职工资质与配备标准、办园条件等方面的事项审核。幼儿园审批严格执行"先证后照"制度。二要完善过程监管。可借助打造"数字经济第一城"的优势,利用互联网等信息化手段加强学前教育监管,强化对幼儿园教职工资质和配备、收费行为、安全防护、卫生保健等方面的动态监管,完善年检制度。三要强化安全监管。建立全覆盖的幼儿园安全风险防控体系,健全安全风险评估和预防制度,落实园长安全主体责任,建立幼

儿园所在街道(乡镇)、城乡社区居委会(村委会)共同负责的幼儿园安全风险防控体系。加强对幼儿园食品、药品的日常监督检查,加快探索学前教育中实施"医教结合"的办法,进一步创新保教举措。同时,积极建立医教协同研究幼儿身心发展规律的机制,增强幼儿保教工作的科学性和针对性。

(五)创新学前教育办园模式,有效提升学前教育质量

一要继续开展幼儿园"小学化"专项治理行动。严格依据《3～6周岁儿童学习与发展指南》,科学设置幼儿活动课程,规范组织保教游戏活动,坚决杜绝"小学化倾向"。二要强化城乡交流,创新学前教育办园模式。以优质学前教育资源为依托,积极探索资源共享、优势互补、区域协作、"名园＋新园""城乡互助共同体"等方式,实现区域学前教育均衡优质发展。三要健全评估监测体系。依托相关高校和教育评估院等专业性研究机构建立幼儿园保教质量评估监管体系,设立市级学前教育质量监测评估中心,通过对全市所有学前教育机构的动态监管、质量评估与业务指导,确保各类学前教育机构达到质量标准,实现教育质量的稳步提升。

五、杭州学前教育发展对我国学前教育的启示

从杭州的学前教育发展可以看出,加强学前教育必须提高认识、增加投入、加强监管、发挥市场,以满足人民对学前教育资源日益增长的期望。

第一,必须充分认识到学前教育的重要性。对3到6岁幼儿园教育,我国已经将其定位为普惠教育,在《中华人民共和国教育法》中明确学前教育归地方政府管理,地方政府承担着发展学前教育事业和提高学前教育质量的双重任务。而对0到3岁的幼儿托育,我国对其重要性还缺乏认识。从发达国家情况看,发达国家幼儿正式入托的比重平均高于30％。例如英国,幼儿正式入托的比重为35.1％,平均每周使用小时数为16.2小时;德国为29.3％,28.4小时;荷兰为54.6％,17.2小时。我国应该把0到3岁幼托教育和3到6岁幼儿园教育结合在一起考虑,实现托幼一体化。

第二,必须明确政府对学前教育的投入责任。虽然政府已经开始加大投入,但距离实现普惠,解决"入园难、入园贵"还有较大差距。目前,杭州市主要靠推进学前教育三年行动计划,要求各地政府部门增加投入,但由于学前教育的显示度不强,地方政府投入学前教育的积极性远低于非义务的高中教育以及高等教育,而且对学前教育硬件设施投入超过了对学前教育师资建设、课程建设、教育品质的重视。要确保政府对学前教育的投入,应该制定学前教育法,明确政府对

学前教育的投入责任。

第三,必须优化教育支出结构,减少对高等教育领域的过多投入,增加对公共基础教育领域的投入。保障公共基础教育,应该是政府发展教育的首要责任。发展高等教育,政府当然也有投入责任,但是,高等教育更应该加大开放力度,鼓励社会资金进入,将节省的经费更多投向基础教育领域,这将会更利于社会均衡发展。考虑到我国学前教育存在巨大的历史欠债,我国投向学前教育的经费应该占到总教育经费支出的10%。

第四,要加强师资培养,改善幼师待遇。师资是发展学前教育的核心和关键所在,高素质、稳定性强的师资队伍是儿童健康和谐发展的保证,更是高质量学前教育的保证。更重要的是,全面提高幼儿教师的专业素质是基本普及学前教育的重要措施之一。为了提高幼儿教师的素质,增强其稳定性,政府需要加大师资培养的力度,严格执行幼儿教师的准入标准,同时还要提高幼儿教师的地位,增加学前教育经费,用以大幅度提高普惠园幼师待遇,从而带动民办园也提高教师待遇,由此吸引优秀人才进入学前教育领域,减少幼师缺口,并提高幼师素质。

第十六章 "跟着垃圾去旅游"生态文化活动

"杭改十条"明确提出,"要加快形成科学有效的社会治理体制机制"。近年来,杭州市以文化培育为引领,相关企业与社会有关方面联动合作,提出"跟着垃圾去旅游",打造中国城市首条环境教育旅游线,让广大市民积极面对垃圾、认识垃圾、关注垃圾,参与到垃圾整治的队伍中来,养成减少垃圾和分类垃圾的良好习惯,以推动垃圾的源头治理。

一、城市垃圾整治的背景

这些年来,垃圾围城成为城市化进程中的普遍问题。垃圾问题关乎环境,关乎民生,是城市发展迫切需要解决的世界性难题。伴随城市化的不断推进,杭州生活垃圾的产生量呈逐年递增趋势,2013年杭州市区生活垃圾产生总量308余万吨,日均8456.78吨,仅此一年垃圾量就能填满1/5个西湖;2014年杭州主城区日均产生生活垃圾8000余吨,近10年的年均增长率达14.22%,垃圾处理的压力逐年增大。同时,城市垃圾处理也成为反映城市文明和治理水平的重要标志。

目前,杭州市垃圾整治的各项工作均在积极推进,例如,从2015年开始,杭州实行生活垃圾总量控制,实施阶梯式垃圾处置费支付模式。但也面临诸多问题。主要表现在:垃圾存量巨大带来处理的难度非常大;处理设施不足,投入不足,建设缓慢;二次污染难以杜绝,部分填埋场污水、臭气等再污染较为严重;各部门联动处理及监管的能力亟待加强;社会化、市场化运作水平亟待提高,尤其是广大群众对政府的有关措施缺乏认识和理解,直接影响到垃圾处理项目的实施,相关的公共意识和公众参与亟待提升及推进。

多年的垃圾处理与整治实践,使我们越来越认识到,解决垃圾问题的根本出路,在于实现垃圾的减量化、无害化和资源化。为破解这一难题,杭州市环境集团积极与文化"结缘",通过与社会有关方面联动合作,提出用文化培育垃圾"三化"理念,促使垃圾处理的观念转变;利用"杭州市民体验日"等大型城市文化活动平台,支撑"跟着垃圾去旅游"项目的实施与推广,让市民充分了解生活垃圾从前端收集、清洁直运,到分类处置、循环利用以及生态恢复的全过程;以环境教育旅游为载体,以垃圾文化为引领,通过交流互动,在可体验和可感受中催发广大市民关注垃圾问题,认识和理解城市垃圾整治的意义,从而形成共同的价值认知,使社会各方主动参与到垃圾整治的队伍中。从 2010 年开始,"跟着垃圾去旅游"将年度的集中体验活动与项目常态化的运作有机结合,每年接待参与人数均在 2 万人以上,预约人数近 2 万人,成为杭州整治城市垃圾的一道亮丽风景和推行垃圾治理的一张有价值的名片。

二、"跟着垃圾去旅游"活动的主要做法

在垃圾收运处理的治理链条中,既需要各相关部门的联动配合,更需要广大市民及社会各方面的积极参与和支持。"跟着垃圾去旅游"的最大亮点,就是通过文化引领,在城市垃圾整治过程中,由企业、知识、媒体、党政"四界联动"搭建平台,引入市民参与,形成多方共治的良好局面。其主要做法如下:

(一)积极开放创新,首创国内环境教育旅游线

"跟着垃圾去旅游"积极开放城市生活垃圾的前端收集、中端运输、末端处置以及生态恢复和资源利用的现场,成为国内第一条集参与体验与宣传教育为一体的、以垃圾文化为主要内容的环境教育旅游线路。它按照"提前预约,定时开放;学生优先,有序体验;专人管理,专业讲解;地点明确,内容独特"的整体规划,通过有趣味、可体验的环保教育活动,让市民与垃圾零距离接触,向公众普及垃圾处理知识、剖析垃圾处理难题,唤起城市各类人群及社会各方面对城市垃圾处理的关注,从而发挥"孵化器"和"发酵剂"的作用,使每个参与者了解垃圾、重视垃圾,养成处理垃圾的良好习惯,积极参与垃圾整治,进而推动垃圾"减量化、无害化、资源化"的进程。

"跟着垃圾去旅游"目前开辟线路为:李家桥社区(和睦苑)垃圾分类收集点→和睦垃圾清洁直运中转站→天子岭生态公园(垃圾填埋库区及生态恢复现场)→天子岭环境教育基地→天子岭垃圾回收产品及物流交换超市→沼气发电厂→污水处理厂→垃圾运营调度服务指挥中心。该线路在实际运作时,既注重开放现场、透明流程,让公众了解垃圾整治的客观现状,又展示先进科学的垃圾整治

理念、方法和手段,使公众切身感受城市垃圾治理的方向与前景;既充分发挥企业的主体作用,融环境业务推广、市场化运作、垃圾生态恢复为一体,又联动相关管理机构及部门、社会组织以及媒体等,使线路运作及环境教育的开展能够得到社会各方面的充分理解与支持,有效吸引了社会公众积极参与,从而扎扎实实地搭建起了社会各方联动、公众有效参与的城市垃圾治理平台。

"跟着垃圾去旅游"的活动开展,首先,使全社会对环境行业的重视程度大幅提升。目前,杭州天子岭垃圾循环经济产业园项目已被列入杭州市"十二五"循环经济发展规划的重点项目。其次,促进了公众对垃圾整治的理解与支持。清洁直运实施以来,杭州未发生一起因中转站引发的周边居民群体上访事件。再次,提高了公众对垃圾整治的公共意识和合作意愿。据市民情民意调查办公室调查显示,市民参加"跟着垃圾去旅游"的活动后,94.2%的市民愿意践行低碳生活,92.3%的市民愿意更好地参与垃圾分类,89.7%的市民愿意减少日常生活垃圾产生量,86.8%的市民愿意向家人或朋友推介这项活动,84.4%的市民愿意参与"绿色义工"。

(二)发挥价值引领,推动"心灵减量"及观念转变

"跟着垃圾去旅游"采用各种文化和艺术的形式与手段,积极创新活动的载体,扩大社会影响面,提升教育实效,使垃圾整治与文化培育有机结合,在环境教育活动中充分发挥优秀文化的价值引领作用,既凝聚社会共识,又通过倡导"心灵减量"培育和提升公众的环保意识。

"跟着垃圾去旅游"在文化培育上形成了一套系统成熟的做法。一是培育相关文化组织。在中国城市环境卫生协会的支持下,中环协"垃圾与文化研究中心"落户市环境集团,并聘任省内外相关领域的18位知名专家为中心的特聘研究员。二是开展各类文化活动。如举办全国"垃圾与文化"论坛,创办垃圾与文化研究杂志,举办"垃圾与文化"主题书画展等。三是培育环保公共意识。通过举办环保公益活动,培育各类社会主体的环保意识,如以环境教育基地为载体创办小学生第二课堂、成立环卫个人合唱团、打造环保志愿讲解员队伍等。四是拓展文创产业。市环境集团通过开展"跟着垃圾去旅游"活动,与合作方一起,利用天子岭生态园区的陶土资源,将垃圾填埋场产生的沼气作为烧制燃料,开办了陶瓷印馆。目前,该项目已列入市文创产业支柱项目,它一方面将瓷印产业和环保产业相结合,延伸了产业;另一方面使"跟着垃圾去旅游"的活动经费得到落实,建立起活动的自我造血功能,使之能够可持续运行和发展。五是打造垃圾生态公园。市环境集团利用杭州天子岭填埋场的垃圾堆体建设国内首创的垃圾生态公园,将人文理念融入其中,打造并展示生态公园令人心旷神怡的美丽景观。这

样的生态恢复机制,既变废为宝,解决了部分垃圾的出路,又现身说法,成为播种环保理念、推动"心灵减量"及相关生活观念转变的最好课堂。

"跟着垃圾去旅游"以文化为基,行价值引领,极大凝聚了社会各方面对城市垃圾整治的共识,为垃圾治理营造了良好社会氛围,创造了有利的社会条件。时任中央政治局常委、上海市委书记俞正声从《解放日报》的专题报道中了解到杭州市在国内首创"跟着垃圾去旅游"以文化推动垃圾处理的情况后,派上海市建交到杭州体验"跟着垃圾去旅游"活动。中国环境质量状况与对策院士专家咨询项目组组长、中科院院士赵其国在考察市环境集团时说:"我看了以后非常惊异,你们把最脏的垃圾场治理成这么美丽的公园,非常不容易。"省政协原副主席盛昌黎在视察天子岭时说:"不来不知道,来了垃圾场才知道,最脏的问题是最大、最难的问题,也是最了不起的问题,我愿意成为环境集团绿色义工的一员。"杭州市民组成的体验团在参加有关活动体验后,要求市旅委将"跟着垃圾去旅游"列为杭州市的特色旅游线之一,让更多的人来了解杭州的垃圾处理,"因为这是杭州文明、品质的象征"。

(三)运行机制

"跟着垃圾去旅游",让社会公众全程参与到城市垃圾整治中,透明了市政公共事务的运行管理过程,使企业及政府的相关行为能够在社会的监督与促进中更好运行、规范运行,同时达成社会各方面对公共事务运行管理的理解与支持。

"跟着垃圾去旅游"首先极大促进了市环境集团的企业运行管理,推动了企业的转型升级和规范运作。市环境集团借助"跟着垃圾去旅游"的推动力,不断完善垃圾处理机制。一是全面巩固提升清洁直运成果。进一步改进清洁直运前端的垃圾收集模式,并实施分类运输;将原先人力三轮车改为封闭式电瓶车,做到垃圾不落地,污水不滴漏,避免垃圾二次污染;完成41座垃圾中转站改造,改善了周边市民的生活环境。二是不断完善垃圾填埋工艺。在长期摸索和实践的基础上,提炼了"天子岭填埋作业法",缩小垃圾作业暴露面,同时将传统的土覆盖提升为膜覆盖,实现雨污分流,减少垃圾渗滤液产生,防止臭气外溢,提高了气体收集率。经"天子岭填埋作业法"的提升,硫化氢、氨氮、臭气三项指标同比下降66.07%、6.99%、80.89%,周边环境质量明显提高。三是积极推进垃圾无害处理和再利用。目前,天子岭库区已建成并投运日发电量9.6万千瓦时的沼气发电厂,提高了垃圾无害化处理和资源综合利用的水平,该发电厂所利用的填埋沼气相当于300个杭州植物园的净化吸收能力;发电厂日均发电96842度,可供约18000户居民使用,日节约燃煤80多吨。四是合作创新垃圾渗滤液处理技术。通过开展技术合作攻关,研发了国内首创的GZBS处理工艺。该工艺具有成本低、出水标准高等特点，经过处理达标后的垃圾渗滤液可作工艺回水、道路冲洗水等循环利用，有效节约了水资源，也减轻了垃圾渗滤液带来的环境压力。同时，GZBS污水处理工艺的节能减排效果显著，每年可减排COD总量为8180吨，相当于30万人全年的生活源COD排放量。五是大力推行现代化信息管理。建成并投入使用运营调度服务指挥中心，负责受理市民来电咨询、意见建议及求助，同时对垃圾处理情况进行实时监督管理；设置清洁直运车辆GPS管理和智能化调度运行系统、场站内安防视频监控显示以及运营管理数据统计分析等，在国内首先根据相关查新报告将污水处理、沼气发电、气体监测等指标纳入信息系统，实现了信息开放共享。

"跟着垃圾去旅游"也有效赢得了社会各方面对城市垃圾整治的理解、认同、支持与赞赏。时任浙江省副省长陈加元对"跟着垃圾去旅游"活动给予专题批示："杭州环境教育旅游线的推出，把环境整治、环境产业和环境文化有机结合起来，是一个积极的探索实践，对于普及知识，提升理念，实现垃圾减量化、无害化和资源化，进而推进资源节约型、环境友好型社会建设具有十分重要的现实意义。"2015年，中央电视台先后5次来杭报道城市垃圾处理工作，在长达25分钟的"跟着垃圾去旅游"专题电视片中总结道："通过这一次垃圾之旅，我们感受到杭州市政府对垃圾的这种处理方式，为杭州争创全国最清洁城市的目标贡献了重要的力量。"社会各界的支持、理解和认同，一方面是杭州城市垃圾整治工作开放、透明、有效推动社会参与的结果，另一方面也为进一步推进城市垃圾的社会治理奠定了良好基础。

三、实践案例的启示

（一）城市公共事务管理须向治理转变

作为城市的市政公共事务，垃圾整治涉及千家万户，关乎方方面面，是一项综合的系统工程；它既具有很强的专业性，又具有广泛的社会性。因此，它亟需突破一直以来传统的城市公共事务管控模式，提升理念，转变方式，创新工作载体，注重工作内涵，让社会公众积极、主动地参与进来，形成社会共治的合力。垃圾整治实践的有益经验及教训一再说明，充分运用党政、知识、媒体、行业企业"四界联动"的工作机制，搭建平台，支撑创新的工作载体，推动市民及社会各方广泛参与、共识合作，是杭州推进城市公共事务和公共事业良性运行、有序发展的有效方式及路径。与此同时，在管理向治理提升的过程中，还须辩证看待和正确处理好管理与治理的关系：凡社会可以承担运行的事情，要通过政府职能转移和以完善社会组织为重心的社会建设,通过党政引领、社会主体、市场运行"三力合一",形成社会事业良性、有序发展;而在现行历史阶段,凡企业需要承担的社会责任、政府必须履行的监管职责,则应做到各尽其能、各司其职。

(二)城市公共事务治理须以价值引领

作为城市的市政公共事务,垃圾整治的本质是社会公共治理。"跟着垃圾去旅游"之所以能够有效带动广大市民及社会公众积极面对垃圾、认识垃圾、关注垃圾,参与到推进垃圾减量的队伍中来,关键在于"心灵减量",源头在于每一个参与者观念的转变。而后一个"减量"及转变,就在于文化培育和价值引领。"跟着垃圾去旅游"的治理实践表明,社会合作的前提是合作各方在平等基础上的互动交流,在交流沟通中的价值认同。因此,它亟需突破一直以来自上而下、行政命令的组织发动方式,通过优秀文化培育的力量,通过核心价值观的引领与共识,达成社会理解与合作。从这个意义上,"跟着垃圾去旅游",以文化为基,创丰富形式,行价值引领,极大凝聚了社会各方面对城市垃圾整治的共识,是杭州推进城市公共事务和公共事业治理的有益经验。同时,也必须看到,只有同时落实制度的规范运行,才能确保优秀的价值追求能够行之久远。

(三)城市公共事务治理须依规范运行

作为城市的市政公共事务,垃圾整治的社会治理本质属性为其自身制度化运行提供了基本保障。"跟着垃圾去旅游"既带动了社会参与,又促进了垃圾整治工作透明开放,并使后者直接置于社会公众的视野和督促之下,由此有效推动了相关市政企业的提升改造和规范运作,也有利于推进政府对城市垃圾整治的政策举措、财政投入和行政监管。"跟着垃圾去旅游",通过开放、"透明"垃圾整治的运行管理,形成在社会参与基础之上的社会监督机制,已使杭州在推进城市垃圾治理、改善城市生活环境上取得了部分积极的成果,同时也为整个城市的公共事务治理及公共事业发展提供了一个重要的、有参考价值的实践样本。

(原文收录在 2015 年 5 月《杭州》杂志,略有删改)

结　语

　　伴随着经济社会的快速发展,公众的需求也随之不断增多,公众对政府治理能力的要求也变得越来越高。这已成为全球各国政府治理体制改革的共同问题,用转变政府职能的方法来提升公共服务能力,是公认的解决问题的途径。时任浙江省委书记袁家军在省第十五次党代会中指出,今后五年全省工作的奋斗目标是在高质量发展中实现中国特色社会主义共同富裕先行和省域现代化先行。从20世纪中叶我国就开始提出共同富裕,直到现在依然在追求共同富裕的路上,可见实现这一目标的难度之大。实现共同富裕,是社会主义的本质要求,是人民群众的共同期盼,是我们党矢志不渝的奋斗目标。随着浙江共同富裕示范区建设不断推进,人民对公共文化服务的需求也已经从"有没有"转变到"优不优"。建设共同富裕示范区,需要加强公民参与,加快打造物质富裕精神富足的理想家园,构建起以治理力量推动公共服务创新、实现共同富裕的新格局。共同治理是共同富裕的必要条件,共同富裕会推动共同治理。没有共同治理就没有共同富裕。"共治"意味着多中心的参与,改变传统单中心治理的单向结构,治理者和被治理者之间实现一种良性可持续的互动,这种互动对于良好行政生态的营造具有重要意义。只有发动全体人民的参与意识,激发所有人通过辛勤劳动和相互帮助最终达到丰衣足食的生活水平,才能实现消除两极分化和贫穷基础上的普遍富裕,这是中国特色社会主义的应有之义。

　　当前新冠肺炎疫情的复杂化,使得地方治理存在的问题变得更加明显,公共服务需求在不断增加,更加多元化。与此同时,公共服务支出的压力越来越大,在经济下行的情况下甚至在不断地缩减,由之引起的公共服务过程中的协调失灵、目标偏离等诸多问题变得越来越突出显著。从20世纪90年代开始进行的政府再造实践改革,是在出现了新公共管理理论的基础上进行的实践改革。改革涉及政府日常工作的方方面面,包括政府的治理理念和结构、政府的治理原则和行为等等,要求政府不断地提高自身的服务质量、提高绩效能力,最终建立起以公众为服务对象、以服务为目标和导向的治理理念。这场政府管理体制改革的最重要的成果是树立了政府服务的新理念,同时还渐渐地开始注重政府的服务功能和服务的作用。从欧洲开始的地方政府行政改革浪潮,最终席卷了全世界,其影响力一直持续至今。

当代社会中的政府能力已经成为一个国家或者一个地区竞争力的核心或主导方面。西方的诸多政府再造理论和实践活动,或多或少地给我们提供了服务型政府建设目标的启示,并且也形成了很多值得学习借鉴的经验。服务行政的相关理念已被公认为21世纪中最主要的政府行政管理理念。我国全力提升政府公共服务能力的建设,以此作为地方政府职能转变的改革目标,这适应了整个世界经济社会发展的大趋势。

在传统的计划经济体制下,我国是传统的"管制型"模式,政府既要扮演所有者的角色,又要扮演经营者的角色,相对而言为社会和大众提供公共产品、公共服务的角色被弱化。伴随着改革开放的不断深化、社会主义市场经济体制的进一步建立健全和完善,在先后经历了十余次主要政府行政机构的改革以后,原来行政管理体制中的诸多弊端在不断地被破除,传统计划经济时期的行政管理体制和相应的组织机构在很大程度上得到了改变,我国已经基本建立了适应市场经济体制发展所需的行政管理体制和制度,政府职能转变取得了重大而具有深远意义的成效。政府机构和政府工作人员大幅度精简,政府的内部结构不断优化,工作方式方法逐渐完善,行政效率得到明显提高。

基层政府是国家政治体系中最重要的组成部分,对社会公众的意义重大。在社会主义市场经济建设的时期,伴随着中央和地方权力关系的合理调整以及市场经济的长足发展,我国的基层政府作为经济发展重要的主体力量,越来越重视自身的经济管理职能,其财政资源也大多用在经济建设发展领域,将一些原本应该由政府部门向社会提供的公共产品和公共服务,如农村公共卫生医疗服务、环境保护和整治服务、农村义务教育服务等等,都推给了市场企业和社会组织。但是,经济的快速增长是依靠诸如环境污染、资源浪费来实现的,在社会上存在多方面的发展失衡,这些都成为影响我国社会长治久安的潜在因素。这些问题迫使地方政府改变发展方向,将公共管理的重点从原来的提高行政效率转变到提高公共服务的水平质量及社会公众满意程度上来。

当前,我国社会主要矛盾已经转化为人民日益增长的美好生活需要和不平衡不充分的发展之间的矛盾,人民群众对公共产品的需求更加多元,这给政府的公共服务创新能力提出更高的要求。快速增长的社会公共需求与供给依然不足的公共产品已经变成了社会发展新阶段中的突出矛盾,这在新冠疫情防控过程中表现得尤为明显。疫情防控给了基层政府极大的压力，一方面基层政府要完成上级政府和相关部门对疫情防控的要求，承担具体的属地责任；另一方面基层政府要协调资源，满足群众对生活、生产的多元化需求；在这个过程中基层政府处于一个上下承接的地位，直面群众的特殊性对基层工作人员提出了更多要求。国家各级政府部门改革的主要任务，就是不断强化基层政府的公共服务和公共产品的供给职能，最大程度地满足广大公众对公共产品和公共服务的各种基本需求。公务人员要继续加强为民服务的意识、公仆意识，逐渐提高政府的服务质量和水平，提升政府的公共服务供给能力。这不仅仅是社会转型时期越来越迫切的内在要求，同时也是经济转型时期社会发展进步的客观要求。

从公共服务的角度来看，公共服务源自于社会的公共需求。政府等公共部门为了满足这些社会的公共需求，通过一些特定的部门产生满足这些公共需求的公共产品和服务，社会上的人们可以平等使用这些公共产品来满足自己的公共需求。由此，公共服务便可以定义为：为了满足社会上人们的公共需求，政府及其相关组织提供一系列的公共产品和服务，这些公共产品和服务的总和即为公共服务。

首先，公共服务的对象是社会公众，也就是说对象是社会的全体大众，不是社会上少数人，也不是社会上特殊的人。其次，公共服务是社会生活中最基本的服务，公众的生活离不开衣食住行，离不开生老病死，政府只有为公众提供了这些公共服务，人们的生活才能够正常进行。人们的社会生活需求内容很广泛，包括基本的水电气路等设施设备的需求，也包括安全教育等的精神方面的需求。再次，公共服务是价格低廉的服务，这是公共服务本身应有之义，只有低廉的公共服务，才能保证社会上所有的人能够享有，才能保证社会公众能够持续地不断地享有。

其次，在谈到公共服务的定义时还需要强调公共产品与公共服务之间的不同之处，公共产品是与私人产品相对的、具有非排他性和非竞争性的产品。其中的非排他性指的就是公共产品的公共性，每个人都拥有使用权，每个人都可以从产品中获得利益，本身就关系着所有人的利益，其外部收益也是非常大的。公共产品还具有规模效益巨大、投资数额量巨大等特点，普通组织往往无法提供、不愿意提供或者提供了也不一定获益，所以在一般的情况下，公共产品的提供者只能是政府的公共部门或准公共部门等。根据公共服务的主要性质和基本功能，可将公共服务分为维护性、经济性、社会性公共服务。维护性公共服务包括合法权利的保护、国防的巩固、社会秩序的保障、市场秩序的维护等，其目标是维持国家稳定安全团结、维护市场正常发展秩序。经济性公共服务是指政府为了保护经济发展的平稳快速，对市场的所有主体在经济操作过程中的必要环境等软硬件设备提供的服务的总称,包括政府对宏观经济调控的管理、政府对市场监督管理的规范、政府向社会公布经济市场信息和提供基本信息等内容。社会性公共服务是指政府为保证社会公平公正和谐稳定而向全社会提供的公共服务,有公共卫生医疗服务、公共文化发展服务、失业保障服务、现代教育服务、养老保障服务等等。

当前很多地方政府都在推动地方治理创新,治理创新成为地方改革的发动机。公共服务创新可以分为公共服务观念创新、公共服务体制创新、公共服务技术创新和公共服务管理创新。其中公共服务观念创新是基本前提,体制创新是核心内容,技术创新是重要条件,管理创新是基本保证。公共服务创新的特征有公共性、利益相关性、科学性、持续性、参与性等。政府是伴随着国家的产生而产生的,是维护统治阶级统治地位的工具,负有维护社会稳定、维持经济持续发展之责。政府创新是指政府机关为了增加公众利益、提高政府行政管理效率而进行的一系列创新性改革。不能创新的政府会使得行政管理体制被动化与僵化,缺乏适应性和必要的灵活性,那样的政府也就不能适合区域创新发展的要求和企业创新发展的要求,不能创新的政府在任何活动和任何领域中都不能发挥应有的积极作用,也就不能保证国家的长治久安。

政府的中心工作从传统的计划审查转变为市场经济体制下的公共服务,证明了公共服务在政府工作中的重要性,而且在今后的发展过程中会变得越来越重要。政府要不断完善自身的公共服务职能,只有这样才能满足经济社会发展的需要,公共服务的创新就越来越受到人们的重视。同时服务型政府建设中最重要的一项就是政府公共服务能力的建设,这就更加要求政府不断地追求公共服务的创新,只有这样才能保证政府制度改革能够适应经济和社会的快速发展,才能保证服务型政府的成功转型。所以,公共服务创新可以定义为:政府在服务型政府的建设中,坚持树立以民为本和为民服务的理念,通过改进社会治理方式来转变政府职能,在公共服务领域方面不断创造出新的思路和新的举措的过程。

历史上所有的改革和变革都需要一个或多个推动力,政府公共服务的改革同样需要动力。创新从实质上来说也是一种改革,所以创新也需要动力。公共服务创新动力是指在政府的公共服务工作过程中,能够使得政府发现自身的不足,并能够保持不断推陈出新的推动力。政府公共服务创新动力是政府提高公共服务能力的内在力量,是政府利用现有的科技和资源为社会大众提供更好的公共服务的潜在推力。这样的动力有的来自政府主观,也有的来自政府外部的客观,有的是人们可以明显感觉到的,也有的人们暂时没有认识到或一直都没有认识到。政府公共服务创新动力是各级政府改革的根本力量,只有认识到并进一步发掘出政府公共服务创新的动力,我们才能更好地进行政府改革创新,才能更好地建设和谐社会。

近年来，我国政府的公共服务能力有了较大的提高，但是人们在看到政府改革成果的时候没有进一步总结带来这些成果的动力所在，以至于有的改革被迫停止而不能继续，有的改革虽然成果显著，但只能在原来的地方实行而不能进一步推广。我们只有找出政府公共服务创新的动力所在，才能够使得失败的改革变得成功，成功的创新在实践中不断推广，不断促进我国政府公共服务改革和创新。

浙江作为改革开放的先行地区，公共服务创新一直都位于全国的前列，这也是因为国家治理制度的改革创新对地方政府创新有极大的推动作用，地方政府本身的内驱力具有公共服务创新的冲动。比如浙江省省管县体制改革要坚持确保市县协调发展的制度安排，中心城市发展要提升品质与实力，做强做大；县域发展要增强活力，发挥比较优势，形成差异化竞争，走多元化发展道路。而且城市发展与县域发展要相辅相成，既有分工合作，也有竞争互动。县域的活力为中心城市的发展提供强大的区域支撑，中心城市的实力为县域的发展提供强大的引导力量和高水平的公共服务。

在对市县乡三级地方政府治理实践梳理的基础上，我们可以看到自从改革开放以后，浙江当地建立起了手工作坊和工厂，进行家庭式的生产活动，这样就催生了民营企业。地方政府在服务企业打造营商环境的同时，不断改革创新政府公共服务，想方设法为企业的发展铺平道路。企业管理相关部门组织选出了一大批优秀的企业，作为政府帮助扶持的对象，还先后出台了一些助优帮强的政策和措施，保证了工作落到实处。在经济发展的过程中，初步形成了"藏富于民"的基本经济政治生态。特别是党的十八大以来，杭州等地在地方治理创新中坚持以人为本、以社会为本、以市场为本的理念。无论是"民主促民生"还是"数智赋能"，这些都是共同治理的阶段探索，是实现共同富裕的工具。以人为本就是以广大群众的利益为出发点和落脚点；以社会为本就是使政府与整个社会之间形成良性的发展关系；以市场为本就是要求政府以市场为基础，严格遵循市场经济规律，创造出公平公正的市场经济发展环境。公共服务创新不在于一事一地"盆景"式的案例展示，更重要在于通过系统性行政绩效改革、人事制度激励，营造干事创业的良好行政生态构建一个共建共治共享的新时代社会治理机制。浙江通过地方治理创新有效提升市民的参与感和获得感，建立高效、民主、责任的公共服务创新机制，使公共服务能够法治化、透明化，人民群众参与和地方政府的互动，逐渐形成共同富裕的"浙江模式""杭州样板"等。这些有益探索将为中国共同富裕道路提供宝贵经验，甚至为未来人类命运共同体构建作出的启示。

附录1 民意直通车

2019 年第 1 期(总第 1 期)

杭州市民意直通车协调小组办公室　2019 年 1 月 23 日

市两会期间,市民关心关注的民意问题通过人大代表、政协委员的提案和建议,以及民意载体等渠道进行了反映。截至 1 月 22 日,"人民建议征集""我们圆桌会""民情观察室""民情热线""杭网议事厅""问计于民""网言网事"等载体向市协调小组办公室报送难以推动办理的民意问题 29 类(条)。结合本次两会 500 多个政协提案,130 余个人大代表建议和议案,协调小组办公室对载体报送的民意问题进行了梳理、分类,重点整理形成"外卖服务交通安全、人身安全、食品安全隐患严重""春运期间杭州交通场站'黑车'仍旧盛行,'打车难'仍旧存在""垃圾分类工作仍是'半拉子'工程""既有住宅加装电梯推动慢、安装难""独子养老成为眼前问题"等民意问题,供领导参阅。

一、外卖服务交通安全、人身安全、食品安全隐患严重

两会期间,多位政协委员、人大代表以及普通市民热议外卖服务安全问题。近年来,随着网络订餐服务的迅速发展,"外卖配送员"作为一个新兴群体,其规模与日俱增。穿梭在城市大街小巷的外卖配送员为市民带来便利的同时,也带来了诸多问题和风险。

主要涉及:一是外卖配送抢时间带来的交通安全隐患。在抢单模式及经济利益的驱使下,外卖配送员闯红灯、强行超车、逆向行驶等各类交通违法行为层出不穷。配送车辆老化、违规改造普遍存在。有市民说"外卖小哥违反交通法规屡禁不止,我们缺的不是法律,缺的是对法律法规的敬畏之心以及严格执行,法不责众"。二是外卖食品安全缺乏保障。大量外卖食品从原材料、加工过程到包装、运输等缺乏监管。外卖食品包装"二次污染"严重。三是外卖服务过程中存

在人身安全隐患。2018年度全国各地发生了多起外卖(快递)配送员入室伤人案件。我市商品房小区也曾发生过"外卖配送员"不服从物业管理发生冲突的事件。部分老旧小区甚至不具备对"外卖配送员"进入进行管理的条件。

针对上述问题,市民建议:一是加强外卖配送员准入管理和交通管理。参照"网约车"有关管理规定,逐步普及送餐车辆审核登记制度和"一人一车一证一码"实名制认证制度,建立岗前培训和资格认证制度。探索建立"外卖配送员"积分管理制度,实行交通违法累积处罚机制。探索制订"外卖配送员"及车辆强制保险制度。二是规范配送员入户环节。联动小区物业,探索建立配送员进小区扫码登记制度,规范"外卖配送员"入户配送程序,保障市民安全。三是加强平台监管,建立严格的售卖资格审核。食品安全监管部门应加强对外卖平台的监管,不具备许可条件的食品外卖商家,不得通过网络从事食品经营。利用企业信用信息公示系统,建立外卖食品商家诚信公共"黑名单"制度。将外卖行业包装纳入"限塑令"监管范畴。

二、春运期间杭州交通场站"黑车"仍旧盛行"打车难"仍旧存在

"杭网议事厅""网言网事"等多家民意载体提交了春运期间杭州交通场站管理混乱的民意问题。两位代表委员提交了提升交通场站服务环境的相关提案,同样反映杭州交通场站的乱象问题。

不少民众反映,一是"黑车"盛行,肆意要价。特别是火车东站"黑车"盛行,肆意要价现象特别突出。机场打车"乱要价",市民反映自己致电机场投诉电话,客服人员说"杭州出租车司机开去嘉兴可以一口价,随他要"。二是"打车难"仍旧存在。春运期间,杭州重要交通场站打车难仍旧存在,特别是火车东站,不仅排队时间长,出租车司机挑客,而且不愿意打表,漫天要价现象还是存在,严重影响了杭州城市形象。

为缓解和整治杭州交通场站打车乱象问题,市民提出:杭州需重拳出击,下大决心,严厉整治火车站、机场等场站"打车难""黑车"盛行现象。一是加大杭州重要交通场站夜间公共交通运力,延长春节期间地铁运行时间。二是设置专门网约车候车区域,规范临时上下车交通秩序。三是常态化整治重要交通场站区域"黑车"运行,规范网约车管理。四是加强火车东站等场站周边出入口道路管理,提升出入站道路通畅性和车辆流动便捷性。

三、垃圾分类工作仍是"半拉子"工程

"问计于民""网言网事"等多家民意载体提交了杭州垃圾分类工作不到位的民意问题。多名人大代表、政协委员提交了垃圾分类有关的 7 个相关提案和建议,反映杭州垃圾分类有待进一步改善和加强的问题。

有群众直言:"杭州的垃圾分类真正做好的小区不多,起码是做得不伦不类,做成半拉子的不少。"不少市民提出:一是市民垃圾分类自觉执行率低。经调查,垃圾分类市民知晓率高于 90%,自觉执行率却小于 30%(根据政协委员何影提案材料)。不少市民不认同城市现有的垃圾分类标准、方式,对垃圾分类工作也多处于"听宣传、要我分"的层面。对分类投放存在认识误区,导致分类混乱。二是垃圾混装现象仍然严重。垃圾分类转运过程中存在大量混装情况,造成前端分类、后端不分的结果,且这一情况常被居民目击,并进一步导致居民前端分类动力丧失。

为了更好地推动垃圾分类工作,市民提出:一是建议用"干湿"两桶分类法替代传统"四桶分类法"。在干、湿垃圾分类的基础上,同步建立有害分开的强制标准,对有害垃圾实施定期专收专运。二是引入数字技术,加大指导、监督和处罚力度。在发放可降解的厨余垃圾袋时,在袋上印制住户信息二维码,建立源头追溯机制,加大对不实行垃圾分类个人、家庭的监督和处罚,并纳入个人征信系统。三是改进垃圾转运过程中的混装混运现象。强化对混装现象的监督,进一步加强运送端的分类管理和处罚力度。四是引入第三方竞争机制。鼓励民营企业参与垃圾分类和处理,通过市场竞争,规范垃圾分类和垃圾转运工作。

四、既有住宅加装电梯推动慢、安装难

既有住宅加装电梯作为 2018 年民生实事项目,成为市民的热点话题。"民情观察室""问计于民"等载体都报送了相关信息。人大代表有 3 条建议,政协委员有 4 个提案,均涉及既有住宅加装电梯。

群众普遍对既有住宅加装的电梯表示支持,希望可以早点在自己小区加装。但也存在诸多难题。一是意见统一难,造成推动慢。有群众表示"因为一户反对,眼睁睁看着装不成,不能一票无理由反对就否定""意见统一太难。我们小区一年多,还停留在填表阶段"。二是利益不平衡,造成安装难。"既有小区加装的电梯大多数都是安装在公共绿地甚至公共道路上,但是小区绿地和公共道路归小区所有业主所有,为一个单元几户人家谋福利,事实上是不是算侵害了小区全

体业主的利益。"三是任务式安装,造成矛盾多。还有市民反映"某些区将电梯安装作为政绩工程,给下属街道和社区压任务,强制要求完成安装台数,导致居民与政府、邻里之间产生矛盾。"

市民提出建议:一是由政府相关部门出面,制定好统一标准,并公开发布信息,由老百姓参与投票选择公认度最高的前几名品牌电梯。明确电梯的配置、规格、型号以及价格。参加招投标单位的前提条件是要愿意承担免费维修保养15年。二是既有住宅加装电梯工作必须严格遵循《物权法》。改变电梯安装的补偿对象,权衡好既有小区电梯加装和全体小区业主的利益问题。三是街道和社区管理不能缺位。上级政府不能给街道社区下达电梯安装的强制性指标任务。

五、"独子养老"成为眼前问题

"问计于民"等民意载体提交了"独子养老""老年食堂不够""老年人常陷入保健品骗局"等涉及养老民意信息7条。共有27人大议案、建议,政协提案涉及养老问题。尤其是"独子养老"成为眼前问题。有群众说:"我是第一代独生子女,现在父母上了年纪,养老成了一个大问题,特别是生病时由于工作原因无法陪伴在父母身边,请问独生子女护理假能不能尽快出台? 另外还希望有独生子女证的父母每人每年的补贴政策尽快出台?"此外,有市民反映,食堂、养老院等养老机构设施不足,有群众提出"居家养老首先要解决两餐饭问题。"也有市民反映,老年人常陷入保健品骗局,严重者已导致家庭矛盾甚至发生伤亡事件,带来了极大的不稳定因素。

市民建议:一是提高独生子女父母退休奖励金、退休养老金,出台独生子女护理假或护理补贴,适当延长独生子女探亲假时间等。二是对虚假广告宣传的保健品进行监管,加重处罚。加大在老年人中防骗意识宣传的力度。三是老年食堂加强信息化平台建设,政府阶梯式购买服务,或实施不同的补贴机制,减轻企业运营压力,提高老年人的获得感。

附 《杭州信息(民意直通车)2019年第1期报送内容及工作责任分解》

内容及要求	责任单位	
	牵头单位	主要配合单位
针对外卖服务存在的交通安全隐患,加强外卖配送员准入管理和交通管理。逐步普及送餐车辆审核登记制度和"一人一车一证一码"实名认证制度,建立岗前培训和资格认证制度。探索建立配送员积分管理制度,实行交通违法累积处罚机制。探索制订配送人员及车辆强制保险制度。规范配送员入户环节,联动小区物业,探索建立配送员进小区扫码登记制度。	市公安局	市公安局交警局
针对外卖服务存在的食品安全隐患,加强平台监管,建立严格的售卖资格审核。不具备许可条件的食品外卖商家,不得通过网络从事食品经营。利用企业信用信息公示系统,建立外卖食品商家诚信公共"黑名单"制度。将外卖行业包装纳入"限塑令"监管范畴。	市市场监管局	
针对春运期间杭州交通场站"黑车"仍旧盛行与"打车难"问题,加大杭州重要交通场站夜间公共交通运力,延长春运期间地铁运行时间。设置专门网约车候车区域,规范临时上下车交通秩序。常态化整治重要交通场站区域"黑车"运行,规范网约车管理。加强火车东站等场站周边出入口道路管理,提升出入站道路通畅性和车辆流动便捷性。	市交通运输局	市地铁集团、市城投集团、上城区、萧山区
针对垃圾分类进一步提升问题,建议用"干湿"两桶分类法替代传统"四桶分类法"。改进垃圾转运过程中的混装混运现象,进一步加强运送端的分类管理和处罚力度。引入第三方竞争机制,鼓励民营企业参与垃圾分类和处理。	市城管局	市城投集团
针对既有住宅加装电梯推动慢、安装难问题,由政府相关部门出面组织电梯招投标,要求参加招投标单位延长免费维修保养年限。严格遵循《物权法》,改变电梯安装的补偿对象,权衡好既有小区电梯加装和全体小区业主的利益问题。	市住保房管局	市建委、市市场监管局、市应急管理局
进一步改善养老问题,建议研究制定有关"独子养老"具体举措。加强老年食堂信息化平台建设,政府阶梯式购买服务,或实施不同的补贴机制,减轻企业运营压力。针对保健品虚假广告宣传加强监管,加大针对老年人防骗意识的宣传力度。	市民政局	市市场监管局

附录 2 "夯实基层基础、加强社会治理" 调查问卷统计表

1. 你对当前基层组织工作的评价是：

A. 很好（14.85％）   B. 好（40.1％）

C. 一般（43.56％）   D. 不好（1.49％）

2. 你觉得当前基层工作存在的主要问题是：

A. 工作效率不如意（6.44％）

B. 解决基层问题不得力（37.62％）

C. 基层人员短缺，无法及时解决基层发生的事件（28.22％）

D. 基层人员能力不足（11.39％）

E. 职能不全、权责不配套（35.15％）

3. 你觉得基层组织中最需要加强的是：

A. 街道办事处或政府（14.85％）

B. 社区或村（24.75％）

C. 都需要（60％）

4. 你觉得基层社会治理方面最需要加强的职能是：

A. 社会治安管理（44.06％）

B. 公共卫生管理（27.72％）

C. 社会稳定（如信访、安全生产等）（48.02％）

D. 其他（请注明）（1.98％）

5. 你认为街道或者乡镇最需要加强的方面是：

A. 理顺条块关系、整合管理职能（47.52％）

B. 增强领导人的执政或行政能力（25.25％）

C. 增强其权利和责任（25.25％）

D. 增强基层工作人员（10.4％）

E. 其他（请注明）（0.1％）

6. 你认为社区、村当前最需要加强的基础是：

A. 干部的素质和能力（40.59％）

B. 两委的协调和合作（32.18％）

C. 提高待遇以激发其工作积极性（39.11％）

7. 你认为乡镇或街道需要扩充哪些权力以便其有效管理？

A. 财政权（23.76％）   B. 人事权（12.38％）

C. 社会治理方面的权限（68.32％）   D. 其他（请注明）（1.49％）

8. 你认为现在的街道办事处或者乡镇需要进一步加强吗？

A. 需要（74.75％）   B. 不需要（13.37％）

C. 无所谓（10.4％）

9. 你认为社区或村这样的自治组织应该怎么加强？

A. 加强对其科学的指导和引导（42.08％）

B. 增强对其的领导和帮助（30.69％）

C. 加强对其工作的监督（26.73％）

10. 你认为乡镇有充实管理人员的必要吗？

A. 有（47.52％）   B. 没有（28.71％）   C. 无所谓（19.8％）

11. 社区和村有充实管理人员的必要吗？

A. 有（62.87％）   B. 没有（18.32％）   C. 无所谓（17.82％）

12. 你觉得社区或村工作不得力的主要原因是？

A. 领导人缺乏素质或能力（26.24％）

B. 居民或村民素质太低（33.17％）

C. 居民或村民自治没有落实（37.13％）

D. 其他（请注明）（5.45％）

13. 乡镇或街道办事处工作不得力的主要原因是：

A. 责任大权力小，无法有效管理（47.03％）

B. 财力不能有效保证其进行社会管理（24.75％）

C. 领导人的素质和能力不足（13.37％）

D. 上级各个部门的权利未下放到基层，不便管理（37.13％）

E. 其他（请注明）（0％）

14. 你认为夯实基层基础应该从乡镇或街道处着手还是从社区与村着手？

A. 乡镇、街道办事处（49％）

B. 社区、村（51％）

15. 你认为夯实乡镇或街道办事处的基础主要有哪些方面的措施?（可以多选,依重要性排列）

A. 领导人树立科学发展观(43.56%)

B. 把社会管理方面的一些职能充实到乡镇或街道办事处(49%)

C. 保证财政或街道办事处的财权与事权统一(26.73%)

D. 健全其管理组织和制度(30.69%)

E. 科学地配置基层的管理和服务职责(32.67%)

F. 加强工作人员的服务意识和服务能力(37.62%)

G. 其他(请注明)(0.99%)

16. 你认为夯实社区或村的基础要采取哪些措施?（可以多选,依重要性排列）

A. 选出好的领导人(57.43%)

B. 增强两委的团结与合作(46.53%)

C. 增加其服务人员(19.8%)

D. 给与其社会治理方面一定的财力保证(51.49%)

E. 提高居民或社区素质(41.58%)

F. 其他(2.48%)

参考文献

[1]马克思恩格斯选集:第 4 卷[M].北京:人民出版社,1972.

[2]毛泽东选集:第 4 卷[M].北京:人民出版社,1991.

[3]习近平谈治国理政[M].北京:外文出版社,2017:11.

[4]习近平.不断做强做优做大我国数字经济[J].求是,2022(2).

[5]陈学明,王凤才.时代的困境与不屈的探索[M].哈尔滨:黑龙江大学出版社,2007.

[6]徐崇温.西方马克思主义研究[M].海口:海南出版社,2000.

[7]王雨辰.我国的西方马克思主义研究现状述评[J].社会科学动态,1996(11).

[8]潘家华,沈满洪.中国梦与浙江实践·生态卷[M].北京:社会科学文献出版社,2015.

[9]王华梅,程淑兰.自然资本与自然价值 从霍肯和罗尔斯顿的学说说起[M].大原:山西经济出版社,2017.

[10]段忠桥.当代国外社会思潮[M].北京:中国人民大学出版社,2001.

[11]王福生.现代性批判与总体性辩证法——卢卡奇的《历史与阶级意识》解读[J].岭南学刊,2008(1).

[12]曾庆文.试论卢卡奇的总体性原则[J].现代哲学,1989(1).

[13]王沪宁.行政生态分析[M].上海:复旦大学出版社,1989.

[14]夏书章.行政管理学[M].广州:中山大学出版社,1998.

[15]燕继荣.政治学十五讲[M].北京:北京大学出版社,2004.

[16]任暟.批判与反思-法兰克福学派"当代资本主义理论"探析[M].合肥:安徽大学出版社,1998.

[17]鲜开林.论生态文明权益[J].南京政治学院学报,2008(2).

[18]王伟光.科学发展观基本问题[M].北京:人民出版社,2007.

[19]姜建成.科学发展观——现代性与哲学视域[M].南京：江苏人民出版社，2007.

[20]鲍宗豪，张华金.科学发展观论纲[M].上海：华东师范大学出版社，2004.

[21]陈学明.永远的马克思[M].北京：人民出版社，2006.

[22]陈学明，马拥军.走进马克思——苏东剧变后西方四大思想家的思想轨[M].北京：东方出版社，2002.

[23]韩学本.1844年经济学手稿论析[M].兰州：兰州大学出版社，1988.

[24]张立波.后现代境遇中的马克思[M].北京：民族出版社，2001.

[25]王秀芬.哲学的总体性关怀——西方马克思主义的总体性思想及其价值向度[D].哈尔滨：黑龙江大学，2005.

[26]袁家军.全面推进数字化改革 努力打造"重要窗口"重大标志性成果[N].杭州日报，2021-02-18.

[27]孟建柱.加强和创新社会治理[J].长安，2015(12).

[28]王越飞.社会治理与治理模式[J].经济与管理，2014(5).

[29]郁建兴，任杰.共同富裕的理论内涵与政策议程[J].政治学研究，2021(3).

[30]马广海.论社会心态：概念辨析及其操作化[J].社会科学，2008(10).

[31]陈朋.现代民生形态政府无诠释及中国场域的前景展望[J].理论探讨，2017(4).

[32]盛美娟.中国社会转型与社会管理方式创新研究[J].兰州学刊，2008(12).

[33]朱毅强.论基层政府的社会管理职能[D].湖南大学，2006.

[34]陈会方.乡镇政府社会管理职能变革研究[D].广西民族大学，2008.

[35]徐祖荣.论社会资本的资源整合与社区志愿服务开展[J].黑龙江社会科学，2013(1).

[36]纪德尚，李淑艳.社会建设视野中的社会管理和社会工作[J].华北水利水电学院学报(社科版)，2007(5).

[37]潘建中，刘德林.改革开放以来我国社会管理体制的探索与发展[J].盐城师范学院学报(人文社会科学版)，2009(4).

[38]和经纬.和谐社会视野下的政府社会管理[J].武汉理工大学学报(社会科学版)，2005(5).

[39]吴惕安，俞可平.当代西方国家理论评析[M].西安：陕西人民出版社，1994.

[40]王俊英.中国政府管理的理论与实践[M].北京：中国人事出版社，1996.

[41]王俊豪.中国政府管理体制改革研究[M].北京：经济科学出版社，1999.

[42]林毅夫.中国的奇迹：发展战略与经济改革[M].上海：上海人民出版社，1996.

[43]赵德馨.中华人民共和国经济史[M].郑州:河南人民出版社,1989.

[44]迟福林,方栓喜.加快建设公共服务型政府的若干建议[J].经济研究参考,2004(14).

[45]李军鹏.公共服务型政府[M].北京:北京大学出版社,2004.

[46]吴玉宗,赵晓一.网络环境下的服务型政府建设[J].学习论坛,2011(1).

[47]唐兴霖,金太军.市场化进程中的政府经济职能多元性[J].中山大学学报,2001(4).

[48]乔治·索罗斯.开放社会:改革全球资本主义[M].北京:商务印书馆,2001.

[49]吴玉宗.服务型政府建设欲行还难——服务型政府建设阻力分析[J].社会科学研究,2007(4).

[50]韩继志.政府机构改革[M].北京:中国人民大学出版社,1999.

[51]张康之.限制政府规模的理念[J].人文杂志,2001(3).

[52]朱光磊.历史压力下的选择——关于建设"规制——服务型"地方政府的几点思考[C].服务型政府与社会研讨会论文集,2005.

[53]刘淑琴.关于建设服务型政府的几点思考[J].大连干部学刊,2002(6).

[54]吴玉宗,张鹏.试论县级服务型政府建设中的公民参与——以温岭为例[J].行政与法,2012(11).

[55]沈惠平,黄兴生,等.建设服务型政府塑造政府好形象[J].天水行政学院学报,2002(5).

[56]沈荣华.提高政府公共服务能力的思路选择[J].中国行政管理,2000(1).

[57]王珺.市域社会主义现代化视角下服务型政府的法治化[J].行政科学论坛,2021(6).

[58]陈自平.建设服务型政府是社会主义政治文明的必然要求[J].发展论坛报,2004(4).

[59]刘熙瑞.服务型政府:经济全球化背景下中国行政改革的目标选择[J].中国行政管理,2002(7).

[60]杨华.县乡中国——县域治理现代化[M].北京:中国人民大学出版社,2022.

[61]顾丽梅.信息社会的政府治理[M].天津:天津人民出版社,2003.

[62]刘侠.浅析服务型政府建构中的制度建设[J].法制与社会,2009(17).

[63]李军鹏.公共服务型政府[M].北京:北京大学出版社,2004.

[64]赵杰.服务型政府的新定位[N].中国青年报,2004-01-04.

[65]公维友.服务型政府的运行机制建设[J].理论学习,2004(12).

[66]顾建光.现代公共管理学[M].上海:上海人民出版社,2004.

[67]马涛.强化公共服务职能建设服务型政府[J].民主法制建设,2004(11).

[68]林治波.建设服务型政府[N].人民日报,2004-03-11.

[69]黄建彬.建设现代服务型政府[J].特区理论与实践,2003(6).

[70]盖伊·彼得斯.政府未来的治理模式[M].吴爱明,夏宏图,译.北京:中国人民大学出版社,2001.

[71]吴玉宗.服务型政府研究[M].北京:经济日报出版社,2009.

[72]吴玉宗.当前我国服务型政府建设必须突破三大瓶颈[J].宁波大学学报,2010(2).

[73]唐民皓.WTO与地方行政管理制度研究仁[M].上海:上海人民出版社,2000.

[74]康晓光.权力的转移——转型时期中国权力格局的变迁[M].杭州:浙江人民出版社,1999.

[75]程倩.行进中的服务行政理论——从2001到2004年我国服务行政研究综述[J].中国行政管理,2005(4).

[76]李招忠.中国公共服务市场化的困境及改革思路[J].西北师大学报,2004(3).

[77]吴刚.新型公共服务体系的六个关节点——韩国创建服务型政府的经验借鉴[J].新视野,2004(1).

[78]陈通,王伟.西方政府再造对我们建立现代服务型政府的借鉴研究[J].西北工业大学学报,2006(3).

[79]陈红太,李严昌.中国服务型政府的四种模式[J].中国行政管理,2007(7).

[80]王芳.新农村建设中乡镇政府服务力不足的成因及对策分析[J].前沿,2008(5).

[81]刘红娣.市场效率、政府权威与人文情怀的三位一体——国外公共服务的启迪与借鉴[J].党政干部学刊,2009(3).

[82]刘晓苏.国外公共服务供给模式及其对我国的启示[J].长白学刊,2008(6).

[83]严浩.国外公共服务管理体制改革的理论及启示[J].中国经贸导刊,2006(10).

[84]王勇兵.国外地方政府改革与创新六大潮流[J].中国改革,2005(9).

[85]杨清华.新农村建设背景下乡镇公共服务研究[D].福州:福建师范大学,2008.

[86]许素芳.目前乡镇政府公共服务职能探究[J].闽江学院学报,2006(1).

[87]李锦然.强化乡镇政府公共服务职能的思考[J].中共郑州市委党校学报,2006(4).

[88]张建,商碧辉,陈晓春.困境与出路:乡镇政府公共服务能力现状分析[J].中共四川省委省级机关党校学报,2007(1).

[89]唐进.建设公共服务型乡镇政府的困境及对策研究[D].长沙:湖南师范大学,2008.

[90]倪承海.社会主义新农村与提高乡镇政府公共服务能力[J].南方论刊,2009(6).

[91]施玉梅.新农村建设背景下乡镇政府公共服务职能的重构[D].青岛:青岛大学,2009.

[92]张青.论新农村建设中乡镇政府公共服务职能重构的实现途径[J].行政与法,2008(4).

[93]瞿蓉.乡镇政府公共服务供给困境及对策研究[D].上海:上海交通大学,2008.

[94]曾军荣.公共服务动机:概念、特征与测量[J].中国行政管理,2008(2).

[95]俞可平.中国地方政府的改革与创新[J].经济社会体制比较,2003(4).

[96]陈碧妹.论乡镇政府职能转变的动因及路径选择[D].镇江:江苏大学,2007.

[97]潘雯.乡镇政府公共服务改革研究[J].连云港职业技术学院学报,2009(3).

[98]沈金华.智汇钱塘——《八面来风》建言集萃[M].杭州:杭州出版社,2017.

[99]张玉.地方政府创新的基本动因及其角色定位[J].云南社会科学,2004(3).

[100]郑永年.共同富裕的中国方案[M].杭州:浙江人民出版社,2022.

[101]师迅东.我国电子政务建设中的问题及对策研究[D].西安:西北大学,2007.

[102]黄晓春,周黎安."结对竞赛":城市基层治理创新的一种新机制[J].社会,2019(5).

[103]徐勇.中国农村村民自治[M].北京:生活书店出版有限公司,2018.

[104]丁云竹.社区的基本理论和方[M].北京:北京师范大学出版社,2009.

[105]何艳玲.变迁中的中国城市治理[M].上海:上海人民出版社,2013.

[106][美]罗伯特·D.帕特南.使民主运转起来——现代意大利的公民传统[M].北京:中国人民大学出版社,2015.

[107]孟刚.未来社区建设的时代背景和浙江追求[J].浙江经济,2019(7).

[108][美]罗伯特·D.帕特南.独自打保龄[M].北京:中国政法大学出版社,2018.

[109]王国平.新编城市怎么办[M].北京:人民出版社,2018.

[110]徐林."花园城市"的"管"与"治"——新加坡城市管理的理念与实践[M].

北京：中国社会科学出版社，2016.

[111]郑杭生，等."中国经验"的亮丽篇章——社会学视野下"杭州经验"的理论与实践[M].北京：中国人民大学出版社，2010.

[112]周立，曹海军.中国城市社区治理报告（2019）[M].北京：中国社会出版社，2020.

[113]全国干部培训教材编审指导委员会.改善民生和创新社会治理[M].北京：人民出版社，2019.

[114][匈]乔治·卢卡奇.历史和阶级意识[M].张西平，译.重庆：重庆出版社，1989.

[115][美]赫伯特·马尔库塞.爱欲与文明[M].黄勇，薛明，译.上海：上海译文出版社，1987.

[116][美]赫伯特·马尔库塞.单向度的人[M].刘继，译.上海：上海译文出版社，1989.

[117][美]保罗·霍根.自然资本论——关于下一次工业革命[M].上海：上海科学普及出版社，2002.

[118][英]戴维·佩珀.生态社会主义：从深生态学到社会正义[M].济南：山东大学出版社，2005.

[119][德]魏伯乐.翻转极限：生态文明的觉醒之路[M].上海：同济大学出版社，2018.

[120][美]密尔.代议制政府[M].北京：商务印书馆，1982.

[121][美]丹尼斯·C.缪勒.公共选择理论[M].北京：中国社会科学出版社，1999.

[122][美]莱斯特·瑟罗.资本主义的未来[M].北京：中国社会科学出版社，1998.

[123]Herbert Marcuse. Technology, War and Fascism[M]. First published 1998 by Routledge.

[124] Herbert Marcuse. Towards a critical theory of society [M]. First Published 2001 by Routledge.

[125]Herbert Marcuse. The New Left and The 1960s[M]. First Published 2005 by Routledge.

后　记

在中国以州缀名的城市有四十二城,而杭州湖山形胜、独有灵气。烟花三月下江南,站在西湖边才懂得白居易"未能抛得杭州去,一半勾留是此湖"的文人情怀。但凡来过西湖的人都会被这里的水和绿给迷住,为城市阴柔之气所迷乱。杭州是一个令人向往的人间天堂,天堂难免带着乌托邦的色彩。文化、休闲、创业之城,让我们生活得更好。理想中的湖畔风光、丰富的文化生活,自由的生活空间,我们生活在一个城市、县城、乡镇,在具体的地方孕育远方的理想。从此间到别处,从宁静到致远,每一个个体生活在一个具象的空间,在时空之间寻找生活的意义。

新冠疫情三年,湖光山色之间多了一些暗影,生活不是象牙塔,而是酸甜苦辣实实在在的日子。在这样特殊的生活场景之中,平静的湖水之下多少有着生活的焦躁。这个时候让我们更得以去梳理过往的经历,曾经我们作为地方治理实践者一起参加社会调研,作为研究者一起参与社会治理创新研究。机缘巧合让我们在聚散之间再次一起思考交流,在生活和学习中我们有相同的学术兴趣,在实践中让我们有所积累。本人主持了浙江大学/浙江省公共政策研究院课题《从"新时期"到"新时代"社会治理机制研究》、杭州市社科联课题《后疫情时代杭州未来社区建设现状和发展路径》,这为本书的写作提供了一些思路。作为主要课题组成员参与了国家社科基金青年项目《中国科层政治与项目制的组织选择、张力及复合机制研究》(课题编号:18CSH047、主持人:史普原)、国家社科基金项目《供给侧结构性改革视角下出租车市场规制创新研究》(课题编号:16BFX120、主持人:俞春江)、国家社科基金项目《国家治理现代化视域下规模以下非公企业党建质量提升的模式与路径研究》(课题编号:20BDJ048、主持人:肖剑忠),在课题参与过程中对本书的写作有很多启发。杭州市委政策研究室一级巡视员、市咨询委员会办公室主任沈金华先生,温州大学吴玉宗教授对本书提了宝贵意见,许艺涛编辑为本书的出版做了很细致的工作,在此一并表示感谢。当然,因学术水平、社会阅历和时间的限制,我们对一些问题的思考还尚为粗浅,文稿中必有疏漏和失误之处,所做的研究还存在许多需要改进的地方,请多多批评指正。

最后我想感谢我的家人,是他们的关怀让我深切感受到了生活的价值,在本书成稿之际,我最思念我的母亲,希望她可以看到我的成长,谨以此书献给我亲爱的母亲。

吴　帅

壬寅虎年夏于西湖上郡书院

图书在版编目(CIP)数据

从"共治"到"共富":新发展理念视域下地方治
理实践和思考 / 吴帅等著. —杭州:浙江大学出版社,
2022.6
ISBN 978-7-308-22969-2

Ⅰ.①从… Ⅱ.①吴… Ⅲ.①地方政府－行政管理－
研究－中国 Ⅳ.①D625

中国版本图书馆 CIP 数据核字(2022)第 154212 号

从"共治"到"共富":新发展理念视域下地方治理实践和思考
吴　帅　等著

责任编辑	傅百荣
责任校对	许艺涛
封面设计	周　灵
出版发行	浙江大学出版社
	(杭州市天目山路 148 号　邮政编码 310007)
	(网址:http://www.zjupress.com)
排　　版	浙江时代出版服务有限公司
印　　刷	广东虎彩云印刷有限公司绍兴分公司
开　　本	710mm×1000mm　1/16
印　　张	15.5
字　　数	305 千
版 印 次	2022 年 6 月第 1 版　2022 年 6 月第 1 次印刷
书　　号	ISBN 978-7-308-22969-2
定　　价	68.00 元